PERFIL DE LA NECESIDAD

Una perspectiva de la naturaleza humana

ANTONIO PÉREZ SOBRINO

«Un extenso catálogo de las necesidades que aquejan al ser humano, pero —lo que es más importante— de la única manera real para satisfacerlas de manera cabal»

César Vidal, escritor e historiador

EDITORIAL JUCUM

P.O. BOX 1138 TYLER, TX 75710-1138

Editorial JUCUM forma parte de Juventud con una Misión una organización de carácter internacional.

Si desea un catálogo gratuito de nuestros libros y otros productos, solicítelo por escrito o por teléfono a:

Editorial JUCUM
Info@editorialjucum.com
www.editorialjucum.com

Perfil de la necesidad: Una perspectiva de la naturaleza humana

Antonio Pérez Sobrino
Edición: Miguel Peñaloza
Publicado por Editorial JUCUM
P.O. Box 1138, Tyler, Texas 75710

Las citas bíblicas que aparecen en este libro han sido tomadas de las versiones Reina-Valera 1960, de las Sociedades Bíblicas Unidas, y la Nueva Versión Internacional (NIV), de la Sociedad Bíblica Internacional (revisión 2005).

ISBN 978-1-57658-824-6

Primera edición 2016

Impreso en Estados Unidos

Dedico este libro a nuestro Padre celestial, porque es digno de recibir toda gloria y alabanza, a Viviana Velie, sin cuyo ánimo y estímulo probablemente nunca hubiera salido a la luz, y a mis lectores, con quienes espero poder debatir algunos puntos de vista expuestos en estas páginas.

ÍNDICE

PRÓLOGO

«Los hombres mueren y no son felices.» Este diagnóstico desolado(r) de Albert Camus puede parecer excesivo a primera vista, sobre todo cuando la vista está mediatizada por incontables filtros de superficialidad y de bienestar material. Sin embargo, basta con apartar un instante esos filtros de los ojos del alma para descubrir que la existencia humana se define más por sus carencias que por sus éxitos, más por sus anhelos que por sus satisfacciones. Si en la práctica muchos parecen vivir bajo la consigna: «consumo, luego existo», habrá que seguir reivindicando, en honor a la verdad, el lamento de Unamuno: «sufro, luego existo».

El optimismo antropológico que se nos ofrece desde los medios de comunicación y de la publicidad, su verdadero señor, contrasta con la evidencia de la vida cotidiana en las personas concretas, de carne y hueso. La condición humana, pese a todos los espejismos y disfraces, es in-firme, frágil, carenciada, necesitada. El prometeico anhelo de autosuficiencia se ve desmentido y humillado a diario por las carencias que en todos los aspectos de la vida humana asoman por las costuras de la persona y de la sociedad como persona de personas. En el fondo, la voz humana que se escucha bajo la bóveda celeste no tiene carácter de canción sino de lamento, de in-vocación anhelante: «¡favorézcame!».

¿Quién puede oír ese clamor? ¿Quién podrá atenderlo y satisfacerlo? Aunque sea contracorriente, por más que parezca una afirmación fuera de época, afirmamos que sólo Dios puede ¡y quiere! atender al ser humano en su fragilidad, que sólo Él puede ¡y quiere! dar respuesta a sus anhelos más esenciales, saciar sus necesidades más auténticas. San Agustín lo advirtió bellamente hace siglos: «Nos has hecho para Ti y nuestro corazón está inquieto hasta que descanse en Ti».

Habita en el ser humano una raíz de rebeldía contra Dios que se expresa en la resistencia a reconocer su dependencia amorosa del Creador. Por más que Dios extienda su mano en ofrecimiento de amistad, de reconciliación a pesar de todo, el hombre se siente amenazado ante el ofrecimiento divino, con la sospecha de que tal gratuidad sólo puede esconder una intención mal-intencionada. Al fin y al cabo la existencia humana está repleta de engaños, estafas, abusos: ya se sabe que «en esta vida todo se paga». Por rebeldía y por desconfianza el hombre dice a Dios, No. Y así vuelve la espalda al Único que en Jesucristo su Hijo tiene respuesta perfecta a todas y cada una de sus necesidades, al Único que puede dar a la vida humana, humana plenitud. San Francisco de Asís advirtió acerca del ser humano que: «cuanto es ante Dios, tanto es y no más».

El libro que tienes en tus manos, amigo lector, es una auténtica taxonomía de las necesidades humanas. Pero si tan sólo fuera un sumatorio de lamentos su lectura no merecería la pena. Felizmente es mucho más: tienes ante ti el resultado fructífero de un empeño meticuloso por abordar cada una de las carencias existenciales para ofrecer sanidad a la luz de la sabiduría de Dios expresada en la Biblia. Dios ha hablado en Jesucristo su Hijo, en quien están «la gracia y la verdad» (Juan 1,17). Él es el Verbo, la Palabra de Dios encarnada; Él es Palabra viva de invitación a la vida, a la plenitud, a la reconciliación con Dios, con uno mismo, con los demás. La Biblia es el testimonio fidedigno de esa voluntad restauradora de Dios que en Jesús se ofrece a todos los seres humanos sin excepción alguna: «Porque la gracia de Dios se ha manifestado para salvación a todos los hombres» (Tito 2,11).

Mientras la sabiduría de origen griego es intelectual, especulativa, la sabiduría hebrea es sobre todo sabiduría para la vida. La sabiduría que brota de las páginas de la Biblia hace al hombre sabio para la vida, porque saber es saber vivir o no es nada. Antonio Pérez Sobrino te invita a reconocer las necesidades humanas, también las tuyas, pero no como un ejercicio teórico de intenciones masoquistas sino para mostrarte cómo en Dios, a la luz de las enseñanzas bíblicas centradas en Jesús, puedes hallar plena respuesta a tu clamor doliente, cómo en Él puedes hallar plenitud humana a pesar de tu fragilidad, cómo en Él las tinieblas son vencidas por la luz, cómo esa puede ser tu experiencia personal desde hoy hasta la eternidad si abrazas a Jesús, Verdad y Vida, con humildad agradecida y obediente.

Emmanuel Buch Camí
Madrid, julio 2015

INTRODUCCIÓN

Génesis 2000

Cuando el hombre —varón y mujer— fueron expulsados del paraíso cobró inmediata conciencia de la inmensidad de su pérdida. Recostado sobre una piedra, anonadado por la vastedad de su penuria y desamparo supino, comenzó a cavilar acerca de sus posibilidades de futuro: tendría que trabajar con ahínco; con gran esfuerzo y sacrificio debería desvelar los secretos escondidos en la naturaleza. Era imprescindible armarse de fe. Ante todo, tenía que auto-convencerse de que existía una respuesta para cada necesidad que había que afrontar. Pero, ¿en qué o en quién confiaría?

Se le ocurrió que su propio pensamiento podría ser el ayo fiel que iluminara sus pasos. Supuso que existían unas leyes lógicas de coherencia que rigen todas las cosas. Se dispuso a creer de corazón que esta facultad humana se correspondía con la realidad exterior, pues de no haber existido tal correspondencia, sus razonamientos hubieran resultado estériles.

Abrigaba la esperanza de que lo que le parecía coherente a la luz de su mente también lo fuera en la realidad, para no quedar atrapado en las mallas de una ilusión que hubiera sido trágica para su supervivencia. Pero se infundió ánimo: «Ordenaremos este caos, porque, si no me engaño, es obvio que existe una gama formidable de recursos, sólo que en bruto. Si todas las cosas son reales, esto es, son en realidad como aparentan ser, no hay motivo para el desaliento. ¡Hay tanto por hacer...! No toleraremos ni un instante de duda, pues la grave necesidad acucia. Si nuestras premisas no fallan, la conclusión debe ser verdadera: "He aquí que tenemos hambre, luego debe existir en algún lugar algo para alimentarnos". Si esto no fuera cierto, maldita entonces la falta que nos hace pensar...».

Una vez que se hubo saciado comenzó a ver las cosas con optimismo. Estaba seguro de que había más comida por ahí. En seguida se dedicó a buscar un refugio donde cobijar sus doloridos huesos. Halló cuevas, hurgó en la roca y descansó. Entonces recapacitó: «He aquí, necesitamos un techo para resguardarnos de la intemperie, luego debe ser posible edificarlo. Busquemos, pues, los materiales y procurémonos las herramientas adecuadas. En cuanto a éstas, cabe decir: «Es así que las necesitamos, luego seremos también capaces de fabricarlas. Y ello implica que deben existir materiales idóneos, por supuesto. Construyamos ahora un catre y reposemos nuestra fatiga. Esquilemos ovejas; cubramos nuestra desnudez con su tupida lana. Confeccionemos armas de caza y útiles de pesca. Y para calentarnos, inventaremos el fuego. Nuestra dura condición se hará más soportable —se consoló.

A pesar de lo conseguido, ¡qué fastidio suponía tener que depender de alimentos siempre inciertos! Decidió cultivar la tierra, plantar semillas y esperar el fruto con paciencia. Estaba seguro de que la recolección llegaría. Los almacenaría y echaría de ellos mano cuando le sorprendieran la escasez, el frío y el hielo. Consciente aún de su imperiosa necesidad, o tal vez movido por ella, el hombre se vio obligado a inventar la rueda. Ésta facilitaría todos sus acarreos. Soñó con un día en el que avanzaría raudo por los caminos. Asistiría a la conquista magnífica de la superficie terrestre. Si a ella se añadía la fuerza del caballo, se desplazaría por doquier de forma rápida y eficaz. Y así fue la rueda. Y el hombre vio que era buena. E inventó toda suerte de carruajes.

Fueron transcurriendo los siglos y el hombre se fue acomodando a lo ya conseguido. Se hizo conformista, o careció, quizá, de suficiente fe en sí mismo. El caso es que apenas realizó otros avances hasta el advenimiento de la edad moderna, o al menos eso le pareció. Entonces empezó a despertar de su letargo y se dio cuenta de que había desperdiciado infinitas oportunidades: su tiempo sobre la tierra era limitado. E inició una carrera frenética para minimizar los estragos que aquél ejercía sobre su vida y su obra. Dentro de los límites impuestos por el tiempo, arañaría instantes al mismo. Pero nada pudo hacer para detenerlo. Su avance era inexorable. Llegó a convertirse en una obsesión. Nada o poco pudo hacer para prolongar los días de su existencia. Sin embargo, emprendería una lucha sin tregua para aprovecharlo al máximo. Lo llenaría de actividades. Se alcanzarían grandes hitos. Se vencerían enormes obstáculos. La corta vida humana resultaría más digna.

Sin duda se había esforzado, pero no prestado suficiente atención a los procesos físico-naturales. Se propuso descubrirlos. En lo sucesivo reflexionaría detenidamente, sazonaría con sutilidad y rigor sus contenidos mentales. Resolvió dedicar más tiempo a estos menesteres. Y a fe que esto le produjo excelentes dividendos. Progresivamente fue descubriendo las enormes posibilidades de la energía. Quemó carbón y utilizó vapor para mover locomotoras y vagones, agilizando sobremanera el transporte de mercancías. Los beneficios derivados de su estudio y esfuerzo no tardaron en llegar y tuvo que organizarse. Desarrolló técnicas de producción de bienes. A partir de ese momento las invenciones y los descubrimientos fueron sucediéndose a un ritmo vertiginoso. Alimentados por combustibles refinados del petróleo, se fabricaron motores, corazón y alma de toda clase de máquinas y equipos mecánicos. Y el hombre vio que eran buenos. Sólo que hacían ruidos y desprendían humos. También descubrió la electricidad. Y fabricó lavadoras, frigoríficos, calentadores, lámparas, secadoras, ventiladores, batidoras, generadores, extractores, microondas y una infinidad de aparatos automáticos para el hogar, así como instrumentos y herramientas de todo tipo. Y vio que eran buenos. Si bien todos encerraban algún fallo; todos sin excepción se deterioraban y tarde o temprano quedaban inservibles.

Y reflexionando en torno a sí mismo, fue consciente de que, gracias a su progreso, ahora disponía de algún tiempo libre. E intuyó que no todas sus necesidades eran de índole externa. A medida que iba disfrutando de cierto esparcimiento, o mejor, librándose de la tiranía del trabajo, le fue resultando obvio que su intimidad también contaba. Necesitaba comunicarse, intercambiar ideas, opiniones y afectos, relacionarse con los demás. E inventó un aparato que recibía el sonido emitido desde larga distancia. Y entendió que era idóneo para señorear sobre el día y combatir la soledad y el aislamiento. Sí, porque los artistas, los poetas y los dramaturgos, así como aquellos que se preciaban de cierta catadura existencial, manifestaron que el hombre, en el fondo, se hallaba irremisiblemente solo y que era víctima de una incomprensión radical de parte de sus semejantes. Y examinándose por dentro detectó un enorme vacío, cuya comezón ya le había desazonado en el pasado, mas en el momento presente se tornaba insufrible. Ese hueco había que llenarlo. Cualquier remedio bastaría. Pero no podía tolerarse una cornada tan difusa. Le hacía recordar el primitivo zarpazo del hambre, la terrible huella que había marcado el rostro de sus antepasados.

Entonces se pusieron en boga extrañas filosofías y se procuraron aplicar teorías aberrantes acerca de la supuesta superioridad de unos hombres sobre otros. Y para defender privilegios y acaparar el poder se luchó, se aplastó, se oprimió, se mató.

Y el hombre dijo: «Añádase otra dimensión a nuestros ojos para que podamos ver lo que ocurre en el extremo de la tierra, así como en cada rincón de nuestros campos y ciudades. Y señoree sobre la noche». Y levantó altas torres para enviar la señal y recibir la visión desde su casa. Y vio que era buena. Y sirvió para matar el tiempo, intoxicar el ocio y atiborrarse de información, cuya abundancia y sesgo (le llegaba prefabricada y manipulada, lista para el consumo directo) apenas podía censurar e interpretar. Y hubo una irrupción tal de mensajes que confundió la verdad con la mentira: todo pasó a ser relativo. Y el hombre, desbordado por tan infame avalancha de voces y reclamos, perdió su norte. Acabó convirtiéndose en un autómata. Inconfesables intereses e influencias se apresuraban a especular con su destino. En consecuencia, se volvió apático e indiferente. Hipotecó su vida y su existencia se tornó gris y monótona.

Y dijo: «Conciban los científicos un aparato que venza la fuerza de la gravedad y atraviese las nubes del cielo». Y se acortaron increíblemente las distancias, de manera que ningún punto del globo quedaría, en lo sucesivo, demasiado remoto. Y alentado por tan rotundos éxitos, se lanzó a intrépidas aventuras espaciales, puso en órbita satélites de comunicación y escrutadoras máquinas volantes para explorar el espacio exterior, ahuyentar el fantasma de su pequeñez y vigilar a sus sospechosos vecinos. Y vio que todo ello era bueno y lo bendijo con cuantiosos presupuestos diciendo: «Creced y multiplicaos sobre la tierra».

Dijo también: «Surja la energía atómica —y ésta brotó de los ladrillos que conforman el universo— y dediquémosla a un fin determinado». Y lo llamó Garantía de Paz sobre la tierra. Y vio que era buena. Así proliferaron las cabezas, los misiles y los submarinos nucleares, cada uno según su género.

Y dijo el hombre: «Manufacturemos todo tipo de objetos para nuestro uso, a fin de que todos consuman y se sientan satisfechos; y obtengamos sustanciosas ganancias». Y añadió: «Hagamos una máquina a nuestra imagen, conforme a nuestra semejanza, que lleve a cabo todos nuestros cálculos y aligere el peso de las preocupaciones sin cuento que debe soportar nuestro atribulado cerebro, de modo que efectúe con prontitud registros exactos y almacene en su memoria datos de todo lo que se mueve en los cielos y en la tierra». Y así creó el hombre la computadora a su propia imagen. Y la bendijo diciendo: Haz todo el trabajo por nosotros, multiplica fórmulas, operaciones y mensajes hasta el cabo del orbe; encárgate de rastrear reservas energéticas, verificar transacciones financieras, ordenar archivos y computar la órbita de naves espaciales. Y vio el hombre todo lo que había hecho.

Y pensó que era muy bueno.

Y se saturaron las ciudades de automóviles, se construyeron carreteras, se erigieron edificios, se instalaron laboratorios y cadenas industriales. Y surgieron como por encanto miles de objetos, algunos de cuyos nombres ignoro y cuyo uso todavía desconozco. Fueron concebidos para suavizar la aspereza de la vida y procurar solaz a sus propietarios, pero todos ocupaban un lugar, y con el tiempo, se estropeaban y convertían en montañas de basura.

Con laboriosidad febril se fue completando la faz del mundo actual, lleno de toda suerte de ingenios diseñados por el hombre. En la edad séptima se dijo: «Descansaré ahora y me resarciré del fruto de todo mi esfuerzo». Pero el estruendo de los aviones y el fragor de los automóviles le robaban el sueño; los ingenios automáticos se convirtieron en una broma pesada; los desechos de su consumo e industria alcanzaban proporciones gigantescas. Contaminó los mares, los ríos, los aires, los bosques... Su sed de dominio y sentido pragmático le arrastraron a asesinar la belleza; sus avanzados dispositivos de control le provocaban úlceras de estómago; su poder ilimitado le obligaba a ser nerviosamente suspicaz de sus semejantes; y la creación a su propia imagen le ofrecía respuestas a cuestiones que él aborrecía plantearse.

Habiendo hecho todas las cosas para su bienestar y provecho, el hombre amaneció un día plomizo cargado de problemas, como si cada adelanto albergara en su seno múltiples y extrañas contradicciones. Cuando todo parecía sometido y sujeto a control, entonces, lo incontrolable alzaba la cabeza y golpeaba resentido. Maravillosos eran sus logros, pero no le proporcionaron la paz ni la felicidad.

Aconteció, a las postrimerías de un siglo por el que desfiló una procesión de sistemas políticos e ideológicos, que todos ellos se derrumbaron, y se asistió al entierro de todas las utopías. Y viéndose el hombre impotente para sostener el hermoso complejo en ruinas que se le venía encima, se declaró inocente, y trató de buscar excusas para justificar sus tropelías. Achacó todos sus males a las enfermedades psíquicas o al desmesurado apetito de otros o a las catástrofes naturales; no se le ocurrió pensar que la raíz de todos sus males se encontraba dentro de sí mismo.

No quiso acordarse de Dios. Ni siquiera le tuvo en cuenta. Pese a que toda la evidencia, la razón, la lógica implacable de las circunstancias y de los hechos, le reprochaban a las claras su insensatez. Tampoco imaginó que sus dolencias pudieran hallar alivio con tan sólo recurrir a Él con humildad, harto ya de fracasos; ni que Dios le estuviera esperando en la boca del negro túnel con los brazos abiertos, a pesar de todo. Prefirió recorrer por su cuenta el fin de la historia. De hecho, se jactaba de haber liquidado a todos los dioses del Olimpo, cuando, en realidad, se refería al Único que hay.

No obstante, Dios era dueño absoluto de toda la creación y cuidaba con ternura hasta el último detalle. Gobernaba majestuoso sentado en las alturas siderales y no había cosa en rincón alguno de su firmamento que no estuviera sometida a su autoridad. Tampoco se le escapaba ninguna de las acciones —justas o injustas— desplegadas bajo el sol. Ni se le ocultaban los motivos más oscuros incubados en los corazones. Todas las intenciones permanecían desnudas y expuestas a su penetrante luz.

Dios amaba profundamente al hombre y estaba dispuesto a hacer cualquier cosa por él. De hecho, ya lo había dado todo al entregar a su Hijo por su rescate. Disfrutaba —le hubiera gustado disfrutar— de una estrecha amistad con sus criaturas, como recompensa a su iniciativa y a la respuesta libre de ellas. Por eso le extrañaba la absurda actitud que éstas mostraban para con Él —se burlaban de sus estatutos—, tratando con irracional desprecio a sus semejantes. Le dolía que el hombre hubiera escogido alejarse, temerariamente decidido vivir de espaldas a Él. Pero Dios amaba la libertad. Mientras tanto, callaba; dejaba hacer; demostraba su infinita paciencia. Y el hombre confundió aquel silencio, aquella ausencia y lejanía aparentes, con su muerte. Cuando ésta fue anunciada oficialmente, la celebró con algarabía y cohetes, en el culmen de la exaltación cretina de su necedad.

Por último, el término de su peregrinación sobre la tierra se presentía muy triste. Se habían agotado todas sus esperanzas. Todo le iba rematadamente mal. Pero insistió en su proceder. Cuando el hombre fue llamado a la presencia de Dios no supo qué responder. «¿Quién eres tú? ¿Te conozco de algo?» —le interceptó una voz atronadora, fulminante, jamás oída. Pese a su reputada astucia sólo acertó a balbucear: «Ciertamente soy vil. Mi tiempo se ha consumido. Tú me llamaste y heme aquí».

SECCIÓN 1

UN ESBOZO DE LA NECESIDAD

1

En torno a la necesidad

El hombre es una criatura sumamente débil, vulnerable, dependiente, limitada y agobiada por la necesidad. Es como un pozo profundo o un abismo de necesidad, de manera que puede ser comparado a una vasija sin fondo en la que si se precipitase una cascada de agua nunca se llenaría. El hombre es una criatura esencialmente menesterosa. Desde un punto de vista muy real, la vida es una brega por satisfacer múltiples necesidades, un sin fin de carencias básicas y profundas del individuo. Y hasta tal punto esto es así que nos atrevemos a sugerir que el humano podría perfectamente definirse como «el ser que necesita», «el necesitado por antonomasia», «el menesteroso en grado sumo». Así somos nosotros. Pienso que este es el rasgo que más nos caracteriza. Todos estamos constantemente asediados por múltiples necesidades de toda índole: físicas, biológicas, afectivas, emocionales, sociales, espirituales... Lo curioso es que a toda necesidad corresponde una satisfacción. Por eso siempre nos esforzamos por buscar maneras de satisfacerlas. De hecho, resulta curioso que en las sociedades desarrolladas se ofrezca por adelantado la satisfacción de necesidades latentes, imprecisas o incluso inexistentes. La escasez de recursos obliga al hombre a administrar bien los bienes de que dispone, a actuar económicamente. La economía de mercado, que basa sus beneficios en la producción y el consumo, recurre a esta máxima: ofrecer una satisfacción para cubrir cierta necesidad aún no percibida o no bien definida por el sujeto y provocar que éste la descubra o la sienta. Interesa crear, extender una demanda y poder satisfacerla. Se trata de ganar dinero como sea, aunque haya que crear, por ejemplo, necesidades ficticias. De este modo obtiene un máximo de beneficios. No importa que una necesidad no sea genuina: basta con que lo parezca, con que sea percibida como tal. Y es que todo lo que tiene que ver con la necesidad humana es susceptible de convertirse en mercado potencial, pues lo que más interesa en un mundo pragmatista, ante todo, es el lucro. Se trata de añadir todas las necesidades posibles, y al suplirlas, crear mercado en torno a un ámbito que hay que cubrir a toda costa. En este sentido, cabe apelar a los sentidos, las emociones, la imagen de sí, la apariencia, el prestigio, es decir, todo lo que es periférico, lo asociado con la aceptación condicional del consumo de bienes adornados en envoltorios, a veces de lujo, cosas que llevan adscritas aureola de renombre, pero no son nada más que vaporoso toque de distinción o signo de calidad y lo que ello conlleva.

Ahora bien, esto no es más que merodear por los contornos de lo real, limitarse a rasgar las cáscaras, lo más superficial; soslayar lo real, lo genuino, lo auténticamente importante. Equivale a incurrir en una gran distorsión, que cual inmensa trampa tendida, gira en torno a la creación del mercado de la necesidad. Porque es evidente que las necesidades sociales se pueden crear, y, de alguna manera satisfacer. De ahí que el marketing y la publicidad se esfuercen por convencer a las masas para que las perciban y adquieran conciencia de ellas. Desde luego, las necesidades humanas suponen una importante vertiente económica, no se pueden satisfacer de manera instantánea ni de una vez por todas, y además, son numerosas, algunas complejas de detectar, y tienen la particularidad añadida de que se pueden crear o reproducir artificialmente. Por todo ello, y más que nada para intentar una aproximación a este carácter de la naturaleza humana, se hace absolutamente necesario establecer un orden de prioridades o, si se prefiere, una escala de valores.

Las necesidades insatisfechas pueden actuar de estímulo para producir objetos o productos que las satisfagan. El sistema de libre mercado estimula la producción y ofrece beneficios a los emprendedores que consiguen responder a las necesidades de clientes potenciales dispuestos a pagar lo que haga falta, conforme a sus apetencias y sus posibilidades para satisfacerlas. Bajo este sistema, mucha gente no puede satisfacer sus necesidades básicas, en tanto que gran parte de la producción va destinada a satisfacer las necesidades de los que cuentan con mayor capacidad adquisitiva: resulta más lucrativo. Pero no deja de ser escandaloso e inmoral que, por ejemplo, en los países desarrollados millones de mascotas y animales domésticos vivan mejor, y reciban más atención, que infinidad de niños en países pobres ya quisieran para sí. En este mundo lleno de paradojas cuesta entender que haya seres humanos con necesidades básicas insatisfechas mientras otros piensan que necesitan poseer coches de lujo o adquirir fama y prestigio social. Así se fue construyendo un mundo en el que se destruyen diariamente miles de toneladas de comida que podrían saciar el hambre de muchos indigentes al tiempo que se dilapidan fortunas en lujos superfluos (y para mantener el ventajoso monopolio de los precios) y vanidades que no son necesidades verdaderas. Y así fueron ganando terreno el capital, la inversión, los intereses, la banca, el poder, y desestimándose las necesidades más básicas de las masas más humildes, condenadas al abandono en paraísos de miseria.

En los países ricos y desarrollados las necesidades básicas de la inmensa mayoría solían estar cubiertas. Se producen cosas y se pagan con creces las marcas de ciertos productos que se asocian con el prestigio social o denotan capacidad adquisitiva. El problema surge cuando no sabemos qué necesitamos ni dónde encontrarlo.

Seguro que será posible abordar una clasificación más o menos acertada de todo tipo de necesidades en grupos o categorías afines. Pero debe advertirse que este ambicioso, y tal vez irrealizable proyecto, apenas nos importa; no es el objeto de este modesto trabajo: no pretendemos facilitar una relación exhaustiva de las necesidades humanas, ni tampoco exponer una clasificación o categorización precisa y definitiva de las mismas —cosa que, por otra parte, dudamos sea posible—, sino invitar al lector a sumergirse en una reflexión inicial acerca de su amplitud y su diversidad desde una perspectiva clarificadora que permita arrojar algo de luz sobre la verdadera condición de la naturaleza humana, sobre todo teniendo en cuenta la existencia precaria que todos vivimos, la contundencia de nuestra menesterosa condición, y que se suelen pasar por alto las necesidades más nobles y sublimes que laten —a veces como letargo invernal— en muchos corazones.

Por ahora, baste decir que hay necesidades más perentorias, mientras que otras son más vagas, más hondas, más persistentes. Por ejemplo, cuando sentimos hambre o sed casi no podemos atender a otra cosa que no sea la búsqueda de comida o bebida para aliviar la desazón que nos aflige el estómago o la garganta. Pero una vez satisfechas, éstos se sosiegan por algunas horas. Las necesidades físicas o fisiológicas son, pues, recurrentes. En cambio, hay otras sensaciones más hondas, indefinidas y difusas. Sabemos que tenemos necesidad de algo, aunque no sabemos exactamente qué. Pero esas necesidades deben ser detectadas porque atañen a aspectos fundamentales de la existencia, duran toda la vida y son universales o comunes a todos los hombres.

La necesidad suprema que siente todo ser humano es el ser amado, y después, amar. Desde que nacemos, o incluso desde antes del nacimiento, estamos muy necesitados de amor. El niño procura ser amado, aceptado, estimado, de modo incondicional, y es capaz de inventar estratagemas, recurrir a infinidad de tretas y asegurarse numerosas oportunidades para comprobar que su persona es objeto de atención, aunque algunos padres no acierten a comprender o interpretar qué es lo que quieren sus hijos, o por qué actúan a veces de forma tan extraña o llamativa. Ponen a prueba a sus padres en incontables ocasiones. Pero también ¿qué adulto no necesita ser apreciado, aceptado, reconocido, estimado o incluido por los demás? Y cuando esto se consigue, la persona florece, se siente feliz, satisfecha, segura de sí. Esta es la necesidad suprema, fundamental, de todos los seres humanos.

El psicólogo Abraham Maslow, en su *Teoría de la motivación humana*[1], ordenó jerárquicamente las necesidades que los humanos procuran satisfacer valiéndose de una pirámide escalonada en cinco niveles, sugiriendo que los individuos suelen priorizar sus necesidades fisiológicas antes de hacer lo propio con las de rango superior, y que a medida que son atendidas aquellas tratan de satisfacer, entonces, necesidades y deseos más elevados. En el primer nivel o base de la pirámide, figurarían las necesidades más básicas y en el superior, las de rango más alto. En el último peldaño se situarían las de «autorealización», garantía de la plena felicidad o armonía.

Según Maslow, cuando no es posible satisfacer una necesidad de categoría superior, entonces las fisiológicas pasan a ser prioritarias. Y en el caso de que el individuo se viera obligado a satisfacer una de dos necesidades de distinto rango, lo más probable es que escogiera la de rango inferior. Supongo que esto explicaría el caso de la prostituta que alquila su cuerpo a cambio de una contraprestación económica. Prefiere rebajar su dignidad de mujer, e incluso renunciar al amor sincero que necesita y vender su cuerpo como objeto de consumo a cambio de un salario que le permita satisfacer otras necesidades. Asimismo, muchos individuos no tienen escrúpulos a la hora de escoger ocupaciones poco éticas, o incluso delictivas, con tal de ganar dinero para satisfacer necesidades que ellos consideran imperiosas. En consecuencia, otros deseos más nobles quedarían relegados a un segundo plano.

Pero hay que tener en cuenta que el hombre es un ser libre y puede escoger lo que prefiere en congruencia con sus propios criterios y convicciones, antes que ceder o someterse a consideraciones más inmediatas, ya que los individuos no responden a un mismo comportamiento previsible.

Según Maslow, cuando las necesidades fisiológicas son satisfechas entonces se busca la seguridad (que podría hoy estar simbólicamente representada por la salud, el empleo y la propiedad privada). La seguridad se convierte así en un objetivo prioritario que prevalece sobre otros deseos o necesidades. Pero a veces, la urgencia que insta a buscar seguridad sobrepasa el apremio que obliga a satisfacer necesidades fisiológicas, como ocurre, por ejemplo, cuando se abandona un país convulso o una zona de riesgo para buscar otra más segura, aunque sea más difícil procurarse sustento, salir adelante o labrarse un futuro. En caso de peligro agudo o grave amenaza, se antepondría la seguridad a las necesidades fisiológicas. Después se buscaría la estima de los demás y la autoestima propia, y el máximo desarrollo de las habilidades y talentos personales. También reconoce las necesidades sociales o de afiliación y las relacionadas con el desarrollo afectivo. A la autoestima corresponderían la valía, el éxito y el prestigio. La merma de estas necesidades reflejaría baja autoestima y complejo de inferioridad.

Según Maslow, sólo las necesidades no satisfechas influyen en el comportamiento, no así las ya satisfechas. Por lo cual, la mejor manera de motivar a las personas es mostrarles la posibilidad que tienen de suplir necesidades de grado inmediatamente superior. Y reconoce, en el nivel superior, las necesidades de «auto-realización». A este nivel se llegaría una vez cubiertos los anteriores, al menos, en parte. A medida que la persona logra cubrir sus necesidades básicas aparecen gradualmente necesidades de orden superior. Ahora bien, no todos los individuos sienten necesidades de auto-realización, ya que esto es cuestión de conquista individual.

Maslow consideró auto-realizados a un grupo de personajes históricos que él estimaba cumplían dichos criterios. Pero no hay nada que demuestre que las personas tienen capacidad de convertirse en seres «auto-realizados». Por eso se ha criticado su escala de necesidades y negado la evidencia de que se ordenen conforme a una jerarquía.

Sin duda, hay abundantes ejemplos de personas que poseen rasgos de auto-realización y no han tenido sus necesidades básicas satisfechas: grandes artistas sufrieron pobreza y deficiente crianza. Sin embargo, algunos seres humanos, tanto criados en la pobreza como en la opulencia, aspiran a auto-realizarse, o se sacrifican para poder conseguirlo, y tienden a niveles más altos de satisfacción no meramente material, lo que desmonta su teoría.

Lo antedicho es, desde luego, tenido en cuenta por publicistas y técnicos en ventas. Ahora bien, nadie en este mundo puede satisfacer, y menos colmar, todas sus necesidades. Es más, muchas gentes no pueden ni siquiera satisfacer sus necesidades físicas básicas, y sin embargo anhelan cubrir las espirituales, que indudablemente pertenecen a un rango superior, lo cual desmonta la teoría de Maslow. Desde luego, los padres, en el ámbito de su abnegación, lo intentan, se esfuerzan, alcanzan más o menos éxito en procurar el bienestar de sus hijos. Pero hay que tener en cuenta que ni siquiera las suyas fueron del todo satisfechas, o no saben, o no pueden, o no quieren, o no aciertan a conseguirlo, a pesar de sus mejores deseos y propósitos. Es decir, todas las personas tienen en mayor o menor medida muchas de esas necesidades aún sin cubrir. Y además, la experiencia diaria demuestra que algunas personas son capaces de sufrir privaciones —al menos ciertas privaciones— con tal de aspirar a alcanzar bienes espirituales y sociales a los que conceden un valor inmenso, estando dispuestas a sacrificarse por los demás, o adquirir lo que para ellas representa un bien superior, con lo cual, se cumple el símil evangélico: «*...el reino de los cielos es semejante a un mercader que busca buenas perlas, que habiendo hallado una perla preciosa, fue y vendió todo lo que tenía, y la compró*» (Mateo 13:45-46).

Así pues, ésta es la realidad en la que todos vivimos inmersos: un mundo en el que todos aspiramos a cubrir o reclamamos la satisfacción de nuestras necesidades personales, pero cuya realidad, la misma naturaleza de las cosas, nos niega esa posibilidad en su plenitud.

Aunque es justo reconocer el esfuerzo de Maslow por articular una teoría de las necesidades humanas e intentar organizar una jerarquía de las mismas, la objeción más seria que se le puede hacer, a mi entender, es reducir el hombre a la categoría de objeto: un «ser egoísta» que desea y busca satisfacción, que va en pos de sí mismo, de su propio «yo», de su propio «ego». Bajo este prisma el individuo procura cubrir exclusivamente sus necesidades, pues en última instancia, sólo si es consciente —según Maslow, no todos lo son, sino unos pocos privilegiados—, puede aspirar a su autosatisfacción, su realización, al desarrollo de sus potencialidades, pero en definitiva, no busca sino su gratificación, su glorificación, su propia exaltación. Es decir, el ser humano así concebido vive para sí mismo, no para los demás. Excluye por completo la búsqueda espiritual, toda entrega, abnegación, anhelo y aspiración de eternidad. Esto implica mutilar la esencia del ser humano, su ADN. Se comete un grave error si se piensa que el hombre sólo trata de satisfacer un conjunto de necesidades físicas y anímicas, ya que el aspecto más específico, más sublime de la persona es, sin duda, su componente espiritual. No se puede obviar este conjunto de necesidades sin causar grave perjuicio al alto destino de la persona y su vocación. Ya que la vida del hombre no consiste en colmar todas sus necesidades, o en propinarse toda suerte de gratificación (como insisten machaconamente los spots publicitarios en su incesante bombardeo), sino en conocer y cumplir la voluntad de su Creador; ésta es la decisión más prudente que pueden adoptar seres y criaturas libres, pero dependientes, pues, a la postre, nadie que pretenda ser feliz y servir a los demás puede vivir exclusivamente para sí. Por tanto, todo lo hasta aquí expuesto merece una respuesta adecuada.

El humano es el viviente que depende por antonomasia: de la sociedad, de la familia, de las autoridades, del Estado (como garante y defensor de sus obligaciones, sus derechos y sus libertades), de las instituciones que garantizan su seguridad y su libertad, de las asociaciones benéficas: iglesias, oenegés, grupos sociales que comparten intereses comunes, clubes, etc.

Ya desde su concepción, el feto depende íntima y absolutamente de su madre y recibe todo su nutrimento en el vientre que lo sustenta. Y en el nacimiento, el neonato es la criatura más indefensa y desvalida que existe sobre la faz de la tierra. Depende de otros, sobre todo, de su madre. El moribundo es también un ser en gran manera dependiente: necesita atención en la enfermedad y la vecindad de la muerte. Otra cosa es que no pueda obtener esa ayuda o que esa misma carencia precipite su fallecimiento. Podríamos también decir, por contraste, que el ser humano es una criatura inmensamente rica… en necesidades. Desde que se levanta hasta que se acuesta anda necesitado. Y además, duerme porque necesita reparar fuerzas. Cabe, pues, asegurar que es una criatura asediada por sus debilidades, imperfecciones o carencias; se ve obligada a depender de los padres, de la familia, de los amigos, de la sociedad, de la empresa, del Estado, de Dios.

Ortega y Gasset dice que «la mente moderna parece mal avenida con una cierta práctica de la humildad», pero, «lejos de esa falaz pretensión, el hombre se sabe menesteroso e indigente».[2] Y C. S. Lewis dice que nacemos necesitados: «Todo nuestro ser es, por su misma naturaleza, una inmensa necesidad».[3]

En seguida surge la pregunta: ¿Por qué es el humano un ser tan cargado de necesidad? ¿Por qué su necesidad es tan desmesurada? Es mayor que la de todos los animales, por cuanto ellos apenas son conscientes —o no en el mismo grado— de su condición. Procuraremos ofrecer una respuesta a lo largo de este trabajo.

La tendencia natural y espontánea del hombre es actuar de una manera práctica, tratar de cubrir cuanto antes sus necesidades, y cuando ello no es posible, entonces responde con afán, preocupación y ansiedad. Cuando se siente amenazado, o es incapaz de satisfacer sus necesidades, puede sentirse presa del miedo y/o la inseguridad.

El problema se complica, ya que el hombre es un ser consciente. La conciencia —diferencia específica entre el hombre y los animales— de su grave necesidad no hace sino agudizarla. Por ejemplo, siente una acuciante necesidad de supervivencia, más aguda cuando su existencia se ve gravemente amenazada. Teme la muerte y desea vivir a toda costa.

Por otro lado, la inteligencia humana y la Providencia generosa, aunque de forma limitada, ayudan al hombre a creer, y por consiguiente, a buscar satisfacción a sus necesidades, siempre y cuando sea consciente de ellas. De suerte que, sabe, por intuición, que a toda necesidad corresponde una satisfacción. Es decir, una vez detectada cierta necesidad, cree que hay, que puede conseguir algo con que satisfacerla, algo correspondiente y adecuado con que colmarla.

Resulta también curioso que al darse cuenta de su condición y de su realidad, el hombre invente o diseñe nuevas necesidades artificiales o disfrutes placenteros que pretenden dulcificar su vida —hacerla más llevadera—, que pueden despertar dependencia o costumbre, a fin de convertirlo en consumidor, y como tal, generar beneficios económicos.

Al fin y al cabo, el trabajo, toda empresa humana, es, ante todo, una brega, una actividad que procura dar respuesta a necesidades de todo tipo, incluida la de conocimiento, que manifiestan los seres humanos. Donde haya demanda de ciertos bienes o servicios, pronto surgirá una economía, un puesto de trabajo, por muy sofisticados o artificiales que aquellos puedan ser. Por ejemplo, en nuestros días, el deporte cumple más que nunca una función lúdica de entretenimiento. Las masas acuden a presenciar partidos de tenis o de fútbol. Se paga —a veces sumas elevadas— por asistir a un pasatiempo en el que uno puede dar rienda suelta a su euforia y sus emociones, en canchas donde campean pasiones desatadas. Este tipo de necesidades son ilusorias y artificiales, creadas por las sociedades antiguas y modernas para proporcionar divertimiento y evasión, proponiendo una dura contienda en la que el espectador tiende a identificarse con un bando, equipo, candidato, etc., y trata de vivir, aunque de forma vicaria, esa pasión como en primera persona.

Otro ejemplo sería el de los remedios paliativos que se usan para aliviar el azote moderno del estrés: masajes, acupuntura, técnicas de relajación, sedación acústica, saunas, etc. Otro ejemplo sería el turismo: evasión, descanso, diversión, disfrute de bienes y servicios que se consideran de sobra merecidos...

Si bien el trabajo se vende a cambio de una contraprestación o beneficio, en realidad, actúa sobre un bien o servicio para adaptarlo y suministrarlo a una empresa especializada que a su vez lo lanza al mercado, colocándolo directamente en manos del consumidor o a través de intermediarios. Así pues, el trabajo, en general, no es otra cosa que una respuesta práctica a la necesidad humana. Si bien, siempre actúa sobre algo preexistente para transformarlo, adaptarlo, facilitarlo a los que han menester de tales bienes o servicios.

En el caso de un abogado, se le pagará por un servicio de defensa jurídica. En el de un conferenciante, por una charla que supuestamente suscita interés, brinda información útil, conocimiento, etc. Y así indefinidamente, dado el grado de especialización que han alcanzado las sociedades modernas, tanto industriales como de servicios.

Las múltiples necesidades físicas, auténticos desafíos para el hombre, representan para él problemas a los que responde con su inteligencia y sus recursos, dando siempre por sentado que existen en la naturaleza los materiales, las sustancias, los elementos susceptibles de ser transformados para resolver o satisfacer necesidades particulares. Por lo tanto, podemos afirmar que ante un problema dado, el hombre seguirá el siguiente patrón de actuación:

1. Observación y constatación del problema.
2. Fe en su capacidad (racional y técnica) para resolverlo.
3. Fe o constatación de que existen —o se pueden crear o fabricar— los elementos necesarios para resolverlo.
4. Actuación, esfuerzo e investigación. Primeramente dará una repuesta técnica o racional al reto planteado. Y después, tratará de indagar con los materiales disponibles, experimentar, comprobar que la solución es viable.

5. Aplicación. Dará una respuesta práctica al problema que le movió a actuar, o, si no le es posible, abordará el problema desde otro ángulo para intentar replantearlo y solucionarlo.

Éste esquema, aunque rudimentario, sirve para explicar una buena parte de los inventos y avances humanos, que al fin y a la postre, son otras tantas respuestas a retos o necesidades planteados. Por supuesto, este proceso puede ser infinitamente más complejo y costoso, pero podemos resumir diciendo que, en lo esencial, éstos son los pasos a dar. Por cierto, ¿no se asemeja este procedimiento al método científico?

Además de las necesidades físicas básicas, el ser humano presenta otras muchas de tipo emocional, anímico y espiritual, tanto en el plano personal como social. Desde luego, los hombres aspiran a cubrir todas sus necesidades, pero muchas de ellas pertenecen a categorías o rangos superiores que exceden o excluyen la posibilidad simultánea de satisfacer otras de rango inferior, de manera que a veces estarán dispuestos a sacrificarse y a sacrificar temporal o definitivamente algunas de ellas con tal de satisfacer más adelante las que estiman esenciales. Es decir, se impone un orden o escala de prioridades conforme a las creencias y convicciones de las personas.

Toda vida humana está plagada de necesidades y también de deseos o aspiraciones de cubrirlas. Y no sólo eso, sino que la incertidumbre o imposibilidad de satisfacer algunas o muchas de ellas engendra temores o frustraciones, hasta el punto de que muchas vidas están dominadas por el temor.

Así pues, la vida está cargada de necesidades, deseos profundos, aspiraciones, dolores, angustias, aflicciones, amenazas, temores y valores entre sí relacionados.

Ahora bien, conviene distinguir entre satisfacción de necesidades, apetitos, placeres y adicciones. Los hombres suelen ir detrás de estas cosas prioritaria, y hasta desordenadamente, hasta el punto de interpretar la vida como una dedicación exclusiva de todas esas cosas. Caen en la búsqueda de auto-satisfacción total sin reparar si ésta les es lícita o ilícita. En este último caso, se lanzan en pos de sus deseos egoístas, manipulan, abusan, engañan, es decir, esos deseos se convierten en ansias idolátricas que les dominan y los esclavizan.

Desde una perspectiva materialista el mundo podría ser considerado como un inmenso estadio en el que compiten unos cuantos miles de millones de seres humanos por satisfacer sus necesidades individuales —tengamos en cuenta que todos ellos habitan en un mundo caído, donde el mal es real y aun prevaleciente en muchos lugares—, que buscan lo suyo propio, acuciados por la infinidad y la urgencia de sus necesidades, impulsados por su egoísmo evidente y la relativa escasez —o paradójica abundancia— de recursos materiales. Pero ciertamente el mundo no es un sistema de recursos cerrado ni limitado, sino abierto a la multiplicación, ya que el Dios del universo interviene en la historia y en la tierra, pues no estamos solos, sino que el Señor y Creador de todo actúa sin cesar, y el hombre puede actuar también con su capacidad creadora e innovadora, con su imaginación, su fe y su trabajo para satisfacer muchas de ellas, creando riqueza y fuentes de provisión. Si a todo esto añadimos el libre albedrío de los seres superiores, tendremos un mundo estrictamente moral en el que todos los actos se pueden adscribir a las dos categorías fundamentales de lo bueno y lo malo. De ahí que toda injusticia tenga una causa estrictamente humana y social.

El intento de satisfacción de toda suerte de hambre, apetito, necesidad y adicción suele plantear conflictos y oposición. A veces la satisfacción de ciertos vacíos conduce a la multiplicación de otros, origina dolores y problemas, y puede arrastrar, en casos extremos, a perder la vida. Por otra parte, no siempre es posible discernir el prurito que nos reconcome o la mosca que nos ha picado. En numerosas ocasiones uno se encapricha de cosas que le perjudican a la larga sólo porque sus beneficios inmediatos le parecen satisfactorios. Aunque en determinadas épocas las presiones sociales y nuestra propia escala de valores se oponen a algunos de esos impulsos, este tipo de conflictos muchas veces son difíciles de resolver. Y es que a menudo nos sentimos atrapados por fuerzas externas o inmediatas que se adueñan de una voluntad dividida y tratan de forzarnos a actuar contra nuestra voluntad primera, o deseos más nobles y profundos que producen réditos a largo plazo.

El trabajo, el descanso, la alimentación, el silencio y el reposo, son necesidades periódicas, aunque su periodicidad es constante.

Algunas, como el aseo: lavado de ropa, lavado del cuerpo, visita al excusado, limpieza de la casa, barrer, fregar, etc., son bastante frecuentes. Todas estas actividades procuran comodidad, bienestar, previenen dolencias y enfermedades. En cambio, la respiración es constante y muy frecuente.

Las bebidas alcohólicas no son necesarias, ni el tabaco ni las drogas. La gula, los viajes de placer, el lujo, las comodidades, el confort... son más bien hábitos, privilegios, apetitos, obsesiones, adicciones, necesidades creadas. Las sociedades occidentales han creado infinidad de necesidades artificiales relacionadas con el confort, el status, el placer y la auto-gratificación, la posición social, la apariencia y la imagen. Por ejemplo, muchos se ven obligados a llevar un estilo de vida acorde con la relevancia de la posición social que ocupan para no causar estridencias y conformarse al nivel o grupo al que pertenecen, apremiados por el qué dirán. Muchas de esas necesidades son psicológicas, fomentadas por grupos e intereses económicos que tratan de sacar partido de ellas. Por ejemplo, no son necesidades reales, aunque sí percibidas, los tatuajes, las modas (ropa, estilos de peinado) la asistencia a gimnasios para agrandar músculos, la reconstrucción facial, las colonias de marca, las operaciones quirúrgicas para reforzar o reducir pechos, estómagos, después de incurrir en excesos gastronómicos. En cualquier caso, los individuos se ven sometidos a una gran presión social que les fuerza a consumir los productos o servicios requeridos.

Dice con sarcasmo Carlos Díaz que valemos en la medida que consumimos, comemos y gastamos, esto es, «el consumidor es consumido por la sociedad de consumo... Consumir es progresar. El problema entonces es cómo hacer consumidores. No se trata de generar bienes, sino de hacerlos desear».[4]

Pero las sociedades consumistas acaban siendo devoradas por el vacío existencial. Sólo así se explica el gran índice de suicidios que se cometen actualmente en las sociedades desarrolladas, cubiertas de polvo, invadidas por el voraz gusano del vacío de sentido, moralmente esmirriadas, exentas de valores e ideales, e instaladas en la abundancia y la comodidad material. Lo cual es prueba evidente de que el vacío interior no se puede colmar con el consumo y el bienestar material.

Hay muchos impulsos o conductas atizadas por una publicidad que se apoya en la gran presión social que puede llegar a ejercer para incitar al consumidor a tomar la decisión deseada. La psicología comercial moderna recurrirá a cualquier técnica de ventas que demuestre ser eficaz con tal de colocar sus productos. Y así apelará a la comparación, la envidia (¡cuántas marcas de automóviles se aprovechan de estos mecanismos y resortes mentales para aumentar sus ventas!), la manipulación psicológica, la descalificación del competidor, rival... Sólo se detendrá ante los límites legales que prescribe la ley de defensa de la competencia. Pero el caso es que esos impulsos y conductas en numerosas ocasiones no pretenden satisfacer necesidades reales, sino sólo ficticias.

Desde luego, lo antedicho suscita cuestiones muy interesantes, como: ¿puede un sistema económico basado en el capital, la explotación, el beneficio, la producción y el consumismo sostenerse y ser viable si no se preocupa tanto de satisfacer las necesidades reales como, preferiblemente, las artificiales, de sus consumidores potenciales? Y si es así, ¿hasta cuándo pervivirá? ¿Será capaz de sostenerse, o se verá forzado tal sistema a adaptarse para responder únicamente a las demandas básicas y genuinas de los consumidores? Sinceramente, mucha fe hace falta para creer que un sistema corrupto pueda regenerarse y salir airoso. Más bien invita al escepticismo. Este sistema mundano nunca ha dado muestras de regeneración ni de un cambio de mentalidad. Siempre ha buscado lo mismo: su propio lucro. Le ha dado de lado la ingente necesidad de un tercio o de media humanidad, que se debate entre la pobreza, la hambruna, la escasez, el subdesarrollo, la penuria económica, alimenticia, educativa, sanitaria, por no mencionar la legítima, y a veces imposible, aspiración al progreso social y desarrollo normal de sus comunidades.

EL DINERO

Las sociedades capitalistas, y en general todas las sociedades, dan y han dado culto al dinero, lo idolatran como a su dios principal. Si se asume la premisa de que el dinero puede comprarlo todo, también podría, en principio, satisfacer toda necesidad. Lo cual, como es sabido, es sólo una falacia. En el mundo en que vivimos hay infinidad de cosas que precisan ser reparadas, restauradas o renovadas. Todas ellas se pueden resolver con dinero, si bien todas ellas incluyen algún elemento de penuria, inconveniencia o incomodidad.

En realidad, todos dependemos del dinero en estos tiempos. Apenas hay nada que se pueda hacer sin dinero. Pero no conviene exagerar, las cosas más valiosas y más naturales siguen siendo gratuitas: un rato de esparcimiento sentado en la hierba de un parque conversando con un buen amigo, un baño de agua tibia en el mar o un sueño reparador no suelen costar nada. De modo que una cosa es servirse del dinero y otra, bien distinta, ser esclavo de él.

Prácticamente todo el mundo cree que el dinero es un medio idóneo e imprescindible para cubrir cualquier necesidad. Si bien puede comprar muchas cosas y satisfacer muchas necesidades, no puede comprar el amor verdadero, ni la felicidad, aunque sí el placer y, hasta cierto punto, un bienestar general. Ciertamente puede asegurar la adquisición de cualquier objeto o servicio terrenal. Puedes, por ejemplo, pagar al dentista para evitar un dolor de muelas, pero no evitar el dolor que su servicio te produce ni, por ejemplo, prolongar la vida, aunque pueda ayudar a preservar la salud. Tal vez pueda simular, ayudar a conseguir algún afecto o seducir, pero hay cosas que el dinero no puede comprar. Las necesidades del alma y del espíritu no se pueden satisfacer con dinero. Ni la verdadera amistad. Ésta surgirá o no, pero el dinero no la puede procurar. El dinero podrá comprar tal vez compañía, pero no una amistad leal y sincera. De ahí que el que pierde su hacienda, o su capital, pierde también muchos amigos, si no todos. Lo cual es prueba evidente de que no todos eran verdaderos.

Sin embargo, la advertencia más seria contra el dinero como recurso suficiente para escapar a todas las necesidades que sobrevienen en esta vida la hizo Jesucristo cuando aseguró *«mirad, y guardaos de toda avaricia; porque la vida del hombre no consiste en la abundancia de los bienes que posee»* (Lucas 12:15).

> También les refirió una parábola diciendo: La heredad de un hombre rico había producido mucho. Y él pensaba dentro de sí, diciendo: ¿Qué haré, porque no tengo dónde guardar mis frutos? Y dijo: Esto haré: derribaré mis graneros, y los edificaré mayores, y allí guardaré todos mis frutos y mis bienes; y diré a mi alma:

Alma, muchos bienes tienes guardados para muchos años; repósate, come, bebe, regocíjate. Pero Dios le dijo: Necio, esta noche vienen a pedirte tu alma; y lo que has provisto, ¿de quién será? Así es el que hace para sí tesoro, y no es rico para con Dios (Lucas 12:15-21).

En realidad, no es posible satisfacer algunas o muchas de las necesidades que se presentan. Por supuesto, tal indigencia resulta mucho más ostensible en función del país o región del mundo en que uno viva. Teniendo en cuenta que muchas necesidades son excluyentes y aun contrapuestas, es evidente que algunas, o muchas de ellas, no podrán ser satisfechas, o tendrán que ser subordinadas a las que cada individuo considere verdaderamente prioritarias e importantes, conforme a su propia escala de valores. Esta escala estará basada, una de dos, en los propios criterios, supuestos íntimos e intereses personales, es decir, será subjetiva, estará fundada en las propias metas, el éxito, el placer, el bienestar personal…, o en normas absolutas y universales, es decir, incluirán el bien ajeno, sus intereses, sus necesidades, el cultivo de buenas relaciones con el prójimo, en definitiva, tanto el bien ajeno como el personal, de ahí la pertinencia del segundo y gran mandamiento.

Cabe pues, la posibilidad, o la conveniencia, de tener que dejar de lado algunas satisfacciones legítimas en aras de una meta superior. A menudo se oyen noticias de personas que son encarceladas por demostrar lealtad a sus convicciones. En este caso, la fidelidad a una necesidad de orden superior —la fe o convicción que se profesa— se antepone incluso a la pérdida de la libertad que es, sin ninguna duda, si no la primera, sí una de las mayores necesidades del género humano, uno de sus bienes más preciados. En otros tiempos, el bien común, familiar, la fidelidad, el servicio a la patria, eran dignos de la renuncia a la propia vida. Y en estos tiempos, caracterizados por el avance grosero y generalizado del egocentrismo, estos valores suelen ser raros, más bien excepcionales, pero todavía lo sigue siendo la fe.

No todas las cosas que puede comprar el dinero son necesarias para los que lo poseen. De hecho, el dinero puede llegar a crear confusión creyendo que al adquirir muchas cosas desaparecen todas las necesidades, pero no es así. Es más, una gran cantidad de posesiones puede ocasionar ofuscación, confusión y embotamiento por lo que respecta a la capacidad de discernir necesidades profundas y auténticas.

LA MORAL Y LA SATISFACCIÓN DE LAS NECESIDADES

Conviene, pues, tener en cuenta la índole moral de la vida, la decisión voluntaria, abnegada, de pasar por alto la satisfacción temporal de ciertas necesidades o apetitos legítimos con tal de dar prioridad a principios, convicciones o necesidades más elevados y de rango superior, como el bien de los demás.

La moral pone límites al afán desenfrenado que ansía satisfacer múltiples necesidades de forma instantánea a costa de pisotear la dignidad, la integridad de otros individuos. De ahí que donde no se respetan esos límites, donde hay ausencia de escrúpulos morales, se perpetran viles atropellos contra la dignidad de las personas.

TÉRMINOS COMPLEMENTARIOS

Escasez

Desde este punto de vista podríamos definir la escasez como la insuficiencia de algo necesario, capaz en sí mismo de satisfacer una necesidad. La escasez es un hecho generalizado. Pero también lo es que hay una gama de recursos potencialmente disponibles, alcanzables, con tal que se cumplan una serie de condiciones o se desarrollen una serie de pautas para acceder a ellos. Si bien, esto no es posible si no se paga antes un precio, inversamente proporcional a la escasez o abundancia de lo que se procura.

Pobreza

Teóricamente, podemos definir la pobreza como la imposibilidad de satisfacer las necesidades más básicas. Esto sería así en los países más pobres del mundo. Sin embargo, en las sociedades desarrolladas, aunque también hay pobreza, tales necesidades pueden ser satisfechas con creces, pero ello no significa que las demás lo hayan sido. Por ejemplo, en las grandes urbes hay, paradójicamente, muchas personas sin necesidades económicas, rodeadas de gente, pero víctimas de la soledad, la angustia, el vacío existencial. Uno podría pensar que la satisfacción de toda necesidad o, si se prefiere, la ausencia de todo temor, o el disfrute de toda suerte de comodidades y placeres, sería una especie de salvoconducto que garantizase la felicidad. Pero es preciso reconocer que la satisfacción de las necesidades superiores produce un grado más elevado de gozo o felicidad. De modo que la persona puede sufrir ciertas carencias, ciertas privaciones, y pese a todo sentirse gozosa y realizada. Como dice Julián Marías: «Se puede ser feliz en medio de bastante sufrimiento, y a la inversa, se puede ser infeliz en medio del bienestar, de los placeres, de lo favorable»[5]. Por ejemplo, los primeros cristianos, cuando eran perseguidos, cantaban himnos al salir a la arena del circo, dispuestos a entregar sus cuerpos para ser desgarrados por las fieras. O el soldado que arriesga la vida y está dispuesto a sufrir penalidades con tal de salvar la de sus compañeros. Este bien prioritario, la vida de sus compañeros, la defensa de la patria, la lucha por una causa aparentemente justa, es considerado superior a sus sufrimientos. Por eso se siente satisfecho cuando alcanza su objetivo. Por otra parte, el individuo puede tener colmadas muchas necesidades básicas, pero padecer un grave déficit emocional y espiritual. Un gran vacío, por lo que toca a las necesidades de rango superior. Éste ha sido, por desgracia, el caso de muchos individuos que se criaron en el seno de hogares opulentos y disfrutaron de las comodidades de nuestro tiempo, pero se quedaron raquíticos al no lograr o no aspirar a satisfacer dichas carencias.

El afán y la ansiedad

> Por tanto os digo: No os afanéis por vuestra vida, qué habéis de comer o qué habéis de beber; ni por vuestro cuerpo, qué habéis de vestir. ¿No es la vida más que el alimento, y el cuerpo más que el vestido? Mirad las aves del cielo, que no siembran, ni siegan, ni recogen en graneros; y vuestro Padre celestial las alimenta. ¿No valéis vosotros mucho más que ellas? ¿Y quién de vosotros podrá, por mucho que se afane, añadir a su estatura un codo? Y por el vestido, ¿por qué os afanáis? Considerad los lirios del campo, cómo crecen: no trabajan ni hilan; pero os digo, que ni aun Salomón con toda su gloria se vistió así como uno de ellos. Y si la hierba del campo que

hoy es, y mañana se echa en el horno, Dios la viste así, ¿no hará mucho más a vosotros, hombres de poca fe? No os afanéis, pues, diciendo: ¿Qué comeremos, o qué beberemos, o qué vestiremos? Porque los gentiles buscan todas estas cosas; pero vuestro Padre celestial sabe que tenéis necesidad de todas estas cosas. Mas buscad primeramente el reino de Dios y su justicia, y todas estas cosas os serán añadidas. Así que, no os afanéis por el día de mañana, porque el día de mañana traerá su afán. Basta a cada día su propio mal (Mateo 6:25-34).

REFLEXIONES SOBRE LA POBREZA

Pobreza absoluta y relativa:

a. Una persona pobre sería la que no puede satisfacer sus necesidades básicas.
b. En términos pragmáticos, una persona pobre sería la que obtiene menos de la mitad de la renta per cápita del país o región en donde habita, mientras que una persona rica sería la que obtiene más del doble de dicha renta.

La pobreza no es ajena a ningún país ni región del mundo. Incluso en los países más desarrollados hay personas que no pueden satisfacer sus necesidades más elementales. Sin embargo, en los países pobres, el hambre, la desnutrición y la enfermedad adquieren graves proporciones.

Uno de los temas más candentes de debate en todo tiempo es la necesidad de una distribución más justa de la riqueza que permita a todos los seres humanos disfrutar de la dignidad y la libertad que les corresponde en razón a su valor intrínseco. Muchos censuran las miserias de un capitalismo que acapara y acumula riqueza sin escrúpulos mientras buena parte del mundo sufre privaciones sin cuento.

En julio de 2005, se celebraron varios conciertos de música pop (Live 8) en ocho capitales del planeta con la intención de concienciar a los países desarrollados y forzar a los dirigentes de los países más poderosos de la tierra a buscar fórmulas para acabar con la extrema pobreza de las regiones más deprimidas del globo, en particular, la que afecta al continente africano. Ese mismo día, las pantallas de los televisores exhibieron cifras escandalosas, escalofriantes, de la pobreza y la injusticia en el mundo: la muerte diaria de numerosos niños, la multitud de niños sin escolarizar, la injusta distribución de la riqueza y los abusos del capitalismo salvaje.

No se puede negar que la música pop es capaz de convocar multitudinarias audiencias y de suscitar gran clamor popular en la juventud. Es, desde luego, loable cualquier esfuerzo por combatir este cruel azote de la humanidad que priva de dignidad a tantos millones de personas valiosas, creadas a imagen de Dios, aunque resulta paradójico que ricachones instalados en lujosas mansiones pretendieran, exhibiendo máscaras de filantropía, ser pregoneros de una causa justa, participando en un evento tan sonado. Si a esos potentados realmente les importara la suerte de tantos desdichados, ¿no deberían más bien entregar el meollo de su hacienda, o mejor incluso, entregarse a sí mismos, para aliviar el problema de una manera efectiva? Pero ni siquiera esa acción bastaría para saciar al hambriento, ni para justificar sus almas ni la de ninguna otra persona bienintencionada.

Las causas de la pobreza son, desde luego, múltiples y complejas. Una de las principales, por supuesto, es la injusticia que nace de la ambición y la codicia del corazón humano y que se manifiesta en conductas como la explotación del hombre por el hombre, el expolio de recursos de países atrasados (pero ricos en materias primas) y el colonialismo o neocolonialismo. Otras de las posibles causas son los gobiernos tiránicos que engendran injusticias, las culturas edificadas sobre cosmovisiones o sistemas de pensamiento falsos, las corporaciones multinacionales que abusan de su posición de privilegio, los propietarios sin escrúpulos, los sistemas injustos que explotan todo lo que pueden, y de manera insaciable, para obtener un máximo de beneficios y se muestran insensibles a las necesidades de los más débiles; las guerras, las grandes catástrofes naturales, la inferioridad de condiciones de todo tipo, el subdesarrollo crónico de muchos países, la imposibilidad de competir con países industrializados y —confesémoslo— también se debe a la apatía, la indiferencia, la falta de fe, la postura cómoda de aquellos indolentes —personas o países— que, víctimas de una mentalidad reñida con la diligencia, o abrumados por enormes desventajas que pesan sobre ellos, prefieren no trabajar, o no esforzarse, y naufragan en las procelosas aguas de la pereza o de sus propios vicios.

A continuación facilitamos una serie de posibles causas. Éstas pueden ser personales, cuya responsabilidad recae sobre los individuos que la sufren, o externas, esto es, atribuibles a factores que inciden sobre ellos. Por eso, dado que nadie conoce plenamente el conjunto de factores que intervienen, nadie debe de juzgar a nadie.

Causas cuya responsabilidad recae sobre el individuo

La pereza, la indisciplina, el despilfarro, la mala administración; la insensatez o falta de sentido común; el desinterés, la desidia, la indolencia, las palabras vanas; poca aptitud y/u olfato para emprender, una mentalidad poco práctica; una mentalidad fatalista (típica del hinduismo y el islam): no puedo hacer nada por cambiar la realidad, mi realidad; el vicio, la droga, el alcohol, el tabaco, los excesos, las fiestas, el derroche; la incapacidad de afrontar riesgos o tomar decisiones cuando hay que tomarlas; la dependencia enfermiza, la ignorancia, la desherencia…

Causas externas que inciden sobre él

El egoísmo humano, el acaparamiento y la acumulación de capital y riqueza; el latrocinio, el robo, el desfalco, la extorsión, la usura, la codicia, la avaricia, la injusticia; las deudas y los intereses abusivos, las tarjetas de crédito, la especulación, como es hoy habitual; no valorar el trabajo, sino el dinero fácil a costa del esfuerzo ajeno; la falta de oportunidades, la falta de financiación, la falta de imaginación (muchos son ricos, poderosos o privilegiados gracias a herencias recibidas).

Como resulta claro y notorio, muchas de estas actitudes y conductas se pueden adscribir a la avaricia, la codicia, el egoísmo y la pereza, en dos palabras, el mal y el pecado.

También empobrecen las catástrofes, las inundaciones, las sequías, las plagas, las pestes, los terremotos, los tsunamis, la contaminación atmosférica, terrestre y marítima, los desastres industriales o medioambientales (Chernóbil en la antigua Unión Soviética, Union Carbide en la India, el seísmo de Haití, la tragedia de Fukushima en Japón, las inundaciones en Filipinas, etc.), las enfermedades, los huracanes, los tifones, los accidentes, los derrames de crudo, los incendios provocados o fortuitos, los expolios mineros, la sobreexplotación agrícola, la tala indiscriminada de árboles, las guerras, el crimen, la corrupción, la delincuencia, el vandalismo, el terrorismo, la inseguridad, la desconfianza, la deshonestidad y un largo etcétera.

La pobreza de un país se puede estimar en términos prácticos recurriendo a varios índices de cuantificación, como el producto interior bruto (PIB o PNB), el índice de desarrollo humano (IDH: dato combinado de esperanza de vida, índice de mortalidad infantil, renta per cápita y salud), la deuda pública por persona (expresada en porcentaje del PIB), etc. Se suelen tener en cuenta factores como la esperanza de vida de la población, el índice de alfabetización, la tasa de mortalidad infantil, el acceso a los servicios sanitarios, al agua potable…

Posiblemente, más de la cuarta parte de la humanidad vive en la pobreza, y otra cuarta parte adicional, en la pobreza más absoluta. Y aunque los países industrializados registren porcentajes inferiores, ello no significa que la hayan logrado desterrar, sino que una mayoría más o menos amplia de la población tiene acceso a una vida más digna. Por contra, en los países en distintas fases de desarrollo, abundan los desheredados y medran un puñado de potentados. Además, pobreza también significa incapacidad para salir de una situación de postración.

Otra de las causas de la pobreza es la falta de autoestima o de confianza en uno mismo, lo que significa pérdida de capacidad para emprender. Es evidente, ya lo advierte el proverbio bíblico, que el pobre tiene pocos amigos y que nadie apenas desea ser amigo del pobre. Esto hace mella. Cierra puertas, cercena oportunidades. Genera un círculo vicioso. Por ejemplo, ¿qué diríamos si a alguien desde la más tierna infancia se le recordara insistentemente: «Eres un inútil; no sirves para nada»? Lógicamente, gozará de menor autoestima. Tendrá una barrera más que superar, lo cual no quiere decir, por supuesto, que nunca pueda emprender nada ni prosperar. Tendrá que superar su inseguridad. Puede que cuando busque la palabra idónea para expresarse no la halle (Proverbios 19:7).

Todas éstas, y otras causas combinadas, ponen en marcha la rueda de la injusticia, la cual, a medida que aumentan las desigualdades, más difícil se hace detener su inercia y su número importante de secuelas: subdesarrollo, atraso educativo, enfermedad debida a la insalubridad o falta de higiene, mortalidad infantil, desempleo, hambre, atraso...

Existen también otras causas que podríamos englobar bajo el título de «mentalidades de pobreza», como las cosmovisiones falsas de los pueblos, sus ataduras culturales, sistemas falsos de creencias o de pensamiento, falta de ética en el trabajo, el soborno, la corrupción, la dádiva, en definitiva, todas aquellas mentiras que atan las mentes de las gentes y les impiden transformar el presente, visualizar cómo debería ser la realidad e imaginar un futuro mejor. Todas estas causas echan a rodar la gigantesca rueda de un círculo vicioso descomunal que es muy difícil —casi imposible— de frenar.

Por eso, aunque se promuevan distintas iniciativas desde los países desarrollados, y éstos se pusieran de acuerdo para entregar una parte sustanciosa de su producto interior bruto, cosa que, por otra parte, no dejaría de ser pura utopía —los líderes de las principales potencias intentan, o mejor dicho, intentaban, aportar el 0,7 por ciento pactado y no cumplido del PIB de sus países respectivos para el año 2015, lo que significa la muerte de muchos millones de personas, además de las víctimas ya desaparecidas en las últimas décadas por la misma causa—, jamás conseguirán erradicar las profundas causas de la pobreza en su conjunto y mucho menos podrán justificar o aliviar sus conciencias con una obra caritativa de tal envergadura. Menos aún en tiempos de crisis agudas.

Las espectaculares pérdidas en las bolsas del mundo y el hundimiento de bancos e instituciones crediticias se pueden perfectamente interpretar como un justo juicio de Dios sobre la injusticia de un sistema injusto (Miqueas 2:6). Las riquezas obtenidas injustamente, de la noche a la mañana, de forma fácil, sin esfuerzo, se esfuman. He aquí la manifestación del poder y la misericordia de Dios: da oportunidad a los grandes de este mundo de constatar la futilidad de su afán (Proverbios 23:4) al apoyarse exclusivamente en seguridades materiales. Es, sin duda alguna, un escándalo que ejecutivos, políticos, banqueros y organismos financieros, ediles municipales, constructores, hagan pingües negocios y se lucren indecentemente.

Un país, una sociedad, un sistema no puede así sostenerse. Se nos asegura que hay que salvar el sistema, pero sucede que tal sistema es esencialmente injusto. Por ejemplo, hay deportistas, artistas de cine, cantantes, que ganan más de 13 millones de dólares (más de diez millones de euros) al año. Es una auténtica vergüenza que una jauría de deportistas, ejecutivos, banqueros, empresarios, constructores, políticos, inversores y especuladores campeen a sus anchas y se hayan enriquecido escandalosamente a costa de los pequeños, los trabajadores, los pobres, con el beneplácito de los gobernantes, o su implicación, o su connivencia.

Desde que el mundo es mundo, es generador de injusticias. El pecado es injusticia y el mundo vive inmerso en el pecado. «A los pobres, siempre los tendréis con vosotros», vaticinó Jesús de Nazaret. La injusticia de muchos se transforma poco a poco en injusticia estructural. Y las estructuras de injusticia no se cambian con buenas intenciones.

¿Cómo será posible que un mundo egoísta, movido por la ambición y el poder, que ha demostrado sobradamente a través de la historia una total indiferencia hacia el pobre y el menesteroso, con la honrosa excepción de un puñado de filántropos, y la generosa obra benéfica de infinidad de iglesias y ministerios cristianos: escuelas, hospitales, dispensarios, orfanatos, hogares de ancianos, bancos de alimentos… y otras instituciones, oenegés, etc., se transmute de la noche a la mañana, y cual monja de caridad, empiece a preocuparse por los marginados del mundo? No es más que una tentativa —a veces indiferente e hipócrita— por aligerar conciencias atribuladas y tratar de dar sentido, con una causa digna, a vidas vacías de propósito, opulentas, en comparación con la carencia más absoluta de muchos infortunados desposeídos, como ocurre con miles de inmigrantes desesperados que huyen de guerras y estados fallidos, o de la persecución, e intentando llegar a Europa en busca de asilo perecen en aguas del Mediterráneo. La lucha pacífica contra la injusticia ha sido siempre bandera de unas cuantas minorías plenamente comprometidas que tomaron la iniciativa, como asociaciones, fraternidades y comunidades cristianas, de toda índole, que lo entregaron todo, incluso sus propias vidas, por combatir este terrible mal, opresor azote y ladrón de la preciosa dignidad de tantos seres humanos, condenados de por vida a arrastrar existencias lúgubres y vergonzosas.

Se da la circunstancia de que en el mundo industrializado, en nuestras sociedades occidentales capitalistas, lo que priva es el tener antes que el ser, de suerte que «tanto tienes, tanto vales», aunque seas una piltrafa humana por lo que respecta a tu condición moral, y aunque tu vida, basada en la avaricia, la acumulación de bienes materiales (cualquier medio es válido para hacer dinero, más aún si eres ya poseedor de un capital respetable) y afán de prosperidad, no tenga ningún asidero en el que agarrarse, aunque millones de semejantes se consuman cada día sumidos en la miseria más absoluta.

Occidente, y también el resto del mundo, ha puesto en el dinero su única referencia moral. Su único objetivo es el interés material. Todo vale, con tal de obtener beneficios, aunque sea a costa de grandes atropellos, desigualdades e injusticias. Los poderes económicos, las grandes multinacionales, la banca, el capital, se han convertido en los grandes tiranos de nuestro tiempo. Son capaces de someter a naciones enteras. Y grandes multitudes permanecen calladas, apáticas o indiferentes. Mientras haya deporte en abundancia y algo que consumir, no se alza ninguna voz discordante, hasta que las masas ya no pueden soportar más, claro, como en los países sometidos por tiempo inmemorial, que intentan desperezarse de su infame letargo y sacudirse las dictaduras que los asfixian. «*Y no hubo quien moviese ala, ni abriese boca y graznase*» (Isaías 10:14).

¡Y pensar que los intelectuales, los sabios, los gobernantes y las muchedumbres se creyeran la vana ilusión: que el suculento pastel del crecimiento no tendría límites…!

«El carácter de un hombre es su destino», sentenció ya Heráclito antes de Cristo. Siendo esto así, el oscuro destino que aguarda a nuestra generación es el que corresponde a la honda bajeza de su carácter.

Ciertamente, la pobreza pone en marcha un ciclo de necesidad, ignorancia y enfermedad que es muy difícil de revertir, pero tiene también mucho que ver con la forma de pensar de una persona o de un pueblo. «*Porque cuál es su pensamiento en su corazón, tal es él*», reza un proverbio bíblico (Proverbios 23:7). Las actitudes del corazón se manifiestan inevitablemente en la conducta.

Según Darrow L. Miller, «los valores, las actitudes, la cultura, el *ethos* de un pueblo, determinan si su desarrollo va a ser saludable, raquítico o inexistente», por cuanto «hay... un conjunto de principios, una ética, que prepara un terreno fértil para el desarrollo».[6] Por eso alguien ha dicho que la economía real que predomina en el mundo es fruto de la moral que se practica, la cual, a su vez, es fruto de la filosofía que antes se ha abrazado.

Al ser humano le fue encomendado dominar la naturaleza y administrarla responsablemente. Dominar la naturaleza no es una licencia para explotarla despiadadamente, sino que es preciso asumir la responsabilidad de cuidarla con esmero y aprovechar sus recursos y energías para el común beneficio humano. El sabio rey Salomón observó que el hombre que halla la sabiduría y la inteligencia es bienaventurado: «*Porque su ganancia es mejor que la ganancia de la plata, y sus frutos más que el oro fino. Más preciosa es que las piedras preciosas; y todo lo que puedes desear, no se puede comparar a ella*» (Proverbios 3:13-15).

Hoy resulta notorio que la verdadera fuente de riqueza no es física: estriba en el desarrollo de la mente, ya que la materia está subordinada a la mente y al espíritu. A esto se debe que haya países ricos, pobres en recursos, y países pobres, ricos en materias primas. Esto es así porque el poder de la mente humana prevalece sobre los recursos naturales.

Las causas del hundimiento de la economía mundial, las penurias financieras de estos tiempos que corren, son debidas a la codicia, la corrupción, la usura, la especulación, la injusticia, el amor al dinero y el enriquecimiento rápido que muchos han perseguido. Y, desde luego, es culpa del liberalismo capitalista, salvaje, sin cortapisas ni restricciones, que se adueñó del corazón humano y causó tantos estragos: quebrantó bancos, corazones, truncó muchos sueños, tras la serie de quiebras, derrumbe de cotizaciones y bancarrotas ocurridas a partir de septiembre de 2008. La crisis financiera surgió también como consecuencia de una falta de confianza. Los bancos no se fían unos de otros, no se prestan los unos a los otros, como hacían antes, ni tampoco se fían ni prestan a sus clientes, como solían, porque temen no cobrar su dinero con sus intereses. Las tarjetas de crédito y los préstamos de sumas considerables, a altos tipos de interés, esclavizan, causan desastres financieros. Todas estas cosas arruinan a las naciones. La integridad, la ley, la honestidad y la confianza las engrandecen, las hacen prosperar. El problema tiene su raíz en la codicia y la avaricia de unos cuantos privilegiados que han campado a sus anchas (y de muchos que harían lo propio si estuvieran en su lugar). Cuando todo iba bien, recogieron pingües beneficios. Pero cuando las cosas les fueron mal, recurrieron al Estado, a los contribuyentes, para que acudieran en su auxilio.

Dos problemas graves que afligen al mundo actual son la desocupación masiva y la escandalosa desigualdad que prevalece entre las naciones y entre los súbditos de un mismo país. La noción de «soy dueño de mi persona y de mi destino, por lo cual, trabajo un montón de horas al día y soy autosuficiente», es vapuleada por esta crisis que nos arrebata el control que creíamos tener sobre todas las cosas. Si algo queda claro es que no hay nada seguro, nada depende de nosotros, aunque este soberbio mundo desarrollado se creyera dueño y señor absoluto de sí. Pero, por primera vez en la historia personal de muchos infortunados, de golpe y porrazo ¡zas!, estos individuos caen fuera de juego, quedan descolocados. Los principales referentes, las columnas de cartón que sostenían nuestras vidas se vinieron abajo en cuestión de minutos.

Dios es el Gran Proveedor y debe ser reconocido como tal. Él siempre desea bendecir y que su pueblo prospere. Pero la bendición que Él quiere dar es perdurable, va asociada a la obediencia y al cumplimiento de sus mandamientos. Si el hombre pone su seguridad en otras cosas, por ejemplo, en las riquezas, más tarde o más temprano se le vendrá todo abajo. En cualquier caso, aunque lograra prosperar, debe dejarlo todo a la hora de la muerte, pues nada se puede llevar con él al despedirse de este mundo. Pero la riqueza se debe crear y obtener trabajando con honradez, prudencia, buena gestión y practicando la justicia y la generosidad. Esta es la demostración fehaciente de que el tesoro del hombre no se basa exclusivamente en las riquezas que posee, sino en los activos que ha acumulado en el cielo (Mateo 6:19-20). Una cosa queda clara: las riquezas son inciertas. Nada hay seguro en este mundo. Los tesoros se pudren. Las riquezas se esfuman o devienen en nada. Hay, además, muchas causas de ruina. Los únicos tesoros seguros, los que están a buen recaudo, son los que se preservan en el cielo. De ahí la exhortación de Cristo: «*Haceos tesoros en el cielo, donde ni la polilla ni el orín corrompen, y donde ladrones no minan ni hurtan*» (Mateo 6:20).

¿A qué se debe la pobreza? ¿Cuál es su origen? ¿Por qué hay escasez en el mundo? El hecho de que existan la libertad, la ambición, la incertidumbre, es decir, elementos que escapan a nuestro control, es garantía suficiente para que exista la pobreza. Jesucristo dijo: «*A los pobres los tendréis siempre con vosotros*» (Juan 12:8). Siempre habrá menesterosos (Deuteronomio 15:11).

Pero Dios se preocupa de los pobres, les tiene una estima especial. Su palabra lo asegura abundantemente. Hay muchos versículos de consolación al pobre en la Biblia. Ser pobre no es pecado ni una desgracia irreparable. Pero Dios no creó la pobreza. Como hemos visto, tiene muchas causas posibles, entre ellas la injusticia. Pero no es la única y no siempre es determinante. Es en buena parte como la ley de la siembra y la cosecha, casi automática.

Ahora bien, es preciso guardarse del menosprecio o escarnio a los pobres. Proverbios 17:5 asegura que el que escarnece al pobre deshonra a su Hacedor y el que le presta, presta a Dios, y por tanto, hace una buena inversión.

Hay patrones culturales que frenan el desarrollo y atrapan a la gente en las garras de la indigencia, por ejemplo, el hinduismo, el animismo, el fatalismo y el islamismo son sistemas, redes de mentiras que esclavizan a naciones enteras. Estos sistemas tienen que ser desmantelados en la mente y el corazón de las personas para que las naciones y los individuos prosperen. La única manera posible es mediante la proclamación del Evangelio, la renovación de la mente y la instrucción de personas y naciones. Las condiciones físicas no determinan la pobreza. La red de mentiras sí. A medida que se instala la mentira, la sociedad declina. Si se corrompen los fundamentos de la sociedad: la policía, los jueces, los políticos, las instituciones, los que deben dar ejemplo, ¿cómo se impartirá orden y justicia? Harán falta más controles, más recursos, más medios para vigilar y exigir responsabilidades a todos. Esto significará menos recursos y más pobreza. Por eso, dice

Vishal Mangalwadi que «la integridad moral es un factor de enorme importancia que sustenta —o mejor dicho, sustentaba— el singular éxito socioeconómico y sociopolítico de Occidente».[7] Pongamos como ejemplo a los jóvenes y sus excesos: el botellón, las drogas (el éxtasis)... Todas estas cosas acarrean enfermedades, envejecimiento prematuro, costes y cargas insostenibles para la seguridad social, imposibilidad de hacer frente al pago de pensiones. En vez de contratar a tantos vigilantes y policías (incluso para vigilar lugares de diversión, ¡que ya es el colmo!) se podrían dedicar recursos a ayudar a las familias desahuciadas, a mejorar la educación, la sanidad y la calidad de la vida pública. En resumidas cuentas, se crearía más calidad de vida, más riqueza y más bienestar social.

Dios ha querido, en su infinita sabiduría, que las leyes naturales no cambien de vez en cuando, sino que sean constantes e inmutables. Gracias a eso, despegan los aviones todos los días y la gente vuela sin poner en duda su fe en las leyes constantes e inalterables de la física. La ciencia se apoya en hechos estables, pero la economía no. Esto es así porque Dios es nuestro proveedor y Él se reserva derecho exclusivo. Lo curioso es que la ciencia, los descubrimientos del hombre en la naturaleza, permanezcan estables, ya que el universo todo es racional, cognoscible, y además, la mente humana está dotada para comprender y descubrir las leyes que gobiernan la materia y los elementos.

En cuanto a la salud, Dios se reserva el derecho que le corresponde. Por lo que respecta a la economía, ésta no es una ciencia exacta. Es inestable, incierta, escapa al control del hombre. En el fondo, depende de la fe y de la confianza. Nos informan que las subidas y bajadas de los mercados financieros dependen de estados de ánimo. ¡En buenas manos estamos! ¿Hemos acaso de confiar en estas cosas?

La Biblia afirma que lo único que hay estable en este mundo es la palabra de Dios que vive y permanece para siempre. Dios frustra, da al traste con planes ambiciosos y trastorna el curso de la economía. Los sabios, los expertos, ignoran por completo por dónde van a ir los tiros. Predicen buenos augurios: que la economía va a crecer por encima de cierta tasa, según sus vaticinios optimistas, y después sucede todo lo contrario. La confianza en el hombre no produce más que desaliento.

Pero la verdadera pobreza consiste en la miseria moral del alma, a saber: la mezquindad, la vileza, la codicia, la inquina, la envidia, la insensatez, la vanidad, la falta de propósito, el cerebro hueco, el odio, la mediocridad, la falta de autoestima, la búsqueda de alivio en la infelicidad de los demás...la lista es interminable. De todas esas cosas el mundo está lleno. Por eso, fundamentalmente, abunda la pobreza.

Honestidad

Realmente, muchos de los problemas que afrontamos a todos los niveles tienen como causa la falta de honestidad. Muchos cargos públicos y políticos que debieran dar ejemplo con su honradez y su honestidad se aprovechan de su posición privilegiada y se lucran descaradamente. Y cuando se les sorprende en malversaciones, desfalcos o apropiaciones indebidas, no muestran ni la más mínima vergüenza, ni el menor escrúpulo. Se limitan a negarlo todo, a hacer gala de una cara dura pasmosa, y a mirar para otro lado. La pérdida de la moral y las buenas costumbres es como una mancha de aceite que todo lo anega, o como bestiales fauces que todo lo devoran. Arruinan y asuelan sociedades enteras. Donde abundan los deshonestos la decadencia es inevitable.

Confianza

Cualquier sistema económico, político o social que se precie, se basa, sin duda alguna, en la confianza. Difícilmente será viable si la confianza se ausenta. Tal vez la necesidad más urgente que hay en el mundo, en las sociedades y, en general, en las relaciones, sea la confianza. Donde hay desconfianza no florece la amistad, ni la economía, ni nada, sino el temor, la duda, la sospecha, el sálvese quien pueda, la prevención, la vigilancia... cosas todas ellas que paralizan y multiplican gastos innecesarios. Donde hay desconfianza se frena y se interrumpe el desarrollo. Además, todo ello contribuye a asestar un duro golpe a la libertad de las personas y las sociedades. La desconfianza es hija de la deshonestidad.

Lo mismo sucede con los problemas que le sobrevienen al hombre por dar la espalda a Dios y vivir independientemente de Aquel que le sustenta. Quiere ser autónomo, hacer lo que le dé la gana, sin tener en cuenta los mandamientos ni el consejo de Dios, y cuando recoge el fruto de sus caminos, entonces echa la culpa a su Creador (Proverbios 19:3), sufre las consecuencias y exige que se le rescate.

En qué consiste la necesidad de la persona

Puede definirse como la sensación consciente que tiene el individuo de una carencia que si fuera satisfecha le haría sentirse mejor y más completo. Es pues, un malestar, una sensación de hambre o vacío que percibe la persona y que la motiva a actuar para satisfacer su sed o carencia llenando ese hueco. Cabe afirmar que, en buena medida, el ser humano actúa para calmar sus hambres o satisfacer sus necesidades. La necesidad es, pues, la percepción de una carencia o la apetencia de un objeto —de naturaleza física, anímica o espiritual—, por el sujeto que la siente. Pero el que desea algo, reconoce que está incompleto y actúa movido por algo que le falta. Ésta, sin duda, es la condición esencial de la criatura. No necesita algo quien no es consciente de que lo necesita, cuando aún no percibe su necesidad. Por otra parte, uno puede creer que necesita algo cuando, en realidad, no lo necesita.

Ahora bien, no sólo existo yo y lo mío: los otros me rodean por todas partes. Y ellos también sienten y padecen sus propias necesidades. Y no sólo ellos, sino también sus familias y sus allegados. Por ello, incontables veces tendré que decidir si me voy a ocupar exclusivamente de lo mío o también de lo de los otros. ¿Estaré dispuesto a dejar de lado u olvidarme momentáneamente de mis propias necesidades para ocuparme de las de los demás o me ceñiré egoístamente a lo mío y descartaré por completo a mi prójimo? Esto tendré que decidirlo equipado de mi bagaje moral.

Economía:

La actividad económica en general trata de satisfacer necesidades humanas propias y ajenas partiendo de la dura realidad cotidiana que impone la escasez de recursos. Es precisamente la gestión de la escasez de recursos lo que obliga a abordar la satisfacción de necesidades desde un punto de vista económico.

Por si fuera poco, las necesidades, los apetitos y las tendencias no se producen por separado, ni de forma aislada. La vida humana es compleja. Las hambres y las necesidades entran muchas veces en conflicto. A veces la satisfacción de algunas conduce a la multiplicación de otras. A menudo nos aficionamos a cosas que son a la larga nocivas, aunque su efecto inmediato nos parezca satisfactorio. Las presiones sociales y la propia escala de valores suelen entrar en conflicto con los impulsos personales. La solución a este tipo de conflictos suele ser una tarea ardua, si no imposible. Y a veces quedamos atrapados ante fuerzas externas que se apoderan de nosotros contra nuestra voluntad y parecen obligarnos a actuar en contra de nuestros deseos más profundos.

Deseo

Deseo es la querencia de un objeto visto como un bien que puede colmar alguna necesidad; el querer y procurar conseguir cierto objeto del que carecemos por creer que su posesión llenará un vacío que percibimos como bien para nosotros si ese objeto —lo deseado, en general— fuera poseído. Conviene tener en cuenta que la voluntad siempre desea el bien, pues aunque tenga que decidir y escoja el mal que le es propuesto, lo elige por su apariencia de bien directa, fácilmente obtenible a corto plazo. Lo hará movida por el egoísmo, la comodidad o la inmediatez, dando de lado un bien esencial cuya consecución se contempla como más remota o imprecisa, pues exige esfuerzo, sacrificio y disciplina, es decir, implica alguna clase de virtud.

Valor

Es una ley subjetiva o pauta de conducta que sirve de guía para establecer una escala de prioridades respecto a un objeto que se aprecia o se estima necesario (cosa, idea, creencia, convicción…), que abraza la persona y que influye en su voluntad, por libre sometimiento, y por cuya observancia está dispuesta a pagar un precio, o incluso a sacrificar la legítima satisfacción de otras necesidades personales consideradas de orden inferior. Se hace, por tanto, imprescindible ordenar toda la realidad según una escala de valores. Cuando un individuo respeta su propia escala de valores y no la infringe, es decir, se mantiene fiel a sí mismo, manifiesta integridad o concordancia entre lo que cree y lo que hace. Esta congruencia no es hoy muy frecuente, por causa de la tendencia a la corrupción y la descomposición que evidencia la naturaleza y el carácter del hombre. Por ello, la manifiesta y notoria escasez de pureza de intención y de sinceridad de motivos debiera estar en alza, si es que las personas desean regenerarse y hacer lo propio con la sociedad y la nación.

Motivación

Franz Alexander aseguró que los seres humanos y todos los organismos vivos tienden a mantener el equilibrio y la estabilidad entre las fuerzas y elementos que los constituyen (homeostasis).[8] Si se reconoce la validez de esta afirmación, cabría también afirmar que todas las personas actúan para satisfacer hambres y carencias biológicas, emocionales, sociales y espirituales. En este sentido, podríamos afirmar que la motivación es como un resorte que impulsa a actuar y que las necesidades son motores poderosos que mueven el mundo. En toda actividad, el sujeto trata de satisfacer hambres percibidas. Cabe asegurar que toda conducta obedece a una motivación, y que no hay tal cosa como una conducta fortuita o accidental. La motivación actúa en distintos niveles de consciencia. Muchas veces somos conscientes de algunas de las razones que nos impulsan a actuar. Estamos incluso dispuestos a admitirlas públicamente; pero preferimos encubrir otras. Si nos detenemos a analizar nuestro comportamiento, descubriremos que no prestamos mucha atención a algunos motivos. Pertenecen a la esfera del subconsciente. Pero si recapacitamos descubriremos que los tenemos. Hay, no obstante, otros motivos, de los cuales no somos conscientes, que no podemos sacar a la luz por nuestro propio esfuerzo, aunque sospechemos de ellos.

Todos tendemos a categorizar los motivos propios y ajenos en buenos y malos, o a calificarlos como socialmente aceptables o inaceptables. Todos tratamos de ocultar los motivos que consideramos inaceptables a los ojos de otros. Llegamos incluso a negar que sean nuestros, que sea realmente «yo» quien piensa y siente de cierta manera. A veces asistimos a este proceso de represión proyectando nuestros malos motivos sobre otros. Podemos justificarnos diciendo: «el maligno me tentó»; o «la situación era tan complicada que no tuve más remedio que hacerlo». Podemos atrevernos a justificarnos llegando a asegurar que no tenemos malos sentimientos contra otros, sino que son ellos quienes los tienen contra nosotros: «Yo no les odio; son ellos los que me odian».

Llegados a este punto rehusamos asumir la responsabilidad de nuestros actos, y, en consecuencia, nos resulta imposible confesar nuestras faltas y arrepentirnos sinceramente. Por eso conviene recordar lo siguiente:

Los motivos están ahí, los reconozcamos o no.

Los motivos acaban siendo manifiestos, de manera consciente o inconsciente.

Los motivos reconocidos pueden someterse al escrutinio de la razón y asumirse honestamente.

El reconocer que muchos de nuestros motivos son inconscientes debería humillarnos y ponernos en guardia. El reconocimiento de la complejidad de los motivos debe ayudarnos a ser cautos a la hora de emitir juicios apresurados sobre el prójimo: «por qué hace lo que hace», a no presumir que actúa de manera deliberada y consciente. La motivación suele ser múltiple y compleja. Los humanos tendemos a buscar causas simples que expliquen todos los fenómenos, ya se trate de delincuencia juvenil, depresión económica, guerras o falta de motivación en el estudio. Pero en la mayoría de las cosas que hacemos actúan diversos motivos. Y también los motivos pueden variar enormemente de unas personas a otras. La delincuencia juvenil o el divorcio pueden tener origen en muchas causas distintas, dependiendo de las personas.

A pesar de la complejidad de la motivación y de los niveles de conciencia bajo los que ésta opera, cabe añadir que si dedicamos tiempo a cultivar el hábito de examinar nuestra conducta y lo sazonamos con paciencia y oración, podremos descubrir grandes secretos acerca de los motivos que nos impulsan a actuar. Y al discernir claramente las verdaderas causas de nuestro comportamiento, nos será mucho más fácil aceptar y perdonar a otros, porque sólo así su conducta empezará a tener sentido para nosotros. Teniendo esto en cuenta podremos dirigirnos a las personas de suerte que puedan entablar una relación más eficaz con el mundo que las rodea. El mandamiento de amar al prójimo como a uno mismo significa, entre otras cosas, asumir la obligación de intentar comprender al prójimo y a nosotros mismos.

Vivir es actuar y una buena parte de nuestra actuación no está sometida al control de la inteligencia consciente ni tampoco a una razón calculadora. Gran parte de nuestros actos están controlados por los poderes de las tinieblas y de «este mundo». La asunción de las vastas profundidades de la naturaleza humana nos invitará a desear conocer a las personas en profundidad, no según estereotipos superficiales. El reconocimiento de las fuerzas ocultas que nos motivan más allá de nuestra voluntad nos ayudará a perdonar y a procurar el perdón de otros, a desear ser transformados y controlados por la mente de Cristo, para ser así nuevas criaturas, no sujetas a la ley del pecado y de la muerte.

Temor

El temor es un peligro percibido, real o imaginario, que amenaza con arrebatar el bienestar, la seguridad, los bienes, la vida, el éxito, la aceptación, el reconocimiento, la fama, la reputación, el honor, etc., al individuo que se siente en posesión de alguna de esas cosas. Se pueden distinguir cuatro tipos principales de temor. Esto es, la mayor parte de los temores humanos pueden ser adscritos a alguna de estas cuatro categorías: 1. Temor a la privación o a la pobreza. 2. Temor a la muerte. 3. Temor al fracaso, y 4. Temor al rechazo. Podríamos definir el rechazo como la no aceptación de una persona, bien por causas explícitas, bien por causas injustificables, así como el desprecio o aversión de que ella es objeto.

SECCIÓN 2

VERTIENTE FÍSICA DE LA NECESIDAD

2

Necesidades físicas o biológicas

Supervivencia, preservación de la vida e instinto de conservación

La primera necesidad percibida es la de conservar la vida. El instinto de supervivencia sestea en estado latente, pero se manifiesta con toda su fuerza cuando la vida se ve súbitamente amenazada. Como estoy vivo necesito vivir, preservar mi existencia, seguir estando vivo. Por ello tendré que hacer lo que sea necesario para asegurar este bien que poseo, que me es inmediatamente concedido. Pero estar vivo supone tener que hacer frente a múltiples necesidades. De manera que me veo obligado a tratar de aliviarlas, eliminarlas o hacer lo que haga falta para cubrirlas. Pero al ser tan diversas éstas y tan variadas sus categorías, es probable que no pueda atender a todas a la vez, que tenga que posponer algunas y descartar otras. O tal vez algunas me sean más fáciles de determinar y de colmar que otras, por lo cual, al no tener las cosas muy claras, a buen seguro, tendré que establecer prioridades bien definidas, o sentir confusión y desorientación si no sé bien cómo ordenarlas. Procuraré, por tanto, satisfacer algunas y dejaré otras pendientes para mejor ocasión. Es incluso posible que ni siquiera me plantee atender a algunas por quedar demasiado lejos de mis aspiraciones o parecerme rayanas en la utopía. Será ahí donde tenga que decidir qué hacer en cada momento, cada hora, día, semana, mes o año. ¿A qué me dedico?, ¿en qué voy a invertir mis fuerzas?, ¿qué es para mí lo más urgente?, ¿qué estoy dispuesto a sacrificar, cercenar o menospreciar? Y así, voy decidiendo poco a poco mi presente, mi destino y, si bien lo pienso, mi eternidad.

Obviamente, lo más inmediato que tiene el hombre a su cuidado es su propia vida. Si la pierde no le queda nada. Por eso una persona puede soportar situaciones penosas: cárceles, guerras, persecuciones e injusticias. Es decir, sufrir privaciones sin cuento, y, a pesar de todo, alegrarse si consigue salir viva de su tribulación. Esta necesidad puede ser muy acuciante e imperiosa; es siempre urgente e ineludible. Por ejemplo, es imperativo el instinto de supervivencia cuando se corre grave peligro. Se pueden correr peligros en el aire, en el mar o en la tierra; peligros en la carretera, en la naturaleza: ríos, montañas, selvas: ataques de fieras, reptiles o insectos. En todos los casos, la preservación de la vida pasa a ser un asunto prioritario y urgente. Pero no hay que excluir que alguien se halle voluntariamente en una situación de grave riesgo por amor a la aventura, o para defender a la patria, o salvar la vida de otra persona —un hijo, un amigo—, o por convicciones morales, políticas o religiosas que se anteponen a la conservación de la propia vida.

El ser humano necesita agua suficiente para vivir y beber, es decir, lluvias relativamente abundantes y periódicas. Necesita respirar aire puro. Higiene y aseo. Ir al excusado. Vestido para cubrirse, techo bajo el que ampararse, gas, leña, electricidad, comida para reparar fuerzas, lecho o catre donde dormir y descansar, bienestar general, paseo, ejercicio físico, buena salud, hogar, familia, mantener la temperatura de su cuerpo, contemplar el cielo, las nubes, y otras. Todas estas cosas son necesarias para mantener el equilibrio y asegurar la vida de las células del cuerpo. Podríamos afirmar que el bienestar físico consiste en tener muchas de estas necesidades cubiertas.

Pero no hay que olvidar que Jesús garantizó a la mujer samaritana: «*Si conocieras el don de Dios y quién es el que te dice: Dame de beber, tú le pedirías, y él te daría agua viva*» (Juan 4:10). Y también, «*Si alguno tiene sed, venga a mí y beba. El que cree en mí, como dice la Escritura, de su interior correrán ríos de agua viva*» (Juan 7:37-38).

Además, el profeta Isaías ofreció gratuitamente: «*A todos los sedientos: Venid a las aguas; y los que no tienen dinero, venid, comprad y comed. Venid, comprad sin dinero y sin precio, vino y leche. ¿Por qué gastáis el dinero en lo que no es pan, y vuestro trabajo en lo que no sacia? Oídme atentamente, y comed del bien, y se deleitará vuestra alma con grosura. Inclinad vuestro oído, y venid a mí; oíd, y vivirá vuestra alma, y haré con vosotros pacto eterno...»* (Isaías 55:1).

Visitar el excusado

La frecuencia con la que todo mortal debe acudir al excusado todos los días demuestra su fragilidad, la realidad a la que está sujeto y la tremenda menesterosidad de la condición humana. Y además, ello puede ser así porque al igual que el cuerpo elimina sustancias nocivas, innecesarias, o múltiples desechos, la vida anímica también precisa desprenderse de palabras ofensivas o innecesarias y de muchos desvaríos que se dicen, se oyen, se ven y se leen todos los días, cosas perjudiciales, falsedades o insensateces.

La luz.

El hombre necesita luz para ver, para moverse, para vivir. Y desde luego, necesita una luz más profunda para orientarse en la vida. Necesita guía, orientación, dirección y consejo. La clarividencia, la brújula que guía al hombre por la senda de la vida es un haber inestimable. El hombre privado de la luz del sol sufre sobremanera. Uno de los indicadores del sufrimiento que experimenta un preso viene dado por la medida en que carece de luz y habita en morada lúgubre, no pudiendo ver el cielo ni las nubes ni el resplandor del sol. *«Suave ciertamente es la luz, y agradable a los ojos ver el sol»* (Eclesiastés 11:7). Por cierto, muchas veces ocurre que los días cargados de afán o estrés causan ceguera, no dejan ver la luz.

El paseo y el ejercicio físico

Éstos son muy recomendables y convenientes para conservar una buena salud. Los médicos aseguran que cada día se debe caminar como mínimo unos 30 minutos a un buen ritmo de marcha para mover articulaciones, músculos, hacer circular el riego sanguíneo... Desde luego, el paseo es intercambiable con cualquier otro tipo de ejercicio físico: montar en bicicleta, cortar leña, realizar trabajos de jardinería, albañilería, carpintería, etc.

El paseo, además de ser un ejercicio suave, asequible para una inmensa mayoría de personas, tiene también otros encantos: se percibe la vida, el movimiento, las personas, los matices de luz y color, se disfruta de la naturaleza: la hierba, las plantas, los árboles, el bosque, el campo, el sol, el agua, las nubes, el cielo…

La salud

Una buena salud es un gran beneficio, una gran plusvalía que enriquece la vida. Muchas veces el ser humano no sabe apreciarla en su justa medida hasta que la pierde o se le vuelve precaria. Entonces se da cuenta de que la necesita. Por eso, muchos jóvenes, mientras se sienten aún pletóricos de fuerzas y energía, actúan irresponsablemente, queman o malgastan sus fuerzas, sin importarles demasiado lo que les pueda reportar el futuro. Creen, o sienten, que son portadores de un caudal inagotable de energía. Pero la vida y el tiempo se encargan ciertamente de demostrar lo contrario. Valga este poema como ejemplo de derroche de energía en la juventud:

> Confieso que fui un gran necio
> Al vanagloriarme desde el descaro,
> Cuando era joven, cuando pletórico
> De lunas y de fuerzas, las derrochaba
> Deambulando por infinitas avenidas noctámbulas
> Salpicadas de hojas y de crepúsculos
> De desencanto. Sí, me burlé
> Allí de la fuerza de la gravedad,
> Del incontrastable peso de la piedra
> Que trayectoria rectilínea traza.
> Del golpe seco de la rocosa montaña
> Abalanzándose sobre inermes cabezas;
> De las leyes que rigen implacables
> El indefectible devenir del tiempo.
> Me burlé de los pobres esclavos en galeras
> Encadenados que, macilentos,
> Se marchitaban por los abismos grisáceos
> De su mediocridad indolente,
> Obligados por la necesidad imperiosa
> De labrarse un futuro a toda costa
> De mendrugo de pan y de sopa
> De convento. Los desprecié cuando hice
> Prepotente alarde de suficiencia naif,

Cuando avanzando penosamente bajo soles de justicia,
Escondiendo bajo el cansado brazo
El fruto parco del sudor de su frente,
Los escarnecí con aires de grandeza.
Pequé de soberbia ignorante. De corazón me arrepiento.
Admito que la esfericidad del plano no era tan sencilla.
No debí haberme jactado, lo reconozco ahora,
No debí haberles mirado desdeñosamente
Desde las alturas —dignos de lástima
Eran más bien, como yo hoy—,
Exiliado en la torre ruinosa
De mi castillo de naipes.

La enfermedad

Ante las enfermedades graves, verdaderos azotes de la humanidad, los médicos y científicos creen que pueden atajarlas, conseguir antídotos, medicamentos o remedios para combatirlas, así como reprimir los padecimientos que producen. Por eso investigan. Es decir, se mueven; les mueve una fe previa, la convicción de que van a dar precisamente con lo que están buscando. Y siempre, más tarde o más temprano, su esfuerzo obtiene recompensa. Al menos hasta el día de hoy ésta ha sido la pauta seguida por la ciencia. No sólo por la medicina, sino por todas las disciplinas físico-naturales. De aquí se desprenden las siguientes cuestiones: ¿Por qué saben ellos que esos huecos y vacíos son susceptibles de ser colmados? Y ¿por qué creen ellos que, indefectiblemente, apoyados en la razón, la intuición, la ciencia y la naturaleza dada, es decir, aprovechando sus elementos y sus recursos disponibles, van a dar con la respuesta adecuada? Es más, podríamos incluso preguntarnos ¿por qué tiene o siente el hombre esos huecos, vacíos, deseos o anhelos y es consciente de que puede intentar colmarlos o al menos plantearse una escala de prioridades (no ya intelectual, sino ante todo, la que imponen los hechos cotidianos) para ordenar su conducta y sus aspiraciones vitales? Sin lugar a dudas, las preguntas enunciadas implican la existencia de un Providencia absoluta, autosuficiente, superabundantemente rica, dueña de todas las cosas que a nosotros nos faltan, capaz de satisfacerlas todas ellas y digna de ser llamada Proveedor nuestro. Por tanto, las anteriores preguntas sólo pueden ser respondidas diciendo que el Creador Supremo, soberano y auto-suficiente, nos ha creado con todas esas carencias para que seamos conscientes de la absoluta dependencia que tenemos de su Majestad, para que nos acerquemos a Él y le pidamos que nos ayude a encontrar solución a todas y cada una de ellas, contando con nuestra colaboración o sin ella.

Puede ocurrir que, con arreglo a la divina sabiduría y su plan perfecto para cada individuo, algunas de esas carencias no sean satisfechas, temporal o permanentemente, por ser tenidas por superfluas, o no convenientes, o, simplemente, por constituir el meollo de la prueba de fe, o de paciencia que debe superar el sujeto examinado. Pero, en cualquier caso, éste podrá clamar y obtener la oportuna respuesta a su petición. Lo cual le dará la oportunidad de mantenerse tranquilo y confiado. Y hallará contentamiento y solaz en la contestación que reciba.

Asistencia médica y sanitaria

Sin duda, son los enfermos los que tienen necesidad de médico. Las personas que sufren enfermedades, achaques y padecimientos de diversa índole, heridas o secuelas causadas por accidentes, tienen necesidad de asistencia sanitaria, subsidiada o no por el Estado. Los espectaculares avances de la ciencia y de la medicina permiten, hacen posible que el enfermo sea atendido. Ahora bien, no todas las enfermedades tienen causas somáticas. Hay seguramente muchas originadas por raíces psíquicas, anímicas, hereditarias y espirituales. En estos casos, como propugna Paul Tournier en su obra *Medicina de la persona*[1], lo mejor sería diagnosticar y tratar la verdadera causa de la dolencia, no intentar resolverla mera o exclusivamente con fármacos o remedios físicos. También hay que tener en cuenta que hay probablemente entre tres y cuatro mil millones de seres humanos que no tienen acceso a este servicio fundamental.

Si toda enfermedad requiere tratamiento, sea cual fuere su causa, aunque sólo sea para aliviar la aflicción y el dolor que ocasionan los casos extremos o terminales, exceptuando estos casos, existen siempre remedios curativos que ayudan a vencer la prueba, recobrar la salud y superar la afección. Y en aquellos casos sin retorno, debe de haber un Médico por antonomasia que restaure la plenitud y dé salud —si no física, sí anímica y espiritual— a la persona. La experiencia enseña que todos estamos expuestos a contraer enfermedades pasajeras, o curables, y que, forzosamente, al final nos alcanzará la enfermedad fatal en este mundo.

Todos estamos expuestos a perder la salud y aun la propia vida en cualquier momento. La enfermedad pone de manifiesto la vulnerabilidad esencial de la vida, la realidad cercana e ineludible de la aflicción y el dolor que acechan al hombre, por muy lejanos que parezcan, o por más claro que se dibuje el horizonte en cierto momento. En los tiempos de enfermedad se exacerba la menesterosidad del ser humano, la constante y completa dependencia que tiene el enfermo de los demás. Por si esto fuera poco, la enfermedad agudiza la soledad y la necesidad imperiosa de convivencia. Revela el valor que tiene la vida, pues el enfermo quiere sanar a toda costa, se aferra a la vida, se resiste a morir, y muchas veces consigue salir adelante ayudado por la medicina, la voluntad de vivir y el decreto de lo alto. La enfermedad también obliga a plantearse el sentido de la vida. Cuando ésta se ve amenazada, el paciente se ve obligado a replantearse su pasado y su destino, a cuestionarse la propia existencia, todo su pasado como totalidad exenta o cargada de sentido y propósito. Si bien —como venimos afirmando a lo largo de estas páginas, cada vida humana es como un caudaloso río de menesterosidad, vulnerabilidad, imprevisibilidad y aflicción—, estas características se agravan al máximo bajo los efectos de la enfermedad, tanto más cuanto más grave sea la dolencia que se padece, es decir, la percepción de amenaza contra la propia existencia.

Dicho de otro modo: si todo tiene sentido y razón de ser, ¿cómo no lo ha de tener la enfermedad que conduce a la muerte?

Modalidades de energía

El mundo contemporáneo depende en gran manera de la energía (hidráulica, eólica, nuclear, lumínica o solar, gas, petróleo, carbón, etc.) y de la electricidad. De hecho, sufre las consecuencias que acarrea su escasez. El ciudadano común también padece sus efectos (en especial su carestía) en múltiples usos cotidianos como calefacción, combustible, aparatos eléctricos… Por si esto fuera poco, las naciones disputan, compiten —amenazan, si llega el caso— por las fuentes de energía, imprescindibles hoy para el funcionamiento de la industria y el mundo moderno, y hasta son capaces de declarar la guerra a sus adversarios con tal de ostentar el poder económico que otorga el control de dichos recursos.

Evitar o mitigar el dolor

Una de las realidades con que el ser humano tiene que copar es el dolor y el sufrimiento. En el caso del dolor físico, procura, si puede, evadirlo, aplicar algún remedio. Cuando tiene dolor de muelas se ve obligado a acudir al dentista y aceptar la solución que se le ofrece. En el caso de dolores agudos, indefinidos, no físicos, sino emocionales, morales, anímicos o espirituales, puede optar por el auto-flagelo, la auto-compasión, a modo masoquista, pero lo mejor es aplicar remedios paliativos que los suavicen o, mejor aún, buscar ungüentos curativos que sequen o sofoquen la raíz. Unas veces, el tiempo se encargará de ministrar olvido y cicatrizar heridas, como en el caso del luto; otras veces se buscará alguna cosa que distraiga, cure o ayude a superar la angustia o congoja de que se trate, como cultivando relaciones, amistad, amor, consuelo, adicciones.

Respirar

Cierto es que uno se puede pudrir en la tierra o en el aire, como ya dijera Teodoro de Cirene, «el ateo».[2] Todos respiramos aires a los que acabamos por acostumbrarnos o adaptarnos. Pero tenemos que respirar. Podemos respirar aire puro o aire viciado. El primero acarrea beneficios y consecuencias favorables para la salud. El segundo, perjuicios y consecuencias negativas. Pero, desde luego, con el tiempo, ambas atmósferas nos parecen normales. En las grandes metrópolis del mundo y en determinadas épocas del año, bajo ciertas condiciones meteorológicas, se respiran aires en exceso contaminados, e incluso se aprecia la polución cerca de los grandes centros urbanos. Este ambiente produce efectos negativos sobre sus habitantes, puede causar afecciones respiratorias agudas en algunos de ellos, pero la mayoría sigue su rutina sin preocuparse demasiado, o sin poder hacer nada al respecto, hasta que la lluvia y el viento limpian la atmósfera. Pasa lo mismo con el tabaco. A algunos les molesta el humo sobremanera, tanto más si han logrado alejarse de él. Otros están acostumbrados y les parece lo más normal. Pero hay otros ambientes en los que también se respira: familiar, social, laboral, local, político, económico... Y, por causas humanas diversas, algunos ambientes se vuelven irrespirables. Es preciso despejar todos esos ambientes. Porque cuando se respira un ambiente puro, uno acaba apreciando lo agradable, pacífica y benigna que puede ser la existencia, mientras que un ambiente tenso, cargado e impuro, acarrea malestar, ofuscación y toda clase de perjuicio para los que lo respiran. En este tipo de ambientes emanan la envidia, la zancadilla, el rencor, la calumnia, la difamación, las miserias humanas, las refriegas y las guerras. Todas estas cosas engendran odios y contiendas que conducen al hombre a la destrucción y a muchos dolores y quebrantos.[3]

Atenciones y cuidados en el nacimiento, la infancia, la enfermedad, la vejez y la muerte

Como ya dijimos, el ser humano es sumamente débil y necesitado, sobre todo en su nacimiento e infancia, durante la enfermedad y al acercarse la hora de la muerte. «*Porque nada hemos traído a este mundo, y sin duda nada podremos sacar*» (1 Timoteo 6:7). Y el último viaje se emprende con un equipaje muy exiguo, con un cuerpo despojado de toda posesión material, reducido a la desnudez esencial.

Movilidad y desplazamiento

El movimiento en el medio físico en que vivimos y nos movemos, tanto a pequeña como a gran escala, es uno de los mayores regalos que le es dado disfrutar al hombre. Caminar o pasear puede significar un ejercicio extraordinariamente placentero que no por sencillo es menos asombroso. La combinación de la dimensión espacio-temporal en la cotidianidad corporal humana constituye uno de los factores más específicos de la vida sobre la tierra.

Mi amigo Cristóbal Regidor es aficionado a correr maratones. Dice que él corre porque le gusta y porque disfruta corriendo, y aunque se esfuerza por hacer un papel lo más digno posible, para él lo primordial es superarse a sí mismo, batir sus propias marcas. Cuando uno se desplaza experimenta una sensación maravillosa de cosas y objetos que se mueven en relación consigo mismo y con lo que se mueve. Lo cual puede producir una leve sensación de euforia y de libertad, una especie de dominio o prevalencia sobre las cosas. De ahí el placer de la velocidad. También se experimentan cambios de perspectiva: luces, colores, tonalidades, reflejos, distancias, dirección...Y, por último, posibilita el desplazamiento: el acceso al lugar donde se nos requiere o donde deseamos estar. Cabría definir un aspecto nada desdeñable de la libertad humana como la elección personal de movimiento en el espacio y en el tiempo, dentro de los límites en que nos encierra la existencia.

El que quiera comprobar las consecuencias que acarrea la inmovilidad, que se lo pregunte a alguna de las personas que padecen la enfermedad neuromuscular conocida por esclerosis lateral amiotrófica, como la que padeció el finado Tony Judt, prestigioso historiador británico que enseñara en la Universidad de Nueva York. Él se sentía como «una momia moderna apresada en su prisión corporal». Reconoció que dependía plenamente de la bondad de los demás, ya que fue perdiendo progresivamente la movilidad, aunque no las sensaciones. Necesitaba, por ejemplo, ayuda para beber, rascarse, moverse, cambiar de posición o ir al excusado. Él mismo manifestó que la quietud forzosa y prolongada no sólo es incómoda desde el punto de vista físico, sino prácticamente insoportable desde el punto de vista psicológico.[4] Como dice el —no por manoseado menos verdadero— dicho popular: «No se sabe lo que se tiene (o se disfruta) hasta que se pierde».

Actividad

El hombre se enfrenta activamente a la realidad. No adopta una postura estática. Crece y se desarrolla gracias a la actividad. Para desarrollar una aptitud es preciso ejercitarla. De hecho, las necesidades mueven a actuar y a responder de manera inteligente y realista en cada situación concreta. En este sentido, las necesidades actúan como resorte que impulsa a actuar. Nada o muy poco se resuelve sin acción, aunque es preciso reconocer que a veces es mejor no actuar, sino esperar, orar y confiar.

Descanso y reposo

El cuerpo humano necesita diariamente un tiempo de reposo para dormir y reparar fuerzas, recuperarse del desgaste energético y del acoso de los afanes que sufre cada día, para pertrecharse y estar en condiciones de emprender una nueva jornada cargada de ilusión y de esperanza. También el espíritu necesita reflexionar, hacer un alto en el camino, orar, meditar, renovarse, pensar cosas buenas y agradables, armarse de fe, de fuerza e inspiración para perseverar y recorrer —hoy, mañana mismo— la senda que aún le queda por delante para arribar a su destino.

La sociedad occidental se siente cansada, aburrida, decepcionada hasta el colmo; terriblemente desganada, apática y desmotivada. No se interesa por nada noble, nada digno, por las cosas esenciales y verdaderas. Cree que está de vuelta, que todo lo sabe y todo lo ha visto. No disfruta de tiempos de calidad. Ignora adrede la Palabra de Dios, pan vivificante y fuente de vida. Y ya se sabe, si uno se alimenta de vanidad se nutrirá de polvo, respirará una atmósfera saturada de sinsentido e inmenso vacío. No es extraño, pues, que viva sumido en la inercia y el tedio. Si multitudes enteras invierten cuatro horas al día delante de la caja tonta, no puede sorprender que haya tantas víctimas de la rutina amordazadas por la mediocridad.

Por eso es necesario observar el día de reposo; por eso la Biblia aconseja, preceptúa, guardarlo. Para huir de la rutina y el tedio es preciso ver la vida con ojos nuevos, que la luz ilumine los días con doble, y aun triple resplandor, que las cosas nos ofrezcan su encanto secreto, que seamos capaces de captar la fragancia y los matices que impregnan el aire, la novedad de vida en cada cosa, por pequeña que sea. Pero como toda cosa importante en la vida, el cambio no se logra sólo con dinero. Se trata de un cambio radical, profundo, que requiere regeneración de alma y de espíritu.

Las vacaciones

Las vacaciones son necesarias por cuanto es bueno disfrutar de descanso y experimentar cambios en todos los órdenes de la vida. Pero las vacaciones entendidas como diversión, auto-gratificación, culto al yo, placer y lujo, son más bien signos de opulencia y de bienestar, e incluso privilegios de las naciones más afortunadas, y éstos, ciertamente, no están garantizados y pueden no ser legítimos. Por tanto, la vacación ha de entenderse como un periodo de restauración física, emocional, mental y espiritual, como espacio para incluir alguna actividad favorita que por lo general no es posible llevar a cabo por falta de tiempo, lugar o posibilidades: paseos en bicicleta, paseos por el campo, esparcimiento con familia y amigos, tiempos de reposo, ejercicio, lectura, meditación, renovación y refrigerio en todas las esferas de la vida.

Silencio, quietud, tranquilidad y reposo

Lorenzo se levantó una mañana anegado por un sentimiento de profunda inquietud. Abrió las persianas de su dormitorio y tras comprobar que hacía un hermoso día se dispuso a salir de paseo por el campo. Le encantaba —sobre todo en primavera— salir a pasear por lugares tranquilos y solitarios y alejarse de ajetreo de la vida cotidiana de su ciudad dormitorio; dejarse arrullar por el gorjeo de los pájaros y el tráfago sordo de un tráfico que jamás se extinguía. Sentía paz lejos del agobio y la presión de lo inmediato, a resguardo del asalto constante a los sentidos.

Después de avanzar despacio por un camino ascendente, llegó a lo alto de una colina en la que dominaba un pequeño altozano y las piedras esparramadas de un aprisco en ruinas. Desde allí se divisaba un río y una arboleda, y a lo lejos, dehesas y tierras de labor. Y más allá, contra el horizonte, los suburbios de la gran ciudad. Cuando pisaba aquel paraje respiraba profundamente, henchía los pulmones, cobraba aliento y se sentía por fin libre y relajado; se recogía, acallaba posibles distracciones y procuraba recapacitar. No obstante, a veces tenía que resistir ataques por sorpresa, como el ruido ensordecedor de una flotilla de aviones cazabombarderos que henchían el aire de un fragor desconcertante. En esos momentos percibía que su intimidad era violada. La paz de su pequeño universo-refugio era arrasada por el restallido imponente de los aparatos ultrasónicos. El ruido se hacía tan agudo y penetrante por momentos que parecía colarse por los últimos resquicios de su cabeza, alma y espíritu. Aquel ruido le significaba una vulneración suprema, una intromisión apabullante en su recién conquistada libertad. Afortunadamente, las máquinas se desplazaban raudas por el cielo y se alejaban con la misma rapidez con que se habían acercado. Lo curioso es que tan brutal atropello no consiguiera suprimir su conciencia ni abatir los entresijos de su persona. Sabía en lo íntimo que su resistencia era heroica, que nada ni nadie podía anular las basas de su pensamiento ni arrebatarle el pacto secreto establecido con la naturaleza.

A medida que avanzaba por el sendero, iban desfilando delante de él infinidad de matices, iridiscencias, perspectivas y reflejos de la realidad que divisaba: sembrados, lindes, plantas, piedras, ondulaciones del terreno, es decir, todos los objetos nítidos o borrosos que acudían a la cita con sus ojos. Tan gran variedad y abundancia de objetos naturales, cada hoja de hierba, tallo, planta, florecilla, pétalo o su conjunto total o parcial producía en su retina el maravilloso efecto de innumerables impresiones luminosas. A partir de entonces, comenzaba a enfrascarse en profundas disquisiciones físico-filosóficas. Se figuraba o intentaba figurarse los trillones de haces de luz y matices luminosos que los ojos de una sola persona eran capaces de percibir, y que con una regularidad pasmosa se iban ofreciendo, regalando a los ojos de cualquier caminante o pasajero que se desplazara en cualquier medio de transporte por tierra, mar o aire. Pensaba que en todo ello no había confusión ni desorden alguno, ya que aunque dos o más objetos se interpusieran, el propio movimiento se encargaba de ordenar y organizar una nueva perspectiva de las cosas, sin caos ni distorsión. El paseo y el movimiento hacían las delicias del caminante. Lorenzo se imaginaba que él tenía el privilegio de contemplar todo aquello bajo un prisma especial, pues ¡cuántas veces se había ensimismado y contemplado fijamente uno o varios objetos! En esas ocasiones había perdido la interpretación, el significado de lo que veía. Intuyó que, por el hecho de ser persona, estaba dotado de otros ojos, aparte de los corporales, no sabía muy bien si en su mente o en su espíritu, que le facultaban para captar lo que contemplaba en todo su esplendor. Todo lo que tenía delante cambiaba de perspectiva gracias a la variación de la incidencia de los haces de luz sobre la hierba, las mieses —y aunque no los tuviera delante— los bosques, las montañas, las olas del mar o las aguas mansas de los lagos. Se acordó también de la infinitud de resplandores de las noches estrelladas en el firmamento estival y de cómo la inmensidad de focos de luz confluían, a través de los infinitos puntos de infinitas rectas, en los ojos de un observador, o de muchos, dondequiera que éstos estuviesen o se desplazasen. No pudo menos que pensar que todas las impresiones ópticas captadas por el ojo humano eran auténticamente objetos reales, pese a constituir un enorme misterio su repetida captación por distintos individuos. La luz, su esencia, su desplazamiento por los vericuetos siderales, siempre le había causado profunda fascinación. El mero hecho de meditar en estas cosas le desconcertaba. Y se asombró de que su percepción del mundo real fuera personal e intransferible. Lo captaba todo desde una perspectiva absolutamente única e irrepetible.

Otras veces, en su deambular por el campo, se le ocurría que la gran abundancia de flores que encontraba a su paso brotaba y alcanzaba su cenit de hermosura sólo para agasajar su visita. Que aunque no hubiese habido nadie que se fijara en su efímera presencia, ellas habrían igualmente existido. Por eso le parecía un estupendo regalo el que tan solo un individuo de su especie las apreciara. Es como si la única razón de ser de aquellas lindas criaturas consistiera únicamente en premiar el buen gusto de quien se detuviera agradecido a admirarlas. En éstas estaba cuando otro avión desbordó escandalosamente su preciada intimidad. Esta vez no pudo evitarlo y dejó correr su imaginación, como si él mismo viajara dentro del estruendoso aparato. Siempre que había viajado en avión había solicitado un asiento junto a la ventanilla. Ello le permitía elucubrar acerca de las distancias, la fisonomía y el relieve del terreno, las costas y las montañas. Se admiraba de la magnitud microscópica de todo lo que quedaba bajo sus pies; de la pequeñez e insignificancia de los asuntos humanos, de la belleza del escenario que se abría ante sus ojos. Le sorprendía la indiferencia de la gente ante tamaño espectáculo. La gente —pensó— está de vuelta, después de unos cuantos centímetros de vuelo. O tal vez sus almas estén embotadas y prefieran distraerse y ocupar su tiempo en cualquier otra cosa que les abotargue.

En fin, el ruido, siempre el ruido, acababa infiltrándose por las vulnerables grietas de su cerebro. No pudo evitar comparar aquella intromisión tan burda con el ajetreo de las ciudades. Se le antojó que todo aquel estrépito incesante, toda aquella contaminación acústica era también visual, y movido por una inspiración momentánea acertó a componer los siguientes versos en su libreta.

Cerraré la ventana
Al rumor insolente de la chusma,
Al ensordecedor estrépito
De charlatanes y mercachifles.
No lo tolero más.
Hágase el silencio.
Un silencio manso, alargado,
Como hilo tenue distendido
Por siglos y milenios.
Es menester que un silbo
Apacible extienda su manto
Protector y cubra, como de nieve,
De plenitud la cumbre, de silencio
Henchido el llano inmóvil.
Haré acallar la febril
Infamia de impostor asalto.
Que hable la humilde voz
De la verdad, la silente palabra
Vilipendiada y escupida
Con burdo atropello de paz.
Hay ladrones por doquier,
Destructores de inocencia,
Como de alegría, merodeadores
Impunes que al acecho
Pululan, invasores que se cuelan
Por grietas y resquicios
En cabezas vulnerables y asediadas.
Atrancaré la puerta.
Abriré la claraboya
Hacia el azul esplendente,
Al clamor infinito de estrellas incendiadas,

Y escucharé la dulce salmodia
Del viento en el contraluz del alma.

Acto seguido, Lorenzo se tendió sobre la fresca hierba y dio rienda suelta a sus disquisiciones. Sin horario y sin prisas, sin estar sometido a ninguna preocupación inmediata que le distrajera, se entregó de lleno a disfrutar de aquel momento y lugar privilegiados. La temperatura era ideal. Una leve brisa le bañaba el rostro y le atusaba el pelo con tal delicadeza que aquel bienestar consciente le supo a beso de amor puro, y se sintió movido a elevar una plegaria de acción de gracias. El arrullo de algún pájaro cercano no hacía sino adornar la profusión de aquel espléndido regalo. La extraordinaria luminosidad del intenso azul del cielo le provocó una honda relajación y le ayudó a recogerse más si cabe. Pero al cabo de poco se quedó dormido. Y tuvo un sueño.

Lorenzo soñó que subía a un desván por una escalera. Al final de la escalera había una puerta. Llamó y la puerta se abrió. Entonces dos seres alados de figura difusa le invitaron a pasar. Nada más de franquear la puerta, ésta se cerró a cal y canto. En seguida le tomaron de la mano y empezó a caminar sobre una especie de nube de lana blanquísima que amortiguaba todos los movimientos con extraordinaria suavidad. A lo lejos se divisaban grandes expansiones azules, anaranjadas, blancas y violáceas a las que se podía acceder —al menos daba esa impresión— escalando altas y escarpadas montañas de un tamaño descomunal. Entre colina y colina de blanca lana, discurrían innumerables arroyos como de fuego, que no quemaban, sino regaban verdes praderas salpicadas de bellísimas flores de tonalidades y colores nunca vistos. Lorenzo al principio se mostró desconcertado, nervioso, un tanto reacio, al contemplar un mundo tan extraño, rico en sensaciones tan distintas. Pero poco a poco se fue acostumbrando a la ductilidad de los objetos, a la blandura lanar del suelo y a la gran variedad de aromas que flotaban en aquella atmósfera encantada. No podía calcular las horas o meses que habían transcurrido ni medir el territorio que habían recorrido, ya que todos los parámetros hasta entonces conocidos eran allí ignorados: no se correspondían con los de la tierra. Súbitamente, parecieron llegar al límite de aquel universo. Una densa nube se interpuso entre ellos y se difuminaron todas las formas y paisajes que antes contemplaran. Sólo retuvo el oído. Los dos seres alados se despidieron con parca cortesía, pero aparecieron en seguida otros dos de rango superior que le dieron la bienvenida. Puedes acompañarnos —le dijeron—, pero tendremos que amputarte las piernas. Un escalofrío recorrió la espina dorsal de Lorenzo. Se ofuscó de terror. Fue presa del pánico. Quiso reaccionar, gritar, patalear, resistir a la cruel operación quirúrgica con todas sus fuerzas, pero fue inútil. Antes de asimilar lo que significaba aquel anuncio, antes de expresar su más enérgica repulsa, sintió una especie de espada aguda que le asestó un tajo profundo. Perdió sus extremidades inferiores, si bien no sufrió ningún dolor ni perdió el sentido. Sólo una ausencia indescriptible, mas cuando empezaba a sentir como un conato de autocompasión —¡oh mis piernas!, ¡ya no podré volver nunca a caminar!, se decía—, quedó prendado al instante ante un panorama espléndido que ofrecía un grandioso espectáculo. Al reparar en la realidad que acariciaban sus ojos, perdió la conciencia de sí, y no volvió más a acordarse de su terrible pérdida.

De pronto, se vio solo, desnudo, en medio de un océano infinito de claridad y comprendió su pequeñez e insignificancia, cual polvo que se lleva el viento. Divisó a lo lejos, en todas direcciones, seres que transitaban, semejantes a él, aunque irreconocibles, que se desplazaban felices y despreocupados, sin acabar de hundirse en el manto de espuma que flotaba sobre la superficie, sólo interrumpida por acantilados gigantescos, precipicios magníficos y altísimas cordilleras por cuyos valles discurrían arroyos cristalinos, como balsas de aceite, que sonaban cual música jamás escuchada, al tiempo que desprendían aromas desconocidos. Daba la impresión que las sensaciones se habían multiplicado como por encanto con arreglo a la infinitud de sentidos recién estrenados. Todo era novedoso en extremo. Se percibían las cosas por fuera y por dentro, como si no escondieran secretos. Las grandiosas maravillas y mecanismos transparentes le atraían hacia sí como si le tiraran de los ojos. Después de deambular por parajes de ensueño que parecían interminables, llegaron a otra especie de súbita frontera, donde fue sometido a una nueva amputación, esta vez de sus brazos. Pero ya no ofreció ninguna resistencia. Se limitó a permanecer callado. Y así, se fue deslizando como el libre vuelo de un pájaro por innumerables planetas y universos ignotos. Al llegar a uno de aquellos límites, ciertos personajes gloriosos que le acompañaban le preguntaron si estaba dispuesto a seguir adelante, hacia un mundo superior plagado de espeluznantes sorpresas (aunque no podría seguir sin tener que pagar un alto precio), o prefería quedarse en alguno de los ámbitos de realidad más modestos que había tenido el privilegio de disfrutar. Le aconsejaron que antes de optar por seguir adelante lo pensara detenidamente. Debía estar dispuesto a renunciar a todo lo que tenía, que, a fin de cuentas, se reducía a la última parte que le quedaba del cuerpo: la cabeza, sus sentidos y contenidos mentales a los que aún se aferraba con ahínco. Lorenzo dudó un instante. Temió diluirse en la nada. Temió perder la cabeza, para el caso, la cordura, o más bien la esencia del yo; que éste se desvaneciese por completo, se desintegrara y dejara de ser. ¡Pobre de mí! —exclamó asustado—. Allí mismo, de repente, le invadió un vértigo agudísimo. Por una parte intuyó que era demasiado tarde para retroceder. Habían llegado demasiado lejos. Y cavilando todo lo que pudo, concluyó que al fin y al cabo aquello era muchísimo mejor que las experiencias más gratas que había vivido en la tierra, por lo que, finalmente, respondió que se conformaba con lo que tenía delante de sus ojos.

Una vez que Lorenzo tomó una decisión, aquellos seres se despidieron de él correctamente, pero apenas articularon palabras. Únicamente le recordaron que en el lugar elegido podría conocer y tratar multitud de gentes agradables y muy interesantes y hacer muchos amigos, es decir, nunca se sentiría solo, a no ser que, por supuesto, quisiese disfrutar de vez en cuando de paisajes solitarios. Así perdió Lorenzo fabulosas ínsulas, gloriosos horizontes, inauditos confines y bienaventuradas andanzas que le aguardaban más allá de la misteriosa frontera si se hubiera atrevido a aceptar aquella extraña y arriesgada oferta. Optó por conformarse, por amarrar lo ya alcanzado —que era, desde luego, mucho—, por no aspirar a más. Se acobardó. Prefirió acomodarse a cierto grado de éxtasis catado en aquel bendito peregrinaje. Pero la cobardía nunca vale la pena, máxime cuando está en juego tan sublime y sustanciosa felicidad. Cuando hubo concluido la dilatada sucesión de voliciones, la última y definitiva decisión de su vida, Lorenzo se despertó del sueño sobresaltado. Quedó paralizado, conmocionado, presa de tremenda excitación por un intervalo indefinido, que bien pudiera haber durado varias horas. Pero cuando fue cediendo la tensa y rígida conmoción que le había tenido atenazado, se calmó un poco y le dio por escribir el poema que aquí transcribo:

Quisiera dormir muy lejos, allende
El fragor y la ceniza de consumidos siglos,
O las estrellas incendiadas de febril insomnio;
Más allá de la blanca claridad del alba,
A billones de años-luz de humana podredumbre.
En el país donde la fatiga del alma
Sólo sea un murmullo lejano
De sueño liviano y dulce, donde
El campo enmudecido se confunda
Con azul inmensidad de olas batientes,
En infinito horizonte de clamorosas golondrinas
Y ondulantes espigas doradas, en crepúsculos
Ardientes, al trasluz de lentos estíos rosados,
Allá donde la luz no hiera más la conciencia
Ni persigan los hombres onerosas ruindades,
Sino la leve brisa inunde el pecho de un repique
Jubiloso de campanas ausentes o acaricie
La frente con límpida frescura de beso aún no soñado;
Donde la carne más no exija
Su cansina colación de apremio
Y un palpitar de ojos descubra el estruendoso
Asombro de firmamento limpio en universo cierto,
Donde el silencio sea tan profundo
Que salten de esplendor los huesos, ya hundidos
En playas antiguas de calcinada arena,
Y el rumor de las cigarras en las siestas
De julio no sea más que una ilusión
Pasajera o posibilidad poco probable
Que sature de paz el tiempo en sus resquicios.
Quisiera, os confieso, vivir muy lejos.
Pido, pues, solemnemente, a todos

Aquellos que no me escuchan:
No me despertéis ya nunca;
Me basta con este humilde rincón de dicha
O estrecho nicho de sombra alargada,
Sobre la inexpugnable eternidad del alma,
Como amplio preludio preñado de cielo
En alto castillo de inmortalidad soñada.

Muchas personas sufren los efectos del ruido que causa el tráfico, la industria, los aeropuertos, las ferias, las fiestas (organizadas a veces al aire libre), las aglomeraciones urbanas... Los altos niveles de ruido dificultan, impiden la comunicación, causan trastornos de sueño, disminuyen las condiciones ideales para el aprendizaje, la reflexión, aumentan el estrés, y producen varias alteraciones de índole cardiaca, fisiológica y hasta daños permanentes en el oído. La reducción de la contaminación acústica no ha recibido la misma atención que otros tipos de contaminación, como, por ejemplo, la atmosférica. Sin embargo, el ruido disminuye la calidad de vida, reduce la capacidad de atención, de concentración, de estudio y de pensamiento, y aunque, desde luego, no es un exclusivo mal contemporáneo, nuestra civilización lo sufre, en términos prácticos, como una consecuencia inevitable del progreso tecnológico y urbanístico.

Sustentar la vida.

También es menester sustentar la vida y cuidarla. Hay que trabajar para procurar el propio sustento y el de la familia; realizar servicios o funciones sociales (grandes motivadores), a cambio de un salario digno (o incluso insuficiente) que garantice la supervivencia, el futuro personal, familiar...

Pero hay otra necesidad a más largo plazo: la de asegurarse el mañana, un destino, e incluso la vida después de la muerte. Porque nadie se resigna o no puede concebir que su vida se extinga y desaparezca por completo. De manera racional o inconsciente uno se pregunta: «Si he llegado a existir, ¿por qué tiene la muerte que truncar mi existencia? ¿Por qué no he de seguir existiendo después de la muerte?».

Ofrecer una buena apariencia física

Un buen aspecto físico puede causar buena impresión y ayudar a fortalecer la autoestima. Lo más probable es que provoque aceptación y refuerce la autoestima de manera indirecta. De igual modo, una mala apariencia puede suscitar indirectamente rechazo, pero nunca como en los tiempos que corren fue la apariencia física —el aire juvenil— tan importante para el hombre. La mujer ha dado tradicionalmente considerable importancia al aspecto físico, pero nunca como en nuestros días había caído el hombre en tal extremo. Desde luego, el cine y la publicidad, la moda y muchos productos: cremas, colonias y otros potingues, tratan de sensibilizar al individuo para que cuide su imagen y se esfuerce por ofrecer un aspecto rejuvenecido. Para muchos hombres y mujeres públicos la imagen se ha convertido en el activo más valioso. Hasta el punto de parapetarse y esconderse detrás de tan cuidada fachada. La imagen prevalece por doquier. «Cultiva una buena imagen, aunque sea hueca; no te molestes por labrarte buena fama, te basta con la imagen», bien podría ser el lema de nuestro tiempo. Nos movemos en la era de la imagen y de las apariencias. En nuestro mundo ficticio prevalecen las apariencias o las sombras. Nuestra época se caracteriza por una sombra de realidad falazmente superficial. Podríamos asegurar sin incurrir en excesiva exageración que el 90 por ciento de los votos que arrancan los políticos los conquistan en campañas de imagen.

El apetito sexual

El deseo sexual no es sólo, como muchos pretenden, un impulso fisiológico que actúa como válvula de escape. Es mucho más complejo, no mero impulso. No se debe confundir el sexo con el amor. El amor digno de este nombre se puede expresar a veces —aunque no siempre— mediante la intervención de una actividad sexual romántica y recíproca entre un hombre y una mujer que se aman sinceramente y están mutua y profundamente comprometidos. La sexualidad descarnada, o mejor dicho, la sexualidad carnal, sólo busca la satisfacción física, es puro egoísmo, es decir, usa y abusa del ser supuestamente amado. Además, este tipo de sexualidad no busca el bien de la persona pretendidamente amada, sino el propio placer, y aunque fingiere buscar el bien del otro, en realidad no es nada más que una especie de compensación por los servicios prestados. Y es que el sexo precisa ser sublimado y compendiado en el amor. De donde, el sexo sin amor no es más que química, burdo egoísmo, deseo concupiscente, instinto carnal.

SECCIÓN 3

VERTIENTE EMOCIONAL DE LA NECESIDAD

3

Necesidades afectivas o emocionales de la persona

El toque afectivo

Los seres humanos necesitan ser tocados y abrazados de manera pura, afectuosa y saludable por sus amigos y seres queridos. En el decrépito mundo en que vivimos hay adultos que abusan de la función que les corresponde ejercer para afirmar la identidad y la autoestima de niños y adolescentes, de manera especial en sus años formativos, y perjudican gravemente a las criaturas delicadas y sensibles que tienen encomendadas con su impudicia deshonesta. ¡Qué triste es que unas manos que debieran consolar y arrullar a los niños se usen para abusar de ellos!

Los dedos son esos humildes peones siempre prestos para servirnos calladamente y ejecutar instrucciones conscientes e inconscientes, reflejas o automáticas, infinidad de veces cada día. Brian D. Molitor asegura que el toque afectivo influye enormemente en el desarrollo emocional de los animales y de los seres humanos: «El psicólogo Harry Harlow experimentó con monos de corta edad y demostró que la falta de contacto físico les era muy nociva. Los monos pequeños que veían, oían y olían a sus padres y a otros de su especie pero no eran tocados por ellos, desarrollaban graves problemas emocionales y de comportamiento. Privados de toque, mostraban un comportamiento extremadamente retrasado, caían en hábitos como el acicalado constante, el abrazo a sí mismos, el aislamiento y el mecimiento.

En cuanto a la raza humana, uno de los ejemplos más estremecedores tuvo lugar en Rumania, donde el dictador comunista Nicolae

Ceausescu dominó con mano de hierro. Su política ruinosa produjo numerosos huérfanos retenidos en casi total aislamiento... Esos niños estuvieron básicamente abandonados, a excepción de cuidados mínimos y escasa alimentación. Cuando Ceausescu fue ejecutado en la revuelta de 1989, todo el mundo pudo comprobar las terribles secuelas de la privación de afecto en tiernos cuerpos y almas. Por término medio, los niños habían sufrido una ostensible disminución de crecimiento y un horrible retraso en sus destrezas motrices y desarrollo intelectual. Se acunaban y se abrazaban a sí mismos, como los monos del experimento de Harlow, y exhibían conductas anormales. Ciertamente, sufrieron muchas clases de privación en su triste infancia, carecieron de un ingrediente esencial: el toque afectuoso».[1]

Se ha descubierto que el toque contribuye positivamente en el tratamiento de distintas clases de pacientes y que es indispensable para la buena salud de los seres humanos. El toque facilita la ganancia de peso de los niños prematuros, refuerza el sistema inmunológico, alivia el dolor, la depresión, reduce el dolor crónico, además de acarrear otros muchos efectos beneficiosos. Por supuesto, no nos referimos al toque que busca el propio placer ni al que causa molestia a los que lo reciben, sino al que transmite aceptación, afirmación y amor incondicional, especialmente a los niños.

Ánimo y estímulo

Las personas han menester de ánimo y estímulo continuado que inyecta fe para ganar confianza en sí mismas y superar grandes obstáculos. Esto actúa como acicate que lanza a embarcarse en grandes empresas. A buen seguro, muchas obras dignas de elogio que se han realizado en el mundo nunca se habrían llevado a cabo sin el respaldo de personas fieles que prestaron apoyo con su fe, su aliento, ánimo y estímulo.

Consuelo

Todos tenemos necesidad de recibir consuelo acudiendo a padres, esposos, amigos íntimos... en busca de alivio. Desde la más temprana infancia acudimos a refugiarnos en brazos de la madre, y de otros seres queridos que nos comprenden, se compadecen de nosotros y nos brindan consuelo. El consuelo es como un bálsamo sanador que alivia el dolor que nosotros mismos, inadvertidamente, nos causamos, o que la vida y otros nos infligen deliberada o inintencionadamente.

Consuelo tras sufrir una gran pérdida:

¿Quién pierde más, aquel que sólo tiene un hermano y lo pierde o aquel que tiene diez y pierde la mitad de ellos? Cabe decir que el último ha perdido más, con todo, sigue siendo más rico en experiencias, seres queridos, etc.

Todos necesitamos amigos y seres queridos, tratarlos y disfrutar de ellos, y nos afecta gravemente la tragedia que significa la pérdida de alguno. Por ejemplo, para el joven que pierde un amigo o hermano con quien mantenía fuertes vínculos de afecto, cariño y amistad el ser que desaparece supone una gran pérdida, como para todos los que se quedan. Éstos pierden parte de sí mismos: una persona única e intransferible que les comprendía, compartía con ellos momentos únicos, experiencias gratas e irrepetibles; a alguien que les conocía, les ofrecía una interpretación muy peculiar de sus personas, una visión objetiva de quiénes son ellos realmente y una admiración o afecto personalísimos, con los que ya nunca podrán contar. De ahí que sean conscientes de tan grave pérdida. Es como si se les privase de un irrenunciable derecho adquirido. Por eso muchos jóvenes, aparentemente duros e indiferentes a muchas cosas, se muestran tan sensibles y desconsolados cuando se ven en tal vicisitud. Carecen de un esquema bien armado que les proporcione una fuente de esperanza firme y les dé sentido a la vida. Por eso muchos lo interpretan como una tragedia absurda.

Compartir sentimientos, dar y recibir afecto.

Todo ello, por supuesto, es muy importante para comprender y ser comprendido, para identificarse con otros y cultivar la amistad. Hasta los animales necesitan recibir cariño y afecto. Ellos son muy agradecidos y devuelven con creces el cariño que se les dispensa. Siguen, abrazan, acarician a sus dueños o a sus cuidadores, sobre todo cuando se les ha amado desde pequeñitos. Hasta las fieras aman a los que las han amamantado. ¿Quién no ha visto, por ejemplo, un perro inquieto, nervioso, emocionalmente desequilibrado cuando ha padecido abusos o malos tratos? Luego también los animales necesitan amor, florecen y llegan a ser emocionalmente estables cuando lo reciben y llegan a ser totalmente dependientes de sus amos. Lo mismo, por cierto, sucede con las personas y hasta con las plantas. Por supuesto, las mujeres saben algo de esto. ¿No perciben ellas que las plantas son sensibles a sus cuidados?

A veces uno se cruza con un vagabundo, mendigo y marginado, con ropa y calzado raídos, tez cenicienta, sin calcetines, cubierto de varias capas de mugre, paseando con galgo, cuyo color cetrino hace juego con la sucia gabardina oscura de indigente, por los contornos de un parque vecino. Su tremendo parecido es llamativo, mueve incluso a compasión. Ambos atraen la curiosidad de unos viandantes que fingen o disimulan, supuestamente indiferentes, ante el gratuito espectáculo. La tristeza del perro y su fidelidad son perfectas, casi palpables. El animal se identifica plenamente con su dueño, aunque éste lo arrastre de una cuerda. Sus miradas son distraídas, perdidas, volcadas hacia algún objeto impreciso, tal vez inexistente. Sus carencias son casi absolutas. Diríase que están hechos tal para cual, al menos por lo que toca a su nivel afectivo. No tienen absolutamente nada, pero se tienen el uno al otro. No sabemos cómo ese hombre perdió parte de su imagen divina y su dignidad humana. Ignoramos si podrá un día recuperarlas. Mas, por ahora, él y su perro son casi la misma cosa.

La amistad

La amistad crea un ambiente propicio de confianza en el que florecen la identificación y el intercambio a muchos niveles: ideas, gustos, sentimientos... Si bien es cierto que ninguno puede escoger el país en que nace, ni sus vecinos (aunque sí el vecindario), ni la familia en cuyo seno viene al mundo, sí puede escoger sus amistades. La amistad es libre, voluntaria y a veces espontánea. Exige afinidad y admiración mutuas. Supone decidir previamente el conocerse de manera íntima y personal. Ello requiere tiempo, trato, cultivo, compromiso, fidelidad y lealtad. Aunque en la física se atraen los polos opuestos, en la amistad, por lo general, opera algún tipo de afinidad: la semejanza, el querer ser o parecerse al amigo, el disfrute o compartimiento de cosas, aficiones... Como norma, escogemos a los amigos que son y piensan como nosotros. O bien se parecen a nosotros, o les admiramos y queremos parecernos a ellos. Es decir, se produce un acercamiento, un enamoramiento mutuo. No en vano es uno de los amores básicos y una de las fuentes principales de aceptación en la que beben los individuos. Uno de los pilares fundamentales de la amistad es el saber escuchar al amigo, sentirse comprendido por él y ofrecer otro tanto a cambio. Dos buenos amigos se estiman, se suplen aceptación mutua. La amistad se retroalimenta recíprocamente. Todos tenemos necesidad de ser conocidos y comprendidos a fondo. Y dado que el único que nos conoce es Dios, Él puede ser, sin duda, nuestro mejor amigo, con tal que le correspondamos, pues no hay que olvidar que la amistad funciona en sentido recíproco y que dos no pueden caminar juntos si uno no quiere. Pero para ser amigo de Dios es menester estar dispuesto a cambiar, tratar de asemejarse a Él gracias a la transformación que le permitamos efectuar en nuestra persona, ya que Él es un caballero y en modo alguno desea violar la libertad sagrada que nos ha otorgado. Además, es inmutable, santo y perfecto y no puede abandonar estos atributos. La amistad es también discreta, sabe disculpar y pasar por alto defectos y flaquezas, tiene fe, cree cuando los demás desconfían, afirma, espera lo mejor del amigo, y salvo que sea gravemente traicionada, prefiere mantenerse fiel. Es, sin duda, imprescindible para los humanos. Por eso, el que no tiene buenos amigos padece, ciertamente, una especie de menesterosidad.

Las sociedades occidentales son víctimas de la ruptura de muchas relaciones, de vidas fragmentadas, y numerosas familias sufren desolación y ruina cada día. Además, el ajetreo de las grandes ciudades y el estilo de vida moderno originan alienación y soledad. Es raro que florezcan amistades auténticas. La soledad engendra mucha angustia. Donde faltan los amigos hay una escasez pavorosa de intimidad. En consecuencia, mucha gente busca la intimidad en lugares equivocados y por motivos torcidos. Pero cuando se comparten cosas: alegrías, sueños, anhelos, gustos, fobias o decepciones profundas tiene lugar la intimidad, se ahonda la amistad y se ahuyenta la soledad.

NECESIDADES EMOCIONALES DE LA PERSONA:

Las heridas emocionales

La vida acarrea infinidad de situaciones en las que las personas resultan lastimadas en lo más íntimo. Toda vida es emocionalmente vulnerable, máxime cuando todavía no está bien equipada para esquivar los golpes. ¿Quién no ha oído palabras duras, crueles, o críticas dirigidas contra —por desgracia— niños, que ponen en tela de juicio el valor, la identidad, o la estima de las personas más frágiles? Cuando estas personas se hallan aún en la infancia, las afiladas saetas se clavan como puñales en sus tiernos, sensibles corazones, y les causan heridas profundas. Muchas veces, palabras venenosas, mortíferas, son pronunciadas por los propios padres o seres queridos. Otras, son exclamaciones poco afortunadas proferidas por compañeros de colegio o instituto en incidentes imprevistos. A veces sucede que las circunstancias que provocan tales heridas son fortuitas. Otras, por el contrario, son intencionales. Pero la vida suele ser imprevisible e injusta. Pasan cosas que escapan a nuestro control y nos golpean inopinadamente. En todo caso, se hace necesario examinar y descubrir las causas que nos hicieron reaccionar de cierta manera. Es preciso, pues, emprender una reflexión pausada que nos revele las claves de nuestra conducta, cuyas raíces se remontan a las heridas recibidas hace ya tiempo. Es preciso conocernos a nosotros mismos y por qué reaccionamos del modo en que lo hacemos. A veces se sufren experiencias duras, decepciones, burlas, menosprecios, comentarios negativos, flechas —o más bien misiles— dirigidos a la línea de flotación del valor, la seguridad o la dignidad con que la persona se interpreta a sí misma. Casi siempre estas heridas provocan en la víctima un sentimiento de rechazo percibido, real o imaginario. El rechazo siempre causa estragos. Emociones negativas como la ira, el temor y el orgullo, sin duda, fueron provocadas en algún momento por cierto tipo de circunstancias. Una vez localizado el origen de esas emociones, será más fácil afrontarlas y superarlas. Uno puede sentirse rechazado por traición, amor no correspondido, abuso o manipulación de los compañeros más fuertes de la clase que tratan de imponer su ley sobre los más débiles. Abusos que, en cualquier caso, producen temores e inseguridades, más agudos en niños y jóvenes, y les empujan, a veces, a escoger conductas lamentables.

Desde luego, también se encajan golpes y se abren heridas a edades más avanzadas, pero su efecto no suele ser tan demoledor. A veces las personas padecen grandes desilusiones o decepciones que las marcan profundamente: divorcio, muerte de un ser querido, grandes fracasos o sueños frustrados. Todo ese dolor puede suscitar reacciones diversas. En algunos casos se procura adormecer la pena buscando refugio en adicciones varias que embotan el cuerpo y el alma: comida, bebida, sexo, drogas…; en otros se buscan sucedáneos que alivien de algún modo el corazón herido, ocultándose detrás de una pantalla o muro protector —actualmente son legión—: éxito, fama, dinero, trabajo… El dolor que muchos sienten es tan intenso que devuelven el golpe haciendo pagar los platos rotos a esposas, hijos, seres cercanos, o incluso abandonando sus responsabilidades familiares. De todos modos, si no hay sanación, lo más probable es que se arrastre una especie de cojera emocional de por vida que afecta a todo lo que uno emprende, lo cual, ciertamente, no es saludable para nadie. En muchos casos, echaremos la culpa a otros por las cosas que nos acontecen y creemos que no nos merecemos, sin asumir nuestra responsabilidad. Pero lo más sensato es procurar la cura necesaria que nos devuelva una vida sana, libre, en paz con nosotros mismos, con los otros y con Dios.

Lo malo de las heridas emocionales es que perturban y distorsionan el concepto que uno tiene de sí mismo. Por eso, lo mejor que uno puede hacer es someterse a un proceso de sanación y restauración emocional que le devuelva la verdadera identidad de su persona. Por ello, es absolutamente imprescindible que cicatricen las heridas y las llagas emocionales que supuran en los recovecos del corazón, heridas cuyas causas a menudo se desconocen, al menos de manera consciente e inmediata. Cosas como la condena, la crítica injusta, el fracaso y la vergüenza, alteran la idea que tenemos de nosotros mismos y originan una baja autoestima. Gran parte de dichas heridas es debida a la crítica (palabras condenatorias) y al rechazo (de padres, amigos, compañeros...). La persona herida levanta barreras, o más bien muros protectores, para resguardarse de los dardos reales o imaginarios que planean a la vuelta de la esquina y que podrían causar un dolor añadido. Entonces, uno se segrega, se aísla de manera más o menos ingeniosa de la sociedad o la familia, o bien se esconde tras una máscara o fachada superficial que hace las veces de concha o escudo protector. Y ocurre que uno puede mostrar apariencia de éxito, exhibir símbolos externos socialmente reconocidos, como buena casa, coche, trabajo, o refugiarse en un alto estatus social o actividad febril que le reporte ostensible remuneración económica.

Es más que probable que haya que ofrecer perdón ante ofensas o injusticias sufridas. Pero, en todo caso, resultará más barato otorgar perdón generoso que arrastrar de por vida un fardo lleno de ataduras, un vida irreal, un peso de esclavitud que nos impide ser libres, sanos y completos para afrontar el resto de nuestros días desde una perspectiva correcta, liviana. Pero, por muy sencillo que parezca este escrutinio emocional, es menester penetrar en las grietas oscuras del alma que bien pudieran estar taponadas con arenilla y suciedad acumuladas. Por ello, es imprescindible iluminar el corazón con la luz que todo lo ve, con la lámpara admirable del Espíritu Santo de Dios, que es capaz de abrir, curar y sanar heridas inaccesibles a la pericia humana. En realidad, sólo la intervención del verdadero Sanador y Consolador puede garantizar éxito en esta empresa.

4

Necesidades diversas de la persona

La autoestima o la importancia de confiar en el valor personal

La autoestima es fundamental para emprender cualquier cosa y se puede considerar como una suma o combinación de varias convicciones o sentimientos: el individuo se siente digno, seguro, amado, útil, y, por tanto, valioso; siente que tiene un valor inherente, por el mero hecho de ser quien es; percibe que su persona es respetada, admirada, estimada y aceptada. Y aunque a veces dude y sufra, o se imagine que sufre rechazo, no por eso ve alterada la fuente íntima de su valía, de la que extrae tal conocimiento, la fuerza de su confianza. Sabe que a lo largo de su vida han intervenido una serie de factores que reforzaron el sentido de la propia estima, el sentimiento de respeto y seguridad que siente hacia sí mismo y la confianza en su valor; el ser humano percibe que, debido a su valor intrínseco, es digno de ser conocido, comprendido y apreciado por ser como es, aunque, como es lógico, sus propios méritos o merecimientos, recibidos como dones, le ayuden a reforzar la estima que ya tiene de sí, que no a ganársela.

La intimidad con Cristo satisface el anhelo profundo del espíritu humano. Cuando el hambre espiritual no se ve satisfecha, uno experimenta inquietud, aburrimiento y frustración. A través de una relación personal con Jesús, uno comprende que es aceptado y apreciado por Dios, se libera progresivamente de los sentimientos de inseguridad y de temor que le intimidan y paralizan, y de los actos y opiniones ajenas, que se alzan en contra suya.

El conocimiento de que uno es amado y aceptado por Dios proporciona auténtica autoestima. Cuando uno se siente seguro y anda confiado en el amor de Dios, se libera de temores. La presión que le impele a demostrar el propio valor deja de ser la motivación dominante. Lo único que necesita es agradar a Dios, demostrarle confianza y obtener de Él una sonrisa de aprobación. La intimidad con Dios sana las heridas profundas del corazón. Un corazón herido sólo puede alcanzar restauración genuina y duradera cuando acude al Sanador verdadero. Pero quien no se siente amado de este modo se ve obligado a buscar en el éxito personal la fuente de su autoestima, tiende a esforzarse, a creerse merecedor del aplauso, la estima ajena, pero nunca está satisfecho, ya que no logra aceptarse, no logra quererse.

La bendición y la maldición

Desde muy pequeñito, aún en el vientre de su madre, el feto, y después el niño, necesita oír palabras de bendición: palabras positivas de afirmación, declaraciones fehacientes y proféticas de su valor y su dignidad, palabras que le establezcan y le asienten firmemente, le suplan fe y seguridad para desarrollar todo el potencial que encierra en germen su persona, proyecten en su futuro exquisita sazón de bondad y buenos frutos y le sustenten un día con su benefactora influencia.

La bendición acarrea vida, energía vital, imparte fe y optimismo, capacita para dar de sí hasta la máxima potencia. Es un constitutivo imprescindible del amor que inviste para lograr éxito en cualquier empresa y en la vida misma. Garantiza la prosperidad. Fomenta el crecimiento y la madurez, la seguridad y la autoestima, tanto en el individuo como en toda su generación.

Por el contrario, la maldición sofoca, apaga, extingue, mata, siembra la duda y la incredulidad, empobrece, empuja a la inhibición, al fracaso y aun a la muerte generacional.

Aunque la bendición y la maldición puedan manifestarse de forma solemne, se suelen expresar, por lo general, en formas prosaicas y cotidianas por medio de palabras vertidas y profetizadas sobre vidas; portan vida o muerte. Ya enriquecen en todos los órdenes, regalan prosperidad, felicidad y alegría, ya empobrecen, apocan, roban, destruyen, condenan e incapacitan. Proyectadas sobre los niños ciertamente incurren en una fea y horrenda conducta criminal digna de ser juzgada y castigada, a no ser que medie el arrepentimiento y el perdón.

Palabras como «eres un inútil», «no sirves para nada», «nunca serás ni llegarás a nada», pronunciadas por los padres son como puñales clavados en el corazón de los hijos, causan terribles desgarros en los tejidos del alma, a veces de por vida, que, en todo caso, requerirán restauración, perdón e intervención del divino Sanador de alma y espíritu: que sus delicadas manos lleven a efecto una profunda profilaxis curativa y sanación espiritual.

La humildad

Es muy posible que la humildad sea, en el fondo, una cuestión de sinceridad y honestidad consigo mismo, con los demás y con Dios. Honestidad que conduce al conocimiento cabal de sí para intentar conocer y comprender a los demás. En realidad, sólo puede ser humilde quien se conoce a sí mismo, pues así se identificará mejor con el prójimo, será un poco más condescendiente y bondadoso con él. Cuando decimos «conocimiento cabal de sí», queremos referirnos a la justa medida del conjunto de limitaciones, virtudes, defectos, pecados y miserias que conforman la singularidad de la persona. Pero este conocimiento no se puede adquirir exclusivamente a través de una profunda introspección o psicoanálisis del alma, sino que se trata más propiamente de un conocimiento obtenido por revelación del Espíritu Santo, que es el Espíritu de la verdad. ¿De qué otra manera puede uno llegar a conocerse? La humildad consistiría, pues, en aceptarse de manera saludable, en no aparentar quien uno no es o intentar exhibir farisaicamente una virtud que no le es propia, en no aferrarse a un deseo vano y desordenado de engreimiento orgulloso, ni tampoco fingir que uno es poca cosa y no merece ningún reconocimiento, sino en conocerse y ser conocido por quien realmente es, pues tanto la falsa modestia del individuo como su infraestimación son contrarias a la humildad.

Por supuesto, uno no se ama por creerse superior, más o mejor que nadie, en cuyo caso cree que tiene derecho a alardear o darse aires de grandeza. El apóstol Pablo aconsejó que nadie tuviese más alto concepto de sí que el que debía tener (Romanos 12:3), lo cual implica zafarse del egocentrismo y tener una idea cabal, sensata, de la propia persona.

La verdadera humildad consiste en estimar a los demás como superiores a uno mismo (Filipenses 2:3), en tenerles en cuenta, volcarse en ellos. El humilde no se jacta ni se vanagloria. Piensa en los demás. No se considera prioritario ni indispensable, no impone sus ideas y deseos, sino que se despoja de su propio yo y adopta la actitud de siervo. Su valor, dignidad e importancia le son concedidos por el que siendo realmente digno y valioso no estimó su dignidad como cosa a que aferrarse, sino supo desprenderse de ella en obediencia hasta la muerte y muerte de cruz (Filipenses 2:3-11). A fin de cuentas, sólo hay uno que se humilló hasta lo sumo, por compasión, para tratar con seres moralmente ínfimos, imperfectos y hasta miserables.

Jesucristo dijo que la humildad proporciona descanso para el alma y paz para el espíritu (Mateo 11:28-29). La humildad brinda descanso porque libera al yo del egocentrismo y le permite dedicarse a otros desinteresadamente. Ahoga la obsesiva atención que nos dedicamos a nosotros mismos.

Aunque muchas veces aseguramos que no nos importa lo que otros digan o piensen de nosotros, en realidad no es así. A todos nos importa y mucho. Lo que pasa es que sabiendo que nos agobian muchas imperfecciones y defectos, y que nuestra biografía se compone de una larga lista de yerros y pecados, llegamos al convencimiento de que tenemos que tratar de acumular méritos para lograr ser aceptados. En el fondo, una gran cantidad de actos que ejecutamos están motivados por un deseo de aceptación. Casi siempre estamos dispuestos a hacer lo que haga falta con tal de conseguirla. Pero el que confía en Dios, se sabe profunda, incondicionalmente, amado y aceptado en lo más íntimo, y de este hecho inconmovible, sólido como una roca, obtiene su valor, su seguridad y su descanso. A pesar de reconocer honestamente sus imperfecciones y defectos, sus debilidades y bajezas, no tiene que ocultar nada, porque su aceptación no depende de la imagen que ofrece, sino de un hecho objetivo e incontrovertible: la gracia y el amor de Dios. Sabe que su Padre celestial —el único que es perfecto— le comprende y le ama de veras, por eso aprende a relacionarse consigo mismo y con los demás de manera correcta. El que ignora el amor con que Dios le ama no puede obtener la verdadera paz, pues desconoce la fuente secreta de la que mana su propia dignidad. Por eso la auténtica humildad ha de apoyarse en una autoestima sana.

Ahuyentar el temor y vivir confiado

La mayor parte de la gente aspira a vivir apaciblemente, sentirse protegida y evitar amenazas provenientes de medios externos: bandas de ladrones, vándalos, terroristas... Incumbe al Estado garantizar el derecho a la protección de las personas y la propiedad privada. Pero cuando surgen conductas abusivas de enriquecimiento ilícito, y se levantan individuos que se aprovechan del poder recurriendo a la trampa y el engaño, no corresponde al individuo el tomarse la justicia por su mano, sino al propio Estado y a los poderes legalmente establecidos perseguir el latrocinio, la usura, la explotación o el abuso...

La paz y la seguridad

Igual que hay paz y seguridad para el alma y el espíritu, debe de haberlas también en el mundo exterior. Tanto los países como las personas necesitan paz y armonía social para desenvolverse, desarrollarse, prosperar, cumplir sus objetivos, realizar su vocación, vivir tranquilos, esto es, llevar una vida razonablemente apacible y confiada, relacionarse con arreglo al respeto que prescribe la ley y llevar una existencia productiva en todos los órdenes de la vida. El hombre se agrupa muchas veces para combatir sus necesidades. Elabora planes de seguridad, jubilación, ahorro e inversión. Pero hay necesidades que dependen casi siempre del momento histórico y del contexto social en que se vive. Por ejemplo, los usos y costumbres sociales imponen diversas modas en el vestir en función del lugar, momento y circunstancias. Las sociedades y las personas se organizan de manera que tratan de cubrir posibles riesgos contratando pólizas de seguros para cubrir cualquier eventualidad: seguros para prevenir accidentes, daños en viviendas, cosechas, enfermedades, desempleo, como si se pudiera cercenar, de una vez por todas, la vulnerabilidad, la incertidumbre natural que acompaña a la vida.

La ausencia de amenazas, la protección, la pertenencia a una familia, grupo, sociedad, país, el contentamiento personal y las legítimas aspiraciones de toda índole, producen estabilidad, tranquilidad, paz y bienestar.

El sentirse protegidos de toda amenaza es una de las aspiraciones más preciadas de los seres humanos. Pero nunca como en estos tiempos fue un bien tan generalizado. Puede interpretarse como seguridad el contar con medios suficientes para afrontar cualquier eventualidad presente o futura, cualquier imprevisto. O, como señala Julián Marías, «se trata de evitar los accidentes, prevenirse contra los reveses de la fortuna»,[1] de eliminar lo imprevisible, lo azaroso, lo inesperado, ya que el azar es inseparable de la vida humana. Por eso los seres humanos hacen acopio de objetos y alimentos para responder a las demandas del presente y acumulan dinero para responder de manera genérica a cualquier circunstancia que pueda sobrevenir. Pero las vicisitudes de la vida escapan a nuestro control, y el dinero no cubre, no puede cubrir esencialmente muchas necesidades humanas. Ni tampoco la seguridad ha de ser prioritaria en la escala de valores. Las convicciones profundas y la integridad moral siempre estarán dispuestas a sacrificar la seguridad ignominiosa y egoísta instalada en la cobardía, la claudicación, la venta al mejor postor, acomodada en el bienestar a toda costa.

La valentía

La vida coloca al hombre en situaciones realmente embarazosas, complicadas e inverosímiles. No basta con soslayarlas y resbalar sobre ellas de manera tangencial. Tales situaciones y coyunturas han de ser escrupulosamente evaluadas, ya que es obligado a tomar decisiones. Han de ser afrontadas con gallardía e intrepidez si se desea vencer y salir airoso. Uno ha de tomar en cada momento, individual y responsablemente, cada decisión que le es concedida cada día, cada minuto, animado por la fe, en presencia y compañía de Dios, con su ayuda.

Hay situaciones, tanto en la vida de las naciones como de los individuos, en las que es necesario armarse de valor y afrontarlas con bravura y nobleza. En suma, se requiere valor, audacia e intrepidez para afrontar la vida. Porque más tarde o más temprano ella nos pondrá a prueba. Y no olvidemos que la prueba definitiva es la muerte, y ésta siempre es inoportuna. En aquella hora se pondrá de manifiesto si fuimos prudentes y edificamos sobre cimiento sólido o si todo se nos viene abajo. Por eso, lo mejor es prepararse con tiempo, no dar lugar a que nos sorprenda. Conviene ahuyentar toda sombra de confusión y desorientación para andar por este páramo extremadamente árido, erizado de peligros. Hay que recapacitar para no dejarse engañar ni arrastrar por una masa torpe e irreflexiva.

NECESIDADES INTELECTUALES

El conocimiento

El hombre necesita saber, explorar, salir de la rutina, experimentar novedad, informarse, investigar y descubrir. Pero además, como señala José Luis del Barco, el ser humano «busca afanosamente el sentido de la vida, el dolor y la muerte».[2]

El ser humano necesita formarse una cosmovisión para orientarse en el mundo y en la vida, adoptar una actitud ética y moral que justifique su postura y actuar en conformidad. Muchas personas, desde luego, actúan conforme a sus propias convicciones a sabiendas de que son erradas. Pero otras muchas, no son congruentes con lo que dicen creer o no creer. En todo caso, el individuo trata de justificar lo que cree, aunque sea a costa de engañarse a sí mismo. Por ejemplo, el que vive del robo, aunque sepa que no está bien lo que hace, tratará de justificarlo: «El que roba a un ladrón…», dicen algunos. «Todos lo hacen; no seré yo el más tonto.» Mas cuando ya no sea capaz de sostenerlo, o de seguir haciéndolo por resultarle doloroso, o vergonzoso, o porque su conciencia le condene, desistirá en su proceder, a no ser que se obstine en llevar una doble vida, una existencia falsa, escindida.

El ser conocido y comprendido

Nadie puede ser comprendido si no es antes conocido. Para conocer a una persona hay que conocer su historial, sus aspiraciones, sueños, anhelos, sufrimientos… Hay que identificarse con sus sentimientos y sus experiencias, sus éxitos y sus fracasos. El salmista se lamentó de que nadie le quisiera conocer. Pero para ser conocido hay que esforzarse antes en conocer a otros, y para ser comprendido antes hay que comprender. En todo caso es una necesidad profunda del alma, una condición previa e indispensable de la auténtica amistad. De ahí que toda amistad auténtica presuponga el deseo de conocer al amigo de una manera más íntima, lo cual constituye la base de un vínculo más estrecho. Ahora bien, la amistad es libre y voluntaria.

Conocimiento íntimo de uno mismo y de su personalidad

Aunque parezca asombroso, muchos individuos no se conocen a sí mismos e ignoran los recovecos de su verdadero carácter. El individuo necesita conocer íntima y profundamente a otras personas, ser conocido, comprendido y apreciado por ellas, sentir su compañía (de ahí la importancia de la amistad). Naturalmente, no estará obligado a dar a conocer sus defectos a cualquiera, sino a aquel con quien cultive vínculos más estrechos. Y esto por la razón obvia de que nadie desea darse a conocer a quien no quiere conocerle. Pero la intimidad es fundamental para la vida humana. En realidad, fuimos diseñados con esta necesidad, y sólo en ella se satisfacen nuestros deseos más profundos.

También es preciso conocer cómo y cuándo uno resultó emocionalmente herido y marcado por el menosprecio, la burla y el rechazo de otros, especialmente de padres, niños y adolescentes, a edades tempranas. Las heridas emocionales profundas deben sanar si es que se desea superar traumas, funcionar normalmente en la vida, y evitar conflictos personales y emocionales con otros, en especial, cónyuges e hijos. Si alguien alcanza un conocimiento genuino de sí es más probable que se muestre comprensivo con los demás y no se lance a juzgar y condenar sus yerros.

La esencia y la naturaleza de las cosas

El hombre necesita conocer cosas y profundizar en ellas a partir de la realidad y las experiencias que le son dadas vivir. La mayor parte de las cosas o experiencias de la vida le son dadas. Uno simplemente las encuentra tal como son. No escogemos la familia, la ciudad o la nación en que nacemos, ni tampoco inventamos cada aparato que usamos a diario. Nos beneficiamos de los avances conseguidos por la medicina sin poner ningún reparo cuando requerimos sus servicios. Simplemente los damos por sentado. Nos beneficiamos del esfuerzo y la dedicación que invirtieron otros que nos precedieron. Hasta las cosas que estudiamos nos son dadas. Asimilamos materias, conocimientos, técnicas, ideas, que otros adquirieron y nos legaron. Si bien es cierto que, a su debido tiempo, también nosotros podremos aportar nuestra interpretación o granito de arena, o decidir libremente por nosotros mismos el enfoque que deseamos dar a nuestra vida. De ahí la necesidad de meditar y reflexionar, de componer un esquema, una visión o concepción del mundo armónica, razonable, coherente, que se corresponda con el mundo real y nos ayude a orientarnos y dar sentido a la vida.

NECESIDAD UNIVERSAL DE DAR Y RECIBIR AMOR

Amor y aceptación incondicional

Todas las personas tienen una necesidad profunda de ser aceptadas, afirmadas, reconocidas, respetadas y estimadas; de descubrir su valor, su dignidad, y recibir amor incondicional. El amor, dice el apóstol Santiago, cubre infinidad de pecados, pero también toda necesidad. Y hay que tener en cuenta que la primera necesidad insoslayable del ser humano es la de ser amado para poder amar. Es, desde luego, fundamental para el pleno desarrollo y florecimiento de la persona y la personalidad. Es necesario amar a los padres, la esposa, el esposo, los hijos, los más débiles, los pobres y desvalidos, los vecinos, los conciudadanos, los huérfanos, las viudas, los extranjeros, los enemigos, a todos sin excepción, y, desde luego, amarse a sí mismo. Pues sin esta premisa, es imposible cumplir la otra.

El mero hecho de que existan necesidades, apetitos, adicciones y pasiones, demuestra que hay en nosotros huecos que ocupar y vacíos que colmar. Sabemos instintivamente que nos falta algo, y al mismo tiempo, tenemos alguna fe, cierta convicción, de que es posible definir, buscar y conseguir ese algo en alguna medida, sea de la índole que sea. Y luego, de una u otra manera, nos lanzamos en pos de lo que buscamos.

Todos tenemos conciencia de ser imperfectos y somos, por tanto, conscientes de que algo nos falta. El hecho mismo de que los humanos experimenten el deseo de satisfacer sus necesidades prueba su condición de criaturas incompletas que desean todo lo que creen que les falta a fin de ser completas.

Todos tenemos algo en nuestra persona —carácter, hábitos o rasgos de personalidad— que no es digno de ser amado. Sabemos que no merecemos, que no podemos granjearnos el amor de nadie; que sólo podemos recibir el amor que nos quieran dar. Si estamos convencidos de que se nos ama por exhibir una cautivadora sonrisa, una cara bonita, la esbeltez o perfección de nuestra figura corporal, o ciertas habilidades físicas, en realidad, no depende de ningún mérito propio, porque todas esas cosas las hemos recibido como bagaje hereditario. Esas cosas son fáciles de amar. Es fácil amar la perfección de un objeto que despierta maravilla. No cuesta ningún trabajo admirar una flor. Pero hace falta gracia, amor de Dios, para cubrir y disimular los defectos ajenos. Las personas muchas veces queremos que se nos ame por reunir ciertas virtudes o cualidades: inteligencia, belleza, habilidad, laboriosidad, diligencia, eficacia, sentido del humor, capacidad de servicio..., en suma, por algo que tenemos por mérito propio y creemos que nos pertenece. Pero el amor de Dios, el amor supremo, nos alcanza siempre y es absolutamente inmerecido. Si nos admiran por exhibir honestidad, fidelidad o pureza de carácter, pienso que esta admiración estará mejor justificada, porque probablemente se basa en hábitos adquiridos por el sujeto que deviene en objeto de admiración. Pero es seguro que tal persona ya ha recibido con anterioridad todo aquello que le ha permitido llegar a ser lo que es, y si bien ha tenido que dedicarse a fondo y someterse a recia disciplina para adquirir ciertos hábitos, en el fondo, la posible hermosura de sus virtudes o cualidades de carácter tampoco es estrictamente debida a méritos propios. Si bien, Dios es amor, confiesa el apóstol Juan, y Él nos ha creado. Él conoce nuestras necesidades, incluso aquellas más profundas. Nos ha hecho así. Sabe que dependemos absolutamente de Él para cubrirlas. Pero además, como nos conoce y nos ha creado, sabe perfectamente de qué tenemos necesidad; es el único que puede ofrecernos lo que necesitamos:

amor inmerecido e incondicional. Ésta es nuestra mayor necesidad. Él nos lo regala, nos lo puede regalar, porque sólo Él es bueno, autosuficiente y sobreabunda en riquezas en gloria.

A un niño pequeño se le quiere por lo que es y tal como es, no por la utilidad de lo que hace ni porque demuestre ningún mérito. Se le quiere con ternura. ¡Qué rico! ¡Vaya ocurrencia! ¡Todos quieren comérselo! Pero por ley de vida las personas crecen y se desarrollan. Se espera de ellas que maduren y den de sí todo su potencial. Una vez que hayan recibido amor, estarán en condiciones de ofrecerlo. Gran número de personas desean ser apreciadas por su atractivo físico, pero en realidad sólo somos espejos que reflejamos la luz que recibimos. En el examen final, cuando se agote el curso de la vida, seremos evaluados por cuánto fuimos capaces de amar —o para ser más exactos—, hasta qué punto permitimos que el amor de Dios fluyera a través de nosotros hacia los demás. Por eso es necesario recibir y expresar de manera concreta el amor de Dios. Creer y afianzarse en él. Los niños, los adultos y los ancianos necesitan ser apreciados, aceptados, reconocidos, estimados e incluidos por los demás, especialmente por sus seres queridos. Cuando esto se realiza, la persona florece, se siente feliz, satisfecha, útil y segura de sí.

Cuando a alguien no se le expresa amor de una forma tangible, dudará de su valía. Cuanto menos amor experimenta una persona, menos valiosa y digna se siente. La falta de amor produce un rechazo real, imaginario o percibido. Afecta a la identidad de la persona. Quien la padece, tiende a desarrollar malos hábitos para captar amor e importancia, y también un deseo malsano de protegerse de las ofensas y el rechazo de los demás. A menudo intentará llenar el vacío de amor con cosas como la realización, el éxito, la ostentación, la acumulación de riquezas, la inmersión en el esfuerzo, el poder, las adicciones, la cerrazón egoísta e insensible, la independencia a toda costa, o sustitutos por el estilo. Pero nada que no sea genuino puede reemplazar a lo que es auténtico.

La carencia de amor puede causar conductas inmaduras y destructivas. El amor es esencial para lograr la salud espiritual del individuo, su sano equilibrio emocional, para desarrollar su personalidad y su verdadera identidad personal. La vida cobra sentido cuando el sujeto descubre que ha sido creado para amar a Dios y ser amado por Él. Todos necesitamos que nos expresen amor y aceptación de palabra y de hecho. Cuando el amor no está presente, surge una falta de importancia y de seguridad, de valor y de autoestima. Como dice Mike Riches, «la persona desarrolla, incuba, pautas de conducta o rasgos de personalidad torcidos e impíos para defenderse del dolor que originan las formas diversas de amor condicional o ausencia de amor incondicional».[3] Es decir, desarrolla mecanismos para captar amor, importancia, valor, dignidad, seguridad, y también un deseo enfermizo de protegerse de ofensas y rechazos.

La mayor injusticia que se puede cometer contra un ser humano es negarle el amor que necesita. Es como imponerle un castigo que le condena a ser trágicamente deficitario. Una vida que no recibe o no ha recibido afecto o amor en sus distintas modalidades está expuesta a recibir toda clase de mentiras acerca de la realidad, Dios, el mundo y su propia persona. «La carencia de verdad y de amor en una vida la empujan a desarrollar hábitos malos y destructivos que ocasionan muchos daños y perjuicios», dice Mike Riches.[4] Dios es amor y lo expresa en forma de relación. El hombre ha sido creado para aprender a amarle y ser amado —o dejarse amar— por Él.

Cuando a una persona se le priva de amor y de verdad, puede responder cultivando patrones o actitudes pecaminosas. Muchas veces la sociedad, la familia, los padres y otros allegados, no suplen esta necesidad fundamental, con lo cual, el individuo no se desarrolla en el ambiente más adecuado, o experimenta un crecimiento enfermizo, abrumado por carencias emocionales o afectivas, por lo que busca otros medios para llenar ese hueco que a menudo siente borrosa, confusamente, y procura ocuparlo acudiendo a cosas que no le pueden colmar ni satisfacer. Recurre a consuelos, alivios, mecanismos de defensa o de compensación. Y la mayoría de las veces, en vez de acudir a Dios, se refugia en sus propios elixires, escapes o placeres, aunque en lo más íntimo sienta que no es libre, que no puede conseguirlo de este modo.

El mundo sabe perfectamente que necesita amor. Lo busca con ahínco y hace todo lo que puede por conseguirlo. Va de acá para allá, prueba cosas, trata de experimentar, procura ser feliz. Pero no lo consigue. Muchos artistas, ricos y famosos, van de flor en flor, de pareja en pareja, buscando el amor ideal y cosechan fracaso tras fracaso. Otros se entregan al desenfreno creyendo que si destruyen toda ley, su conciencia logrará zafarse de toda culpa, remordimiento y restricción; serán libres por fin. Pero cosechan todo lo contrario: destruyen su alma, su conciencia, que es sagrada, sus cuerpos, y acaban siendo piltrafas humanas. En el fondo, necesitan amor, saben que quieren ser felices, pero no están dispuestos a recibir la verdad y buscan en el lugar equivocado. Lo que buscan lo pueden encontrar en Dios, en su profundo amor y misericordia. He aquí el inefable y trascendental descubrimiento. Pero muchos prefieren mantenerse en su obstinación, insistir en sus caminos egoístas y manejarse según su propio antojo y consejo.

EL AMOR COMO ACTO DE ABNEGACIÓN:

Paráfrasis de la definición del amor según Corintios 13.
El amor es sufrido, es un acto heroico, está dispuesto a pagar un alto precio. Es humilde, no es jactancioso; no se envanece; no tiene envidia; no se irrita; no guarda rencor; no se goza de la injusticia. Se goza de la verdad. Es benigno. No busca lo suyo, es servicial, busca el bien de los demás. No se busca a sí mismo, aunque no se excluye, pues también se ama. Es abnegado. Todo lo sufre. Todo lo cree. Afirma a los demás. Cree en sus posibilidades, en sus potencialidades, en sus dones. El amor es de Dios. Dios es Amor porque nos ama y nos pide que amemos con el amor que hemos recibido de Él.

El mundo ofrece sólo aceptación y amor condicionales. Los famosos, los triunfadores, reciben homenajes cuando visitan sus pueblos natales o localidades de origen. Reciben trofeos y homenajes por sus victorias. Además de estar bien pagados, según los escandalosos criterios actuales, por ejemplo, en el deporte o el cine, reciben premio sobre premio, galardón sobre galardón. En cambio, no le hacen homenajes al perdedor, al derrotado, al que llega el último. Así es el mundo. Ofrece amor condicional si le demuestras que vales, si consigues la victoria. Eres aceptado a condición de que otros puedan compartir de algún modo tu victoria, identificarse con tu proeza, dar a conocer, acarrear fama a tu pueblo natal, patria chica y país.

El amor genuino acepta a las personas tal cual son, sin condiciones. Afirma, imbuye seguridad y confianza, crea las condiciones necesarias para afianzar el desarrollo, el florecimiento de la persona y su personalidad. Proporciona estabilidad y equilibrio, hace aflorar potencialidades, dones y talentos. Induce a madurar. Asegura libertad. En suma, otorga vida y plenitud, imparte gozo y autoestima, ayuda a emprender proyectos, grandes aventuras y conquistas, enseña a amar, evita manipular y controlar a los demás. El amor crea, engendra libertad, nos hace libres.

Podemos afirmar con toda certeza y sin temor a equivocarnos que donde hay amor allí hay un pedazo de cielo, y donde está ausente, está presente el infierno. En el mundo actual el amor brilla cada vez más por su ausencia y el planeta se convierte cada vez más en un lugar frío e inhóspito, duro y extraño. No hay más que observar el carácter general de los hombres en los tiempos que corren. En cambio, donde hay amor hay paz, consuelo, afecto, calor y vida abundante. Cabe pues afirmar, sin lugar a dudas, que el amor es el principal ingrediente de la felicidad, la principal cualidad, la garantía de que uno no vive o no ha vivido en vano.

El amor inculca en las personas un sentimiento profundo de valor, aceptación, dignidad, importancia, autoestima y seguridad. Nosotros somos inválidas criaturas. Sólo eso. Pero Dios nos ha mostrado que debemos ser instruidos en el amor para asemejarnos a Él y ser canales de bendición para todas las gentes. El que ama está cerca de Dios. El cristiano está matriculado de por vida en la Escuela del Amor. Tiene que superar sus malos hábitos, actitudes y deseos, sus vicios y rasgos de carácter malsanos, pecaminosos, para aprender a amar con el amor de Dios. Ejemplo nos dio Cristo Jesús, que se hizo hombre para sernos modelo en todo.

El amor es lo más grande que hay. Es incluyente, capaz de responder a toda necesidad. El amor viene de Dios, es vivificador, dador de vida. El hallazgo del amor de Dios restaura e inyecta vitalidad. Dios nos pide que amemos para asemejarnos a su Persona y darle a conocer. Pero antes es necesario recibir y experimentar profundamente su amor. Ahora bien, sabemos que Él nos ama incondicionalmente, lo sintamos o no. Por ello, debemos buscar ocasiones para comprobar su amor, constante e inagotable, en la intimidad, y sentirnos después seguros para hacer otro tanto. El precio de una cosa depende de lo que alguien está dispuesto a pagar por ella. Si hay demanda, su precio sube; si no, su precio baja. ¿Cuánto estuvo dispuesto Dios a sacrificar por nosotros? Un precio máximo, para nosotros inconcebible: su propio Hijo Jesucristo.

El amor auténtico busca la perfección del ser amado. Ningún padre ni madre es feliz ni se siente contento cuando ve que sus hijos se hunden en el vicio y la depravación. Podrán aceptarlos tal cual son, pero anhelan que cambien y se regeneren. Desean su felicidad, pero, ciertamente, ligada a su perfección. No tan sólo que se lo pasen en grande a toda costa. Por eso flaco favor hacen los padres que suministran a sus vástagos todo lo que reclaman para atender a sus tiranos caprichos y dar rienda suelta a su voraz desenfreno. En el fondo, el amor auténtico busca y propicia el cambio, la dignidad del ser amado: que éste se convierta en objeto digno de amor. Así es el amor de Dios. O como dice C. S. Lewis: «el amor de Dios, lejos de ser causado por la bondad del objeto amado, es su verdadera causa».[5]

Nietzsche dijo que el cristianismo era una religión para los débiles, lo cual es un auténtico disparate, necedad supina, soberana ignorancia. Denota una soberbia rayana en la blasfemia y una miopía mayúscula, porque la esencia del cristianismo es el amor. Morir al yo supone arrestos de heroísmo. De ahí su superioridad manifiesta. En efecto, el amor es superior a todo. Lo sustenta todo. El amor es siempre heroico y abnegado. Se entrega por el bien de los demás. Es esforzado y valiente. Está dispuesto a correr peligros, a arriesgar la vida. Sabe sufrir, sabe sacrificarse. ¿Dónde, pues, asoma esa supuesta debilidad? Los ricos y poderosos de este mundo, los que triunfan y alcanzan sonados éxitos creen ser algo y no son nada. Son seres indefensos como los demás. Todos somos débiles y necesitados. Todos, criaturas dependientes. Todo lo recibimos por gracia, de manera totalmente gratuita. Pero ellos se creen superiores. Se muestran arrogantes, actúan con prepotencia, cuando en realidad, todo lo que son (que es bien poco) y todo lo que tienen (que es bastante) lo han recibido. Los dones y talentos de que tanto se jactan no son suyos. Dependen en todo momento, como los demás, pero son vanos y se enorgullecen hasta la saciedad. Lo que pasa, la única diferencia entre unos y otros, es que el cristiano sabe que es débil y necesitado. Se humilla, reconoce que toda su fuerza y todo su sustento proceden de Dios. El poderoso de este mundo —el necio—, sin embargo, cree ser algo, que él mismo se autoabastece y se basta. Cree en su autosuficiencia, en sus dones, en sus fuerzas, cuando todo lo ha recibido, lo recibe de continuo, y nada le pertenece. Cree que con su inteligencia y su buen hacer puede acumular dinero, que con su dinero puede comprarlo todo y cubrir todas sus necesidades, pero, en realidad, sólo puede comprar las más superficiales, y además, todo lo que tiene lo puede perder en una décima de segundo.

Según lo antedicho, cabe deducir que la vida es injusta. Los que han recibido menos amor, como los menesterosos, los desfavorecidos, los abandonados y los marginados —aunque no exclusivamente éstos—, son los que más amor necesitan. Pese a todo, sólo se trata de una injusticia aparente, ya que todos somos responsables, y cada uno lo es sólo de aquello que ha recibido, no de lo que no recibió. De ahí la inapelable necesidad de que un día se haga justicia, y la rabiosa actualidad —e inmutabilidad— de la parábola de los talentos.

Como dice Darrow L. Miller, todos «tenemos las mismas necesidades básicas: explorar nuestra personalidad, ser amados cual somos, usar nuestros dones y contribuir al bien común. Nuestros anhelos básicos son idénticos... Muchas personas carecen de oportunidades para explorar estas cosas y ofrecen sus dones al mundo porque son menospreciadas o tratadas como si no tuvieran nada valioso que ofrecer».[6]

Por eso exhorta san Pablo: «*Vestíos de amor, que es el vínculo perfecto*».

MENSAJE DE AMOR DEL PADRE

Yo te amé mucho antes de que fueras concebido, antes de que nacieses. Te sostuve en el vientre de tu madre. Me ocupé personalmente de tu crecimiento. Con ternura cuidé tu formación. Me gocé en ti. Hija, hijo mío, fuiste una imagen en mi mente desde la eternidad. Yo te imaginé y te creé. Decidí el color de tus ojos y de tu pelo; la estatura que ibas a alcanzar. Conocí el sonido de tu risa y el sabor de tus lágrimas. ¿Pensaste que eras un accidente, una combinación de genes al azar? Nada es accidental en el universo que yo he creado. Yo te conozco profunda, íntimamente, mucho mejor de lo que tú crees conocerte a ti mismo. Eres un hijo, una hija mía, irrepetible, muy especial. Yo estuve presente el día de tu nacimiento; te envolví con pañales de amor. Mis ángeles se regocijaron aquel día.

Yo vigilé tu crecimiento, te protegí de muchos peligros al acecho. ¡Cuán bien te guardé! Esperé pacientemente a que te dieses cuenta de mi compañía y me reconocieses. Pero no hiciste caso. Te llamé, pero no conociste mi voz. Fue muy doloroso estar tan cerca de ti y no poder hacer nada por curar tu llaga y tu dolor. ¡Si tan sólo hubieras clamado a Mí...! ¡Cómo pueden mis criaturas olvidarse de su Creador!

Hubo veces en que te acercaste un poco, y me alegré sobremanera en tales ocasiones. Me dispuse a derramar una lluvia de beneficios sobre ti. Pero los hombres te hirieron y pensaste que era Yo. ¡Yo, que nunca dejé de amarte! Incontables veces te extendí mi mano. Tenía la certeza de que la tomarías. Orquesté innumerables circunstancias tendentes a bendecirte y te envié pruebas de todas clases. Mientras tanto... anhelé y pacientemente esperé que te volvieras a Mí.

Tú fuiste mío, mía, desde el principio. Por mucho tiempo te tuve en el pensamiento. Pensé en lo feliz que serías cuando me conocieras y en cómo te bendeciría cuando me sirvieras gozosamente y fueras un testigo al mundo de mi gloria... Sí, Yo tenía grandes planes para ti. Luego, por causa de tus elecciones, porque no me conociste, tuve que permanecer a tu lado, en silencio, siendo ignorado, testigo de tu angustia y tu dolor. Mi corazón se quebrantó viéndote sufrir absurda, innecesariamente, y ese dolor se convirtió en un muro de separación entre nosotros que debía ser derribado si es que íbamos alguna vez a entablar una relación de amistad.

Entonces entorné mi rostro y le permití a Satanás enviar golpe tras golpe contra ese muro. Después de cada acometida, pensé: «Esta vez se desmoronará, sin duda, y se volverá a Mí. Ya no le queda nada a qué aferrarse». Y al final, así fue.

Yo te estaba esperando con los brazos abiertos el día de tu retorno. Me encontraba muy cerca, como siempre. Por fin, te hallé. Mi compasión por ti se inflamó. Lavé tu ropa sucia, andrajosa, y tu cuerpo polvoriento. Te vestí con túnica blanca y te cubrí con mi coraza. ¡Cómo me alegré por ti! ¡Ya no me importaba haber tenido que esperar tanto tiempo! ¿Puedes imaginarte el clamor gozoso que retumbó en el cielo la primera vez que oíste mi voz? ¿El festival que se ha preparado para el día de tu bautismo?

Satanás habrá de probarte ahora. Limítate a permanecer cerca de Mí y él nada podrá contra ti. Conozco perfectamente todas tus lesiones emocionales. Yo estuve presente en todas tus aflicciones y te protegí. Evité que muchas fueran más profundas. Cada herida dejó respectiva huella en Mí. Pero mientras Yo te sane y tú respondas a mi remedio, mis heridas serán también sanadas. Tu fe es como ungüento saludable a mí corazón —un corazón desgarrado y quebrantado desde la creación del hombre y la mujer sobre la tierra—. Tú eres mi pequeño; para Mí muy especial. Permanece cerca de Mí. Asimila mis enseñanzas. Oye mi voz. Obedece mis palabras. Conóceme. Hijo mío, hija mía, te amo.

Consejo y tutoría

Todos necesitamos modelos a imitar, personas que nos instruyan, nos aconsejen y nos ayuden a sortear las múltiples dificultades que nos depara la vida, especialmente cuando sobrevienen circunstancias adversas y somos conscientes de nuestra fragilidad. Todos los pueblos, sociedades e individuos estamos necesitados de buen liderazgo, de un buen pastor que nos guíe por lugares seguros, nos proteja, nos apaciente, nos consuele y nos brinde consejo sabio y prudente. Esta función la realiza Jesús a la perfección, pues no en vano Él es el Buen Pastor y nosotros ovejas de su prado. El que escucha el consejo sazonado de la experiencia aprende sabiduría y prudencia, mas el que sigue su propia opinión o, para el caso, la del insensato o inexperto, acaba siendo víctima de su propia necedad y tendrá que atenerse a las consecuencias.

Guía y dirección

Se hacen patentes en el siguiente relato:

EL PADRE PRÓDIGO

Cierto hombre tenía dos hijos. Cuando el menor aún era de tierna edad, se presentó un día ante su padre y le dijo: «Padre, dame la parte de tu tiempo y de tu atención, de la compañía y el consejo que me corresponden en herencia por ser tu hijo». El padre le oyó, pero no le quiso hacer caso. No muchos días después, recogió todos sus intereses, metas y ambiciones y viajó a una provincia apartada, a un país donde imperaban los bonos, las inversiones y otras muchas cosas que no interesan a los niños. Allí el padre desperdició hermosas oportunidades de brindar amistad a su hijo, de pasar tiempo con él e inculcarle los valores y principios necesarios para que, un día no muy lejano, supiera encarar la vida adulta.

Se justificó a sí mismo pensando que sería suficiente compartir su hacienda y hacerse cargo de sus facturas. Y envió a sus hijos a colegios de renombre, a famosas escuelas de arte y prestigiosas universidades. Los dos crecieron. El mayor se hizo un hombre de provecho, siguió las pisadas de su progenitor y no volvió a echar en falta su presencia. Y aunque padeció cierto déficit emocional, supo desenvolverse en su propio ambiente. El padre intentó convencerse de que estaba cumpliendo con su obligación, pero retuvo su vida para sí.

Cuando hubo malgastado lo mejor de su existencia y acumulado mucho dinero —mas fallado en conseguir auténtica satisfacción— sobrevino una gran hambre en su corazón. Comenzó a sentirse solo, sin amigos verdaderos y sin compañía. Entonces se arrimó a uno de los clubes del lugar y fue elegido presidente de una sociedad, jefe de cierto comité y representante de una legislatura. Y deseaba saciarse de la abundancia de afecto que otros disfrutaban, pero nadie le ofrecía verdadera amistad.

Un día, volviendo en sí se dijo: «¡Cuántos conocidos míos tienen hijos que les comprenden y se dejan comprender, conversan, se asocian con ellos y se sienten plenamente satisfechos en su compañía mientras que yo perezco aquí de hambre!». Me levantaré, iré a mis hijos y les diré: «Hijos míos, he pecado contra el cielo y contra vosotros. Ya no soy digno de ser llamado vuestro padre. Os ruego que me tratéis tan sólo como a un allegado...». Y levantándose, acudió a sus hijos. Y cuando aún estaba lejos, su hijo menor le vio y se quedó paralizado; y en vez de correr y echarse a su cuello, retrocedió y sintió hacia él aversión.

Entonces el padre le dijo: «Hijo, he pecado contra el cielo y contra ti. No he cumplido con mi obligación para contigo, y ya no soy digno de ser llamado tu padre. Te ruego que me perdones y me permitas ser como uno de tus amigos». Pero el hijo respondió: «Hubo un tiempo en el que anhelé tu compañía y deseé vivamente tu amistad, tu aviso y tu consejo, pero tú estabas demasiado ocupado. Necesitaba orientación y ayuda para ahondar en mi identidad y fortalecer mi autoestima, pero tú no me las ofreciste. Y ahora soy un manojo de inseguridad y confusión. No acierto a distinguir el bien y el mal, la verdad de la mentira. Carezco de brújula para orientarme en medio de este caos. Verdad es que conseguí información y obtuve consejos, pero errados, y hoy me arrastro a la deriva por los arrabales del mundo. Busqué el placer y la promiscuidad sexual para satisfacer mi necesidad de aceptación y llenar mi vacío interior, pero acabé hundido y consumido en el fango. Mi manantial se ha agotado. Caí en la droga; procuré la diversión; me ofusqué de ruido y de alcohol para acallar la voz de mi conciencia; traté de huir de la realidad, y he aquí que no soy más que un náufrago en cuerpo y alma y mi vida no tiene sentido, ni tampoco creo que tenga ningún valor.

El padre replicó: «Hijo mío, es demasiado tarde para ofrecerte lo que ayer darte no supe, pero juntos podemos reconocer nuestra perdición y el yerro de nuestro extravío. Admitamos nuestra maldad y acudamos tal como somos —y en el deplorable estado en que nos encontramos— al Único que nos puede devolver la esperanza y el gozo; a Aquel que, aun estando muertos, murió por nosotros y nos puede restaurar la vida, pues aunque estemos perdidos, Él nos busca con corazón compasivo. Dispongámonos a ser hallados. Confiemos en su bondad». En ese mismo instante, el hijo menor reconoció su ruina y se dejó rescatar del abismo. Pero el hijo mayor se creyó autosuficiente y no quiso aceptar las palabras compungidas de su padre.

SECCIÓN 4

VERTIENTE SOCIAL DE LA NECESIDAD

5

Necesidades sociales

El ser humano es un ser típicamente social que no puede sobrevivir sin mantener una estrecha relación con sus semejantes. Depende extraordinariamente de los demás hasta aproximarse a la edad adulta. No puede sobrevivir sin relaciones, ya que es el rasgo más específico de la persona. De ahí la profunda necesidad de interactuar con nuestros semejantes. Por eso nos sentimos profundamente alienados y angustiados cuando no somos aceptados, reconocidos y amados. La existencia, la satisfacción de la persona, gira en torno a la seguridad y la estabilidad que alcanza gracias al vínculo de sus relaciones sociales. La persona que fracasa en su relación con los otros corre peligro de verse envuelta en graves desórdenes emocionales. De ahí también que la apertura a los demás sea extraordinariamente importante para adquirir y mantener la salud mental y emocional.

Por otra parte, el individuo florece y prospera mejor en una sociedad madura, justa y equilibrada. Porque cuando se adapta y se integra socialmente, le resulta más fácil desarrollarse en todos los niveles. La sociedad se beneficia, y con ella, los individuos que la componen.

En realidad, todas las relaciones deberían ser gobernadas por lo que uno aspira a recibir de los que le rodean, o, por decirlo de otro modo, por lo que uno está dispuesto a ofrecer al prójimo. La regla de oro podría ser ésta: ¿Qué espero, qué necesito yo de los demás? ¿Cómo me gustaría que me trataran?

La máxima evangélica es clara: «Pórtate con los demás como deseas que ellos se porten contigo». He aquí una lista de actitudes que a todos, sin excepción, nos gustaría que los demás exhibiesen para con nosotros:

1. Que te traten con deferencia y respeto
2. Que te hagan sentir que eres una persona especial, importante, valiosa, sin que te adulen.
3. Que te consideren, te incluyan, te tengan en cuenta y no te den de lado.
4. Que se interesen por ti, y les caigas bien, no mal.
5. Que te aprecien y aun te tengan alta estima.
6. Que te acepten y no te rechacen.
7. Que te escuchen y no te ignoren.
8. Que te admiren y no te tengan envidia.
9. Que te ayuden y te apoyen; que no te pongan la zancadilla.
10. Que te enseñen y te adviertan de posibles yerros y peligros.
11. Que te animen y no te desalienten.
12. Que crean en ti y te ayuden a creer en tu persona.
13. Que te tengan afecto; que no te muestren inquina o indiferencia.
14. Que te comprendan y no te juzguen.
15. Que te aconsejen sabiamente.
16. Que no te critiquen, sino que te afirmen y establezcan.
17. Que minimicen tus defectos y no te los echen en cara.
18. Que te comprendan y empaticen contigo.
19. Que demuestren ser buenos amigos tuyos.
20. Que hablen bien, no mal de ti; que no hablen por detrás ni divulguen tus faltas o defectos.
21. Que te sean fieles y no te traicionen.
22. Que no te ofendan ni te engañen.
23. Que no te usen, ni te manipulen, ni se aprovechen de ti.
24. Que no te menosprecien.
25. Que no se burlen de ti.
26. Que compartan contigo cosas que tú no sabes: información, noticias, ideas, verdades, conocimientos, sentimientos, luchas, victorias, éxitos, fracasos…
27. Que te quieran conocer y te permitan conocerles.
28. Que te ayuden a ser tú mismo; que te ayuden a ser libre y ser como eres.
29. Que no te hagan sentir mal con su egocentrismo, pensando sólo en ellos, hablando sólo de sus logros y de sus historias.
30. Que te ayuden a descubrir tu potencial.

31. Que te ayuden a aprovechar el tiempo; que no te lo roben.
32. Que se alegren en tus éxitos, victorias, progresos, aciertos...
33. Que no te abrumen con sus problemas.
34. Que no sean mezquinos contigo, sino generosos, magnánimos de corazón.
35. Que no sean legalistas contigo, sino que exhiban amplitud de miras.
36. Que te enriquezcan de algún modo, sobre todo en la conversación, el carácter y la conducta que manifiestan.
37. Que te disculpen y perdonen.
38. Que te bendigan y oren por ti.
39. Que te ayuden a levantarte y no te hundan más cuando estás caído.
40. En resumidas cuentas: ¡que te AMEN!

Creo que ésta sería una buena guía para conducirse debidamente con los demás, para estimular y cultivar relaciones. Pero hay que tener siempre presente el principio de la reciprocidad, el de la siembra y la cosecha. Es decir, no se puede recoger lo que no se siembra. El que siembra mala simiente no puede recoger buen fruto. No cabe esperar que a uno le traten bien si él trata mal a los demás. Pero todos desean ser aceptados, aunque no todos están dispuestos a pagar con la misma moneda.

Ahora bien, si tenemos en cuenta que las personas somos libres y que se incurre en mucha ira, amargura, resentimiento y envidia (precisamente a causa de heridas profundas, no restañadas, o de malas decisiones cuyas consecuencias aún arrastramos —de las heridas emocionales nos ocupamos en el capítulo 3—), muchas veces nos volvemos crueles y vengativos, y en vez de buscar el bien procuramos verter mal sobre los otros, inyectarles nuestra ponzoña. Si esas heridas no cicatrizaron a lo largo de nuestra biografía, es muy probable que creamos que la vida nos ha tratado injustamente, y aun es posible que, en el fondo, así sea. Lo triste es que proyectamos infelicidad y desencanto sobre otros para que ellos compartan nuestra desgracia y auto-condenación, con tal de no sufrir nosotros solos nuestra miseria y auto-aborrecimiento, que a la larga nos arrastra a la auto-destrucción. Es decir, ellos serán como nosotros si les hacemos sufrir. No estaremos dispuestos a permitir que sean felices siendo nosotros tan desdichados. He aquí uno de los móviles más comunes de la maldad humana —la envidia y la venganza—: desear que el mal afecte a los demás, que no se limite a nosotros mismos. De ahí el asesinato sin motivo aparente, tan común en nuestros días.

De todos modos, resulta curioso que siendo tan exigentes en requerir estas loables actitudes de los demás, nos mostremos luego nosotros tan reacios, parcos y mezquinos a la hora de ofrecerles el mismo trato que creemos que nosotros merecemos. ¡Qué exigentes e implacables solemos ser con los demás y qué condescendientes y magnánimos para con nosotros mismos!

La pertenencia a una familia

Todos los seres humanos necesitan una familia unida y estable, basada en relaciones sanas, estrechas, en cuyo seno criarse, educarse y desarrollarse. La familia es la célula básica, irreemplazable, de la sociedad. Cuando está bien fundada y asentada en el matrimonio entre un hombre y una mujer ofrece a sus miembros afecto, seguridad, aceptación, amor, y un clima ideal para el florecimiento del niño hasta alcanzar su transición a la edad adulta. Pero es necesario que la familia esté bien unida y cohesionada, porque si está dividida y desestructurada puede producir efectos desastrosos. Esto es especialmente importante en el plano emocional y afectivo. Los efectos son palpables en los hogares mal avenidos. El niño necesita la estabilidad afectiva y emocional que le proporciona el seno familiar para desarrollar su personalidad y adquirir madurez y confianza.

El amor paternal o abnegado ejercicio de la paternidad

En la sociedad occidental es fácil ser padre biológico, pero escasean los verdaderos padres. El verdadero padre no sólo se ocupa del bienestar físico de sus hijos, sino que mantiene una preocupación genuina, se vuelca, se gasta, derrama su vida por ellos. El niño necesita atención constante de sus padres, recibir su amor expresado de múltiples maneras, pero, indefectiblemente, pasar tiempo con ellos, y tiempos de calidad; jugar, compartir ratos gozosos y de alegre esparcimiento. La relación paterno-filial debe basarse en la conexión emocional, la confianza, la comunicación y el acceso mutuo al corazón. Además, el niño necesita disciplina y firme corrección, ayuda para experimentar transformación, un ejemplo visible a imitar para crecer adecuadamente, desarrollar sus habilidades, talentos y destrezas latentes, para alcanzar la excelencia y optimizar su potencialidad. La mejor manera de llevar esto a efecto es pronunciando bendición, palabras de afirmación, consolidando el fortalecimiento de la autoestima, la identidad, la responsabilidad y el servicio.

Los hijos necesitan que sus padres se involucren profundamente en sus vidas y se entreguen totalmente a ellos; recibir atención en sus años formativos. Los padres deben procurar intencionalmente la madurez y el desarrollo integral de sus hijos, pero esto exige una abnegada y prolongada labor de servicio y compromiso en aras de una vida plena para su prole. Por eso el verdadero padre (y madre) se entrega en cuerpo y alma a la educación, la salud física y el bienestar emocional y espiritual de sus hijos. Y muchas veces habrá de hacerlo desde la soledad o la incomprensión, la abnegación y la renuncia, puesto que asume su vida como entrega y sacrificio por todos los miembros de su familia, no solo los más débiles. Y además, como cabeza de la misma, apoyado por su esposa y junto con ella, se dedica enteramente a los suyos para ofrecerles las condiciones idóneas que les permitan desarrollar su personalidad y cumplir su destino único y singular en la vida —no todos los caprichos y bienes materiales, sin esfuerzo— . Esta clase de padre comprometido, sacrificado y abnegado escasea más que las perlas, los diamantes y las piedras preciosas. De ahí que haya tantas familias disfuncionales y desestructuradas en nuestra sociedad, y tantas personas inadaptadas, emocionalmente heridas y disfrazadas con máscaras de toda índole: adicciones, incomunicación, placeres, exceso de trabajo y muchas otras.

Los niños necesitan recibir la afirmación de sus padres (varones) por los avances que hacen, los pasos que consiguen dar. Tienen hambre de recibir la aprobación paternal. Si no la pueden conseguir (en especial los varones), están expuestos a lanzarse a comportamientos autodestructivos o adictivos, uno de los cuales puede ser la dedicación al trabajo, porque a través de él el hombre cree que puede recibir afirmación, demostrar su valía o llenar el vacío y la inseguridad que siente. Desde luego, asumir este grado de responsabilidad no es fácil en una sociedad egoísta y un ambiente que ofrece constante evasión y escapismo. Sin duda, la mayor necesidad que tiene toda sociedad es este tipo de padre. Pero la paternidad es sumamente absorbente, por eso escasea tanto, por eso tantos padres renuncian a este maravilloso privilegio y —víctimas de su propio egoísmo— prefieren eludir su inmensa responsabilidad, ignorando adrede sus catastróficas consecuencias.

Gobierno y autoridad establecidos

Toda sociedad humana, todo individuo, necesita organizarse por razones de economía, eficiencia, especialización, complementariedad y servicio. Las instituciones civiles y eclesiales son necesarias, útiles y provechosas para toda sociedad que se precie. Garantizan o deben de garantizar su seguridad, defensa, justicia, economía, comercio justo, salud, instrucción, y prestación de toda clase de servicios sociales y asistenciales. Toda sociedad necesita y tiene derecho a un gobierno justo, ecuánime, responsable, diligente, eficaz, conocedor y cumplidor de sus obligaciones y custodio de los derechos y deberes que atañen a todos sus gobernados. Esta tarea puede ser ingente y sumamente complicada. Además, pueden concurrir otros factores que compliquen aún más su ya difícil función: catástrofes, coyunturas económicas adversas, pestes, ingobernabilidad, rebelión, corrupción (dentro y fuera del propio gobierno), crimen, delincuencia, terrorismo… por lo cual, todo gobierno debe ser humilde y honesto, prudente, discreto, y saber rodearse de buenos consejeros y colaboradores, es decir, de gente honesta, no de oportunistas y manipuladores.

De donde se desprende que es absolutamente necesario que los gobiernos actúen con honestidad y transparencia, rindan cuentas ante organismos competentes y sean tenidos por responsables de sus decisiones y su forma de actuar. Pues no deben gobernar ni actuar por sí mismos y para sí mismos, sino en nombre del pueblo y buscando el máximo bien de la nación.

La primera función de un gobierno no es intervenir en todo, ni regularlo todo, sino más bien garantizar el respeto entre los ciudadanos, la libertad del individuo, de pensamiento, sus creencias, la libre asociación, etc., respetar los límites convenidos, la ley establecida, la dignidad de las personas, el cumplimiento de los derechos y obligaciones sociales, combatir todo tipo de abusos (empresarial, bancario, sindical, gubernamental, de poder, de autoridad, apropiación indebida...) y contribuir a la defensa y protección de los más débiles, aunque esta responsabilidad no es de su exclusiva incumbencia. El Estado también puede y debe luchar contra la pobreza. Debe esforzarse por conseguir una distribución más justa de la riqueza, eliminar los gastos superfluos que suponen onerosa carga para sus arcas y desvío improductivo de recursos útiles que podrían dedicarse a afrontar verdaderas necesidades, velar por el respeto, la honestidad y la transparencia de los ciudadanos, el riguroso cumplimiento de la ley, y proporcionar, en la medida de lo posible, servicios como la educación en libertad de conciencia, la asistencia sanitaria universal, subsidios a los más débiles, etc.

Las relaciones humanas

El ser humano necesita compañía; se ve obligado innumerables veces a expresarse (ser oído) y escuchar (prestar atención), comentar, opinar, conversar, dialogar, comunicar, intercambiar ideas, compartir sentimientos, valores, afectos, anhelos, identificarse con otros, asociarse, pertenecer a un hogar, familia, club, agrupación, emprender proyectos, posicionarse frente a cuestiones vitales... Pero para comprender a otros es preciso conocerse a sí mismo. Si bien, uno se conoce a sí mismo gracias a las perspectivas que otros le ofrecen de su persona. Por eso es útil observar las propias reacciones, las causas por las que uno reacciona como lo hace, pues hay raíces que están envenenadas y es menester extirpar para ser libre y romper ligaduras que esclavizan. Sólo así se consigue la plena libertad.

La vida cotidiana demuestra que no podemos valérnoslas por nosotros mismos. Toda relación es un intercambio. Ningún hombre es una isla, por más que lo repitan machaconamente Simon y Garfunkel.[1] La experiencia personal lo confirma. Todos dependemos unos de otros. Y sólo podemos sobrevivir gracias al intercambio. Las debilidades y las necesidades que sentimos los seres humanos pueden ser constatadas muchas veces todos los días. Por ello es preciso reconocer que no podemos hacer otra cosa que recurrir a las superabundantes riquezas de la Divina Providencia más de lo que pensamos, aunque también a la ayuda de los demás. En este punto surge la siguiente paradoja: cuánto más fuertes nos creemos, más débiles somos. El talón de Aquiles de muchos personajes históricos famosos fue precisamente el creerse fuertes e invulnerables, es decir, fueron, en última instancia, sus cualidades, sus puntos fuertes, los que precipitaron su caída y les llevaron a la ruina. Los talentos, las cualidades de las personas, pueden producir en ellas un falso sentido de seguridad, dar pie al orgullo y a la autosuficiencia.

Interdependencia, comercio e intercambio de bienes y productos
La base de la vida social son las relaciones. Y como subconjunto de éstas, el intercambio comercial. Pero el intercambio de objetos no es una transacción meramente material. Abarca diversos aspectos éticos y morales: la honestidad, la justicia, la equidad, no abusar de posiciones de fuerza, etc. Todos ellos constituyen el fundamento del comercio, la economía, el desarrollo, la especialización...

Expresión y comunicación
El ser humano tiene necesidad de llamar a las cosas por su nombre, el privilegio y la facultad de hacer un buen uso del lenguaje. Precisa formular y expresar sus pensamientos y fabricarse una concepción del mundo basada en la realidad y la verdad. En general, a la hora de abordar la vida cotidiana, el lenguaje debe ser unívoco y representar adecuadamente los objetos y sus relaciones a fin de evitar la confusión y emitir mensajes claros y transparentes.

El hombre tiene necesidad de nombrar las cosas, de expresar sus sentimientos, de negociar con sus semejantes, y, si se me permite el sarcasmo, hete aquí que un día inventó la lengua; y movido por su necesidad, no ya la lengua, sino las reglas de la gramática. De suerte que aprendió a articular palabras, componer frases, expresar sentimientos y resolver parcialmente el problema de la soledad y la incomunicación que le aqueja. Más aún, aprendió a usar su propio idioma. Y como tuvo tantas dificultades en aplicar las reglas gramaticales que había inventado, recurrió a las excepciones. Y adaptó sus cuerdas vocálicas y hasta dispuso un espacio en su cerebro para almacenar las palabras y emitirlas, cuando fuera preciso, por arte de birlibirloque, como hace el prestidigitador cuando se saca un conejo de la chistera.

Manifestar y compartir pensamientos y puntos de vista

Toda relación humana se basa en la comunicación. La comunicación es intercambio, compartimiento de ideas, pensamientos, sentimientos, perspectivas y puntos de vista e interpretación de la realidad. Este compartimiento e intercambio define posturas, enriquece, es premisa inestimable para vencer el aislamiento, ahuyenta la soledad, acerca a los otros, ubica a la persona en el plano de la realidad y la sitúa sobre el terreno que pisa.

LA MORDAZA DEL SILENCIO QUE AHOGA

Vivimos en sociedades vulgares y superficiales hasta la saciedad. Se opina de muchas cosas, pero apenas se esbozan argumentos que valgan la pena; se comentan temas de actualidad que requieren análisis certeros, se dan multitud de opiniones intrascendentes, pero se escatima o se calla lo verdaderamente importante.

Alguien con aviesas intenciones, muy interesado en que callemos con un silencio cobarde, ha logrado hacernos creer, con sutileza pérfida, que las convicciones más profundas que sostienen el temple, la integridad de las personas, pertenecen al terreno de lo íntimo, lo individual, y que no se deben manifestar libre y abiertamente; que nadie se debe enterar de lo que uno verdaderamente piensa en su fuero interno, por temor al qué dirán. Según Nancy Pearcey, se ha extendido por doquier la pretensión de que la religión debe quedar excluida, encerrada en la esfera privada, mientras la esfera pública se seculariza cada vez más.[2] Pero ésta es una coartada rastrera, perversa, ya que ¿cómo se puede acallar la convicción más noble que motiva la existencia? ¿Cómo esconder el tesoro que sustenta el alma?

Jamás se oye a los sesudos expertos analistas de prensa y tertulianos que comentan temas de actualidad en los medios de comunicación, mencionar las causas esenciales que expliquen acontecimientos de otro modo inexplicables e iluminen la opaca realidad de las cosas. En vez de ello se calla, se escamotea lo trascendental, lo importante, lo espiritual.

Por ejemplo, no se indaga con seriedad acerca de la vida después de la muerte, casi nunca se menciona a Dios ni la eternidad, y cuando se mencionan, se hace tangencialmente, de manera casi burlona, o si bien se mira, irrespetuosa. En general, no se inquiere acerca del porqué del mal en el mundo y en la sociedad, del sentido profundo del dolor y del sufrimiento, de las verdaderas causas de la violencia doméstica o juvenil, de la injusticia o de la pobreza. Los noticieros, en el mejor de los casos, no son más que enumeraciones huecas e incoherentes de desgracias y frivolidades (o despropósitos), casi siempre de mal gusto.

Por ejemplo, se habla de los terroristas, se les llama bestias salvajes, pero no se profundiza en los resortes de la depravación moral que opera y domina en sus mentes y corazones. Rara vez se emiten juicios morales de calado. Cuando en las conversaciones cotidianas se trata de ahondar en el porqué de las cosas, en la interpretación que exigen los hechos, se tiende a guardar silencio. ¿Por qué nos comportamos así? El finado Jean Guitton pensaba que todo esto se debe al «peso de ese monstruo anónimo que se llama opinión... Cuando el adversario se resumía en un solo personaje... era posible desafiarlo. Pero ya no tenemos que luchar contra un tirano, sino contra una multitud confusa, cuya arma disuasiva no es un suplicio, sino el silencio».[3] ¡Hasta tal punto nos amordaza el respeto que tenemos a la opinión ajena, el miedo al qué dirán! El desaparecido Martín Descalzo decía que «ha surgido una especie de respeto humano, de pudor..., de que, en bien de la paz y del respeto a las opiniones de los demás, es mejor que no afloren cuestiones en las que podríamos no estar de acuerdo».[4] Y así resulta que guardamos silencio sobre las cosas verdaderamente importantes.

«El hombre contemporáneo sufre una especie de obsesión por «ser como todos, por no ser considerado un bicho raro... Todos queremos ser rebaño»[5], dice Descalzo.

Y Wenceslao Calvo, apunta certeramente: «Qué chantaje puede llegar a ser toda esta sutil argumentación que razona de esta manera: ¡Ah!, ¿entonces tú estás de acuerdo con esto? Luego... estás del lado de esos. ¡Qué poder de seducción tan enorme ejerce ese chantaje sobre nuestras conciencias, hasta el punto de dejarlas paralizadas! El miedo a que nos clasifiquen en categorías detestables es tan grande, que llegamos a preferir antes el silencio o la ambigüedad calculada que posicionarnos del lado de la justicia. El viejo temor al qué dirán sigue ahí hegemónico. Pensábamos que éramos independientes, que teníamos criterio propio, que no éramos como la masa borreguil, que sigue ciertos dictados sin saber muy bien por qué, y de pronto descubrimos que no somos diferentes. Que nos asusta ser considerados de cierta manera..., que no nos resulta indiferente lo que piensen de nosotros. Es decir, la cobardía no es sólo patrimonio comprensible de quienes viven bajo dictaduras férreas..., en democracia es perfectamente posible callar para no complicarnos la vida. O para salvar la conveniencia».[6] ¡Qué estrago tan terrible ha causado en las personas un sistema de pensamiento totalitarista que ha conseguido instaurar la ruindad y la mediocridad ambiental enarbolando la bandera del progreso y de la democracia! ¿Cómo es que una sociedad supuestamente democrática y tolerante —se supone que con los que discrepan— nos ha tendido esta trampa mortal para atenazar a todo aquel que se atreve a pensar de una manera diferente que no cae bien a la mayoría? De ahí que «se frivolicen las conversaciones y se vulgarice el mundo»[7], con lo cual el alma y el corazón quedan vacíos. Por eso dice Barrio Maestre que como no es posible vivir sin formarse criterios morales, sin dar sentido a la existencia, muchos han acabado acudiendo a los debates televisados.[8] Por eso mucha gente, después de una larga jornada de trabajo, al llegar a casa se refugia en el confort del hogar, se relaja ante la pequeña pantalla y se embota con grandes dosis de banalidad, que abunda hasta la saciedad en los programas de mayor audiencia. Y a un día de vacío espiritual absoluto sucede otro, y así se dilapidan las semanas, los meses y los años. Verdaderamente, la globalización del pensamiento, la uniforme mentalidad de las masas, ha llegado al extremo más repugnante. Es asombrosa esta cobardía ante el qué dirán. Por lo que a mí respecta, me avergüenzo de haber callado cuando debí no hacerlo; cuando debí poner el dedo en la llaga y llamar a las cosas por su nombre; cuando enmudecí a sabiendas de que podía arrojar algo de luz sobre cuestiones importantes que alguien suscitara. Lamento en esas ocasiones haber permanecido callado, justificándome, eso sí, con una buena excusa. Uno haría bien en preguntarse ¿dónde están los héroes, los esforzados, que se atreven a servir en la pequeña milicia de valientes y lanzarse contracorriente contra la estulticia institucionalizada?

Sospecho que la gran culpable de todo esto —a alguien habrá que echarle la culpa, digo yo— es la televisión. Por cierto, si hay algo que no es necesario, es la televisión. Consumida sin medida, indiscriminadamente, embota la mente, adocena y masifica. Su devastador efecto puede describirse de forma cáustica del siguiente modo:

Lamento del telespectador indolente

La tele es mi pitanza.
Mi filo se embotará.
Por inmundas dehesas
De miserables pastos
Me hará mendigar.
Enturbiará mi alma
Con heces de injusticia.
Por vereda espaciosa
Me arrastrará, cual res
Al degolladero.
Su vara y su callado
Azote me serán.
Me ofuscaré de sed.
Aunque en valle de sombra
De muerte ande, no temeré.
Al final, dará ya igual:
Consumida mi lámpara...
La vanidad, de cierto
Anidará en mi pecho.
De mi casa la ruina,
Sus vigilias,
Velarán mis noches
Todos los días.

EL LENGUAJE Y LA PALABRA

El lenguaje es una facultad maravillosa que ha sido concedida a distintas especies de seres vivos para relacionarse entre sí e intercambiar información. El lenguaje verbal es una facultad específicamente humana. La palabra es un elemento milagroso, articulador, espina dorsal de toda comunicación humana. Proyecta una potencia formidable: tremenda fuerza creadora y capacidad evocativa. Es un elemento esencial en toda relación interpersonal. Encierra germen vivificante o gusano destructor, según se emplee, al igual que todos los demás actos que ejecuta el hombre. La palabra escrita es, puede ser, una herramienta precisa, rigurosa, solemne y perdurable. Es el medio por excelencia para describir o interpretar la realidad y expresar emociones, sentimientos, deseos, fracasos, aspiraciones, anhelos, desengaños, en suma, toda experiencia personal, real o imaginaria, y toda vivencia espiritual, función inherente de la persona. La palabra es un vehículo idóneo para la comunicación. Y la palabra escrita es como si el verbo quedara cincelado en piedra, como el manejo de una materia dúctil y maleable, cuando la líquida tinta se adhiere al papel; fija y estable cuando se seca y el texto queda petrificado.

Afortunadamente, la palabra existe para consuelo del hombre. Y también la comunicación y su necesidad. Existen, pues, mensajes que comunicar. Gracias a Dios, por poder contar con un instrumento sutil, excelente y sublime capaz de expresar belleza, amor, tristeza, soledad, consuelo, pensamiento; con un soporte para las relaciones sociales; con la poesía, o palabra esencial, pura y descarnada. Importante debe ser también el mensaje, el contenido que se transmite, pese a que muchas veces quede reducido a mera forma, adorno de envase o superficialidad, pues la literatura, por ser el arte del uso de la palabra puede ceñirse a esta ensimismada función.

Los mensajes se pueden adscribir a distintas categorías de contenido. Por lo cual, es necesario que exista un mensaje integrador, fundamental, que incluya y dé sentido a todos los demás. Una razón última, absoluta, que los justifique a todos. Un mensaje superior y verdadero. Si esto así no fuera, no habría necesidad de comunicar nada, o la maravillosa perfección de esta facultad no se correspondería con un objeto digno de ser transmitido. La palabra no puede ser un hueco cascarón que retiñe en un inmenso vacío existencial y deja al hombre huérfano, perdido en un océano de sombras.

La razón de ser de la literatura es crear, fijar, instruir, educar, entretener, acompañar e indagar en la representación de todas las realidades posibles (gracias a ella); transmitir valores, reflexionar acerca de la condición humana, la vida, la muerte y nuestro paso por el mundo. El libro es un medio eficaz y único para compartir con el lector valores reales o ficticios, interpretar la realidad representada, dar a conocer formas de pensamiento, expresar contenidos mentales o espirituales, relativos al mundo, la sociedad, la persona o cualquier tipo de relación. Es también un medio idóneo para fijar y asentar el lenguaje, enriquecerlo y preservarlo, perpetuando voces para que no caigan en desuso en una lengua, por avatares históricos, por ignorancia del propio bagaje cultural que tiene un pueblo —o precisamente por la falta de lectura— y que conviene desempolvar antes de recurrir a la importación de vocablos extraños.

La literatura no es, no debiera ser un artículo de consumo para atiborrar la mente de confusión y abotargarla con fábulas que no despiertan o no invitan al lector a desear una realidad mejor o más bella. Debe más bien orientarle, sugerirle y alentarle en su búsqueda personal. No se pretende aquí menospreciar la importancia del esparcimiento, sino realzar la labor educativa que la lectura debe ejercer. El libro puede y debe ser el mejor amigo, la mejor guía que oriente e ilumine la senda de nuestra adolescencia y juventud con modelos estimulantes, valores ejemplares a imitar o admirar. En la quietud y el silencio, el ser humano encuentra el reposo necesario para leer y meditar, para acallar su alma y ordenar su casa.

¡Qué privilegiado es el ser humano por el hecho de disponer de la palabra, de la lectura y la literatura para expresar y comprender ideas y mensajes, más livianos o más graves, sin excluir nada que se pueda abarcar! No es un don cualquiera este, una facultad intrascendente. Es la capacidad que dignifica y eleva a la persona al nivel que le corresponde como criatura de Dios para relacionarse, entablar contacto y abrirse al mundo; para conocer y comprender otras culturas, a nosotros mismos, a nuestros semejantes; para recibir y emitir mensajes, no a ras de cotidiana supervivencia, sino cargados de la poderosa razón que justifica su existir. Para intentar comprender el mundo, para instruirse y orientarse. Porque la palabra bien usada ennoblece, ayuda al ser humano a ubicarse, a ocupar su sitio, a ser más sensible y más amable con los demás. Es más fácil amar, es imposible no hacerlo cuando se comprende. De aquí se deduce la necesidad de un mensaje fundamental. El hombre vive para conocerlo y manifestarlo. O lo que es lo mismo, la verdad existe. Es posible acceder a ella por la palabra: leyendo, libando néctares en el jardín de la literatura. Y el hombre cuenta con un recurso excelente para llegar a conocerla y proclamarla. Éste es el objeto de su vida y ésta ha de ser su meta. En el principio era el Verbo…

La educación

Los niños necesitan ser instruidos y educados desde la más tierna infancia para que su desarrollo sea el más adecuado; disponer de buenos modelos de conducta para formarse bien e integrarse lo mejor posible en la sociedad; desempeñar una función, prestar un servicio útil, participar en la cultura y de alguna manera influir en ella. Necesitan asimilar principios y valores morales para cimentar su comportamiento ético y moral, aprender a discernir y tomar decisiones responsables, de ahí que necesiten enseñanza y corrección, consejo sabio y prudente; que se les muestre el camino de la piedad, para que lo conozcan y anden por él; y sobre todo, que se les enseñe los mandamientos de Dios y se les inculque el amor a Dios, a su Palabra y a los demás.

Pero no todos (especialmente los que no tienen acceso a ella) son conscientes de esta necesidad, aunque padezcan los efectos de tal carencia. La familia o nación que cree en la educación e invierte en ella hace una magnífica provisión de futuro. Sabido es que el conocimiento, la ciencia, la técnica y la tecnología constituyen un excelente activo para la economía, el bienestar y la civilización de cualquier sociedad y nación. Pero estos recursos por sí solos no bastan. Los países con sistemas educativos avanzados y eficientes, aunque cuenten con escasos recursos naturales, son más ricos y disfrutan de mayor bienestar que los que abundan en materias primas pero carecen de infraestructuras educativas o sistemas educativos adecuados:

profesores, escuelas, universidades, centros de formación e investigación, etc. La educación es, pues, fundamental para responder a muchas necesidades humanas. Es decir, muchas necesidades serían cubiertas si los países contaran con medios y recursos y éstos se dedicaran a cultivar una buena calidad educativa. Pero la educación no basta. Ha de ir acompañada de los valores y principios bíblicos que enseña la Palabra de Dios. Ha de estar fundada en los mandamientos y en la sabiduría de Dios, ya que la educación no es, no puede ser un proyecto vacío de contenido. Y además, el hombre no es la medida de todas las cosas, como propugnaba Hobbes.

La indigencia moral de una educación decadente

El mundo contemporáneo parece estar sumergido en una crisis permanente. Se ve asediado por problemas formidables que siembran inquietud y angustia en las gentes. Pero, ¿qué es lo que se echa en falta? Hace ya tiempo que Occidente viene recogiendo el fruto amargo del árbol del relativismo moral y de la ausencia de valores. Para invertir esta espiral de decadencia se ha de tratar con la raíz del problema. La familia está siendo hoy objeto de un ataque sistemático. El grueso de la sociedad, los padres en general, han sido incapaces de inculcar en sus hijos valores o principios que ellos no recibieron ni vivieron. Se preocuparon en demasía, o casi exclusivamente, de procurarles cosas, bienestar físico y material. Pero los niños necesitan amor, confianza, respeto y disciplina. El ser humano necesita recibir instrucción y corrección a su debido tiempo. Los jóvenes no pueden adentrarse en un futuro incierto sin estar bien pertrechados. Muchos piensan que la elección de valores es abordable desde una opción personal, cuestión de gustos.

Desde esferas oficiales, políticas y educativas, se procura borrar los límites, las referencias morales. Se promueve esta actitud irresponsablemente, desde la oficialidad, por los que deberían dar ejemplo. Pero si no se dan esas pautas la juventud se hunde en el vacío más absoluto, acaba desorientada y perdida. Los propios jóvenes reconocen que la ausencia de límites o normas morales les ocasiona confusión; reconocen la necesidad de un norte que les ilumine y les muestre la senda a seguir. Muchos jóvenes no saben distinguir su mano derecha de su izquierda, moralmente hablando. Muchos de ellos, arrastrados por el desplome moral de esta sociedad hacen caso omiso a la Ley Moral, no quieren sujetarse a nada ni a nadie. Se muestran apáticos e indiferentes, cuando no contrarios, a todo lo que huele a religión o confiesa el nombre de Dios, sus estatutos y principios morales. La situación a que hemos llegado es tan angustiosa que los jóvenes necesitan urgentemente una alternativa a la falta de sentido de esta sociedad adocenada y materialista, que no está respondiendo a sus inquietudes más profundas. Más grave aún es que esta perspectiva miope se estimule desde la inexplicable permisividad de una sociedad a la deriva que no ha sabido transmitir a la nueva generación los valores que ella misma no conoció o no quiso vivir.

Resulta que cuando el joven no puede satisfacer sus inquietudes más profundas se siente estafado, defraudado, desencantado; tiende a rebelarse, a protestar airadamente, a expresar su pataleta de forma destructiva y violenta, a tirar su vida por la borda de la mediocridad. Los jóvenes no son meros consumidores. Por lo tanto, nefando servicio se presta a la sociedad tratando a las delicadas almas como si fueran robots deshumanizados, privándolas de lo que única, genuinamente, puede dignificarlas: la Ley Moral y los mandamientos de Dios.

«*Por sus frutos los conoceréis*», reza la conocida sentencia del Maestro, la cual sigue siendo rigurosamente cierta: «*todo buen árbol da buenos frutos, pero el árbol malo da frutos malos. No puede el buen árbol dar malos frutos, ni el árbol malo dar frutos buenos*» (Mateo 7:17-18).

Por todo ello, conviene analizar los frutos putrefactos que ha producido una educación que viene inculcando una interpretación subjetiva, relativista, de la escala de valores, y soslayando cuestiones e inquietudes que el hombre no puede eludir.

Barrio Maestre señala que «el afán de tantos por no imponer nada a nadie ha llevado a que varias generaciones de jóvenes no hayan tenido la oportunidad de oír nada serio sobre lo importante».[9] El único mensaje que han recibido es que los valores son subjetivos y que cada cual tiene los suyos —es decir, los que más le convienen—.

Así se exalta la tolerancia. Por cierto, se suele atribuir a G. K. Chesterton la máxima de que la tolerancia es la virtud del hombre sin convicciones. Pero la tan cacareada libertad de optar por valores a la carta no es más que una premisa hueca, ya que la moral no puede ser cuestión de gustos personales ni basarse en el capricho. Los jóvenes y adolescentes necesitan abrazar grandes ideales, causas dignas de todo su afecto. *«Amarás al Señor tu Dios con toda tu mente, con todo tu corazón, y con toda tu alma y con todas tus fuerzas»*, reza el Gran Mandamiento.

Las consecuencias de este planteamiento de la educación son catastróficas. El caso es que el ser humano no puede sostenerse sin principios sólidos, inconmovibles, sobre la realidad moral y el sentido de la existencia, por lo que acaba aferrándose a cualquier cosa, aunque a la larga le arrastre hacia el abismo.

Las sociedades supuestamente ¡avanzadas! están educando a sus adolescentes en la más absoluta irresponsabilidad; actualmente predominan el libertinaje, la indolencia y la impunidad en la enseñanza. Pero «las imprudencias se pagan... muy caras». Lo mismo sucede con muchos actos de la vida. Todos sabemos muy bien que a veces cometemos yerros, decisiones equivocadas, necedades, actos que, si bien, en principio, no parecen decisivos, a la postre lo son, y acarrean consecuencias a veces gravísimas. Otras son menos dramáticas, pero, a pesar de todo, dejan huellas que marcan para siempre. ¿Por qué entonces, si sabemos que las cosas son así, seguimos defendiendo a capa y espada, de una manera tácita o expresa, la impunidad? ¿Hay naciones tan ilusas que no se han percatado todavía de la candidez rousseauniana y se empeñan en creer que el hombre es bueno por naturaleza y sólo se corrompe por contagio social? ¿Y cómo es que conociendo los efectos devastadores de esta ingenua forma de pensar se intenta por todos los medios socavar la función integradora que la familia debe desempeñar en beneficio del bien común? Porque resulta evidente que difuminar los ya debilitados cimientos que sustentan a la familia no es sino arrojar piedras contra el propio tejado. Es como si a un edificio que corre peligro de ruina, en vez de apuntalarlo, se le sometiera a una mayor carga para acabar de hundirlo definitivamente.

La sociedad occidental se muestra totalmente incapaz de defenderse de la corrosión del mal. Si un gobierno se lanzara a una lucha implacable contra el terrorismo —o recortase algunas libertades civiles para servir a un bien común superior—, bien pudiera levantar ampollas en la opinión pública, que lo acusaría de violar los derechos civiles de los presuntos transgresores o de los ciudadanos de a pie.

Tal sesgo de la libertad por la pendiente del mal ha sido un proceso lento y gradual. Se remonta a un concepto humanista y benevolente del hombre que proclama que no hay maldad intrínseca que acose a la naturaleza humana. Según este supuesto, los problemas y defectos que hay en el mundo proceden de sistemas sociales imperfectos que deben ser corregidos. Pero el error está en la misma raíz que sustenta esta ideología. Porque todo depende de los supuestos de partida.

La cosmovisión que hoy prevalece en el mundo occidental nació en el Renacimiento y halló su plena expresión en la Ilustración. El hombre se proclamó autónomo, centro del universo. Esta forma de pensar no admite la existencia de mal intrínseco en el individuo ni contempla tarea más excelente que la consecución de la felicidad en la tierra. La civilización occidental moderna se asienta en la peligrosa tendencia de exaltar al hombre y sus necesidades por encima de todo. Todo lo que va más allá del bienestar físico y la acumulación de bienes materiales, todas las aspiraciones y anhelos humanos, de naturaleza más sutil y elevada son objeto de exclusión, como si la vida humana careciera de un destino superior. Esto abrió de par en par las compuertas del mal, el cual fluye hoy a sus anchas. Como profetizó Alexandr Solzhenitsyn, «nos amenaza un desastre que se ha venido incubando durante bastante tiempo… la calamidad de una conciencia humanista que renuncia a la espiritualidad y se declara irreligiosa…, perdimos… la posesión más preciosa: la vida espiritual… Ésta es, sin duda, la verdadera crisis».[10]

Es, pues, absolutamente indispensable revisar a fondo la escala general de valores humanos, ya que su presente invalidez es patente. La familia, la iglesia, el Estado y la escuela deben proporcionar a niños y jóvenes valores absolutos que les sirvan de faro para discernir la segura senda por la que han de transitar. La vida del hombre, de cada individuo, tiene que cambiar, ser transformada, para librarse de la decadencia y la destrucción.

El grave dilema que aqueja a las sociedades modernas se debe al abandono de una relación personal con Dios y sus principios bíblicos. ¿No hemos expulsado de nuestro medio precisamente a la fuente y razón de toda existencia, al Autor de la vida, de todo lo bello, noble y verdadero? Por eso las cosas no funcionan. Por ello es urgente una profunda regeneración, un rearme moral de la sociedad y de los individuos.

¿Puede acaso el hombre vivir de espaldas a su Creador e ignorarle olímpicamente? ¿Se puede medir la riqueza, el progreso de una nación, con criterios puramente económicos? ¿No es un crimen de lesa humanidad promover tal aberración en detrimento de su integridad espiritual? Ciertamente, el mundo se halla inmerso en una encrucijada histórica.

La celebración comunitaria y la manifestación de regocijo y alegría

Los seres humanos precisan manifestar júbilo, regocijo y alegría. No hay que olvidar que *«el de corazón contento tiene un banquete continuo»* (Pro. 15:15), y ya se sabe: donde hay banquete suele haber abundancia.

La risa, el jolgorio sano y el regocijo son como ungüento para los huesos y bálsamo para el alma. Desinhiben el corazón, desatan la cerrazón del alma y ayudan a abrirse a los demás. Por lo demás, un poco de vino ayuda a relajar la tensión de los músculos faciales.

Toda sociedad o comunidad necesita celebrar victorias, efemérides, enlaces, hitos, fiestas nacionales, conmemoraciones, y alegrarse conjuntamente, compartir su regocijo, sus tradiciones y sus costumbres. Pero pienso que está más justificada la alegre compañía que se congrega para alabar la misericordia del Señor y sus maravillas para con los hijos de los hombres, porque Él *«sacia al alma menesterosa y llena de bien al alma hambrienta»* (Salmo 107:9).

La pertenencia a un grupo social

Los seres humanos tienen por naturaleza instinto de pertenencia, sienten la necesidad de relacionarse, de formar parte de una comunidad, de agruparse y adherirse a organizaciones sociales. Tienden a identificarse con alguna agrupación cultural o deportiva, congregación religiosa, asociación o fraternidad; a participar, sentirse incluidos, sumarse a las actividades y obras benéficas emprendidas por alguna entidad o institución; a formar parte de empresas y grupos que comparten propósitos, objetivos, valores e intereses afines.

El desempeño de una función social útil

La antigua coletilla: «para que seas un hombre de provecho» expresa las bondades que derivan de un sistema que favorece la inserción profesional, la adaptación social del individuo que cubre una función específica útil y provechosa. De este modo la sociedad se beneficia de un clima de satisfacción y prosperidad general que engendra bienestar y desarrollo económico, social, moral y cultural. Desgraciadamente, las sociedades actuales no saben o no pueden aprovechar ni asimilar el inmenso caudal de riqueza humana que tienen a su disposición. Por otra parte, con frecuencia el individuo no sabe qué hacer para integrarse, adaptarse y realizar una función social útil, sobre todo desde el punto de vista profesional y laboral. De ahí las grandes masas desempleadas. Esto, sin duda, es un claro síntoma, un recordatorio de que algo va mal en la sociedad.

La buena fama y la reputación:

Esta es una buena cosa para vivir tranquilo, reposado, gozar de estima y admiración. Pero dado el hambre insaciable de amor y de aceptación, el hombre busca, por cualquier medio, estas cosas. Ahora bien, si su vida no es virtuosa, si no puede obtener la fama verdadera, que es hija legítima de la virtud, tendrá que granjearse la admiración del mundo por una hija ilegítima, por ejemplo, destacando en alguna destreza ante las que el mundo se postra. Si no hay nada en él digno de ser amado o admirado, tendrá que buscar la admiración de los demás exaltando vanamente su ego, reforzando su egolatría con cosas como el atractivo físico, la fama en el arte, la música (como culto al yo), el carisma, la habilidad en el deporte, el éxito en alguna empresa, o bien decantarse por el dinero, las posesiones o el poder que puedan acaparar sus manos. Es decir, buscará alguna forma de idolatría.

La justicia

Todos los seres humanos esperan ser tratados con equidad. Necesitan que se les haga justicia (en general, la exigen) cuando sufren, o se les trata injustamente, o son víctimas de cualquier abuso. Es más, las personas saben, se dan perfecta cuenta de que han sido tratadas injustamente, y contra derecho, que son víctimas inocentes por lo que respecta a infinidad de asuntos particulares. La constitución, el Estado y el gobierno deben de velar para que se cumplan los derechos mínimos inalienables. Cuando se comete una injusticia execrable contra alguno, la víctima, más aún, la sociedad entera, exige venganza. Reclama la actuación de la ley, los jueces, los tribunales, las instituciones, y en última instancia, la intervención de Dios, para que juzguen el vil atropello y castiguen la injusticia cometida contra tal persona. De ahí que no impartir justicia equivalga a fomentar el delito y la transgresión.

SECCIÓN 5

VERTIENTE PERSONAL DE LA NECESIDAD

6

La libertad

La libertad se puede definir (una de sus acepciones) como la capacidad de decidir el propio destino. Es libre aquel que puede escoger y tomar decisiones aun cuando esté sometido a algún tipo de coacción. Si bien el humano es un ser esencialmente libre, reconocido como tal por la Declaración Universal de los Derechos Humanos, se muestra intensa, dolorosamente indigente cuando pierde su libertad. Por otra parte, resulta obvio que su libertad es limitada. La herencia biológica, el seno familiar, el lugar de origen, la educación y la cultura recibidas son irreversibles, no se pueden elegir. Si bien es verdad que a determinada edad uno puede escoger su propio camino, o incluso renegar de su herencia o de su pasado, no es menos cierto que, en realidad, no los puede cambiar —aunque sí dar un viraje y cambiar de rumbo—. Podrá también disponer de mayor o menor capacidad de imponer su voluntad sobre sus semejantes, es decir, pueden darse distintos grados de libertad, pero a la postre, todos somos libres, aunque muchas personas en este mundo sufran injustamente tremenda coacción de opresores que intentan arrebatarles su libertad y su dignidad esencial.

Y es que el hombre no es producto de factores biológicos, psicológicos y sociológicos. No es víctima de sus circunstancias ni de las necesidades que le rodean, sino que siempre puede escapar a la influencia de factores externos —por agobiante que pueda ser la presión que le imponen las circunstancias que le oprimen—, y elegir libre y continuamente opciones más dignas, más nobles o más heroicas; siempre puede conservar su libertad espiritual y su independencia aun cuando puedan concurrir abrumadoras circunstancias adversas. Todo hombre y toda mujer han nacido para ser libres, ya que la libertad es el rasgo más distintivo y dignificante del ser humano. En el fondo, toda persona se va forjando a través de sus elecciones, decide a cada instante lo que prefiere ser, es dueña de su propio destino y acaba siendo lo que ha decidido libremente ser. No importa cuánta presión o coacción pueda sufrir un individuo para ser forzado a pensar o actuar de una manera determinada. Aunque la voluntad de las personas pueda ser minada, quebrantada, sometida a presión, acoso y tortura, y se pueda abrir brecha en la humana fragilidad, en lo más íntimo, la persona siempre puede decidir, aceptar o rechazar con libertad, aunque ello signifique un alto precio a pagar, y en ciertas circunstancias, tener que inmolar la propia vida para ser precisamente libre.

Según Amartya K. Sen, la pobreza es inversamente proporcional a la libertad, entendiendo por libertad el disfrute de una vida digna y sazonada de oportunidades. Para él, el desarrollo humano equivale a un proceso expansivo de libertades reales asentadas en el derecho, proceso que exige eliminar las principales causas que coartan la libertad, como la pobreza y la escasez de oportunidades económicas y sociales.[1] En este sentido, las libertades fundamentales serían las bases que sustentan los pilares del desarrollo, ya que el éxito y el desarrollo de una sociedad dependen de la libertad de sus miembros.

La libertad es un don sagrado, consustancial al individuo. Los actos humanos presuponen libertad para preservar la cualidad moral de los mismos. Es seguramente el rasgo más valioso y específico de la personalidad. La libertad dignifica al hombre, puede elevarle a cotas de máxima grandeza y heroísmo, pero también sumirle en la mayor degradación moral. El ser humano es libre en lo más hondo de su espíritu. Pero no puede ser privado de su libertad sin que resulte herida gravemente su dignidad como persona.

La libertad supone la autodeterminación del individuo. Ser libre implica poder actuar conforme a los juicios de la razón alumbrada por la conciencia: conforme a una escala personal de valores, ya someterse a una Ley, o valores universales, ya rebelarse contra los dictados de la razón y seguir los propios deseos.

Se cuenta que Diógenes espetó a Alejandro Magno que éste era siervo de sus siervos. El filósofo fue capaz de conquistar el temor, la lujuria y la ira; Alejandro, sin embargo, fue esclavo de estos tiránicos amos. A pesar de conquistar el mundo antiguo, no llegó a dominarse a sí mismo. Es, pues, evidente que el autodominio depende del libre albedrío de la persona.

Rousseau postuló que el hombre nace libre, aunque en todas partes se halla encadenado. Pero esto sólo es una falacia, ya que uno no puede escoger su herencia física a su antojo, ni el lugar ni la hora de su nacimiento, aunque pueda partir de todos esos factores en su proyecto existencial. Una libertad total, sin limitación alguna, es puramente utópica. Tal libertad no existe, pues todos estamos determinados de algún modo por la realidad en que nos movemos y por el tiempo en que nos ha tocado nacer y vivir. Por otra parte, la libertad no se logra de una vez por todas, sino que ha de ser conquistada cada día, en cada decisión, en cada uno de los actos morales.

Nicolás Berdiaeff notó acertadamente que la Iglesia de Cristo no está llamada a organizar la sociedad y vencer el mal por medio de la violencia, ya que «todo lo espera del florecimiento de una vida interior y espiritual, de la acción recíproca de la libertad humana y de la gracia divina».[2] Reconoce la libertad del hombre.

Y Filón de Alejandría dijo al respecto que las naciones del mundo se ven perpetuamente envueltas en conflictos con el fin de evitar la esclavitud y alcanzar la libertad: «La libertad es la más noble de las cosas humanas: no permitamos que se pierda… es la fuente y manantial de la felicidad y de ella fluyen todos los beneficios particulares».[3]

No obstante, aunque en todos los periodos de la historia los hombres hayan luchado por defender este bien tan preciado, por su propia naturaleza la libertad arrastra consecuencias, e implica responsabilidad. Por otra parte es obvio que la mera libertad no resuelve los problemas que plantea la vida humana e incluso crea otros nuevos.

¿CUÁNTO VALE UNA PERSONA LIBRE?

¿A cuánto asciende la libertad de una persona o qué está uno dispuesto a ofrecer por preservarla?

—A la una… a las dos… va. Adjudicado al caballero de la corbata verde —anunció el subastador—. Todas las posesiones de aquel hombre fueron subastadas, una por una: muebles, electrodomésticos, objetos personales, automóvil, casa… Finalmente sólo quedó él.

—Bueno, ¿qué ofrecen por este individuo? Se trata de un ejemplar singular de una rara especie…

Temblando de pánico, el hombre se despertó. ¿Cuánto habrían dado por él? ¿Tres dólares? ¿Diez? Tal vez. ¿A cuánto asciende el valor de un hombre? Seguramente no más de un dólar, en opinión de un químico que analizara los componentes orgánicos de su cuerpo.

El hombre —dicen algunos— no es más que un conglomerado de elementos químicos en una fase de la corriente evolutiva. Carece de valor y de propósito. Cualquier cosa que haga no provocará efecto perdurable, ya que todos nos disolveremos en el infinito.

Otros protestan horrorizados que el hombre es altamente valioso. Vale sencillamente porque es una persona.

En la fijación del valor del hombre subyace la cuestión que más debiera inquietarnos. Nuestros padres intentaron buscar el sentido de la vida. El hombre de hoy duda que ésta pueda tener algún sentido. La conducta y los hábitos actuales de la juventud, el aumento de la delincuencia, el consumo de drogas y alcohol, el abuso y la explotación de niños, la pornografía infantil, la corrupción, la falta de escrúpulos a la hora de amasar dinero, los malos tratos, la rebelión gratuita con sus graves secuelas de destrucción, las altas tasas de suicidio, revelan la desesperanza de los hombres de tropezar con el valor y el sentido de la vida.

Según el pensamiento moderno, materialista, acerca del origen del hombre, éste no es más que un accidente en un universo mecanicista. La materia y la energía han existido siempre. El universo llegó a existir mediante una serie de complicadas reacciones. Por azar, parte de la materia se convirtió en árbol y parte en ser humano. La única diferencia entre ellos es su forma y su complejidad. Un día usted se desintegrará y será como cualquier otra sustancia. Está químicamente determinado. El amor romántico, la elección y la moral son meras reacciones químicas. No tienen más importancia que un árbol o una roca.

Muchos científicos van aún más lejos y afirman que el hombre es una máquina altamente eficiente, interna y circunstancialmente determinada. Pero en la actualidad disponemos de potentes ordenadores capaces de realizar el trabajo mental de muchos trabajadores. Si el hombre fuera solamente una máquina podría permitir que éstas lo controlasen. ¿En qué se diferenciaría de máquinas carentes de personalidad, amor y moral? En nada, si él simplemente «ocurrió» en un universo mecanicista. Esto es lo que quiso decir el existencialista al afirmar que estamos condenados tanto por lo que somos como por lo que no somos.

«Dios ha muerto», predicó Nietzsche. «El hombre ha muerto», clama el hombre posmoderno. Nietzsche no quiso decir que una vez hubiese existido un Dios Todopoderoso, sino que hubo un tiempo en el que el hombre aún creía en su existencia. El hombre moderno no cree que Dios haya muerto recientemente, sino que por fin se ha dado cuenta de que la personalidad del hombre no fue más que una ilusión. La premisa que le confería valor era falsa. Hiciste el ridículo cuando dijiste a tu novia: «Te amo». Deberías haberle dicho: «Estoy experimentando cierta reacción química». Incluso en esta frase, el uso del yo sería altamente cuestionable. Estás muerto. No eres nada. Nunca exististe.

¿Está usted de acuerdo con estas afirmaciones? Si aceptamos el punto de vista moderno de que el origen de la vida fue impersonal, no nos quedan más que dos alternativas: 1) La vida del hombre no tiene ningún sentido, o 2) a pesar de llegar a esta conclusión, aferrarnos ciega e irracionalmente a algo mejor.

Primera alternativa: La vida no tiene sentido

La falta de sentido de la vida ha sido plasmada en las obras de muchos autores contemporáneos. Como de costumbre, los más sensibles a este predicamento del hombre moderno son los pensadores, los escritores y los artistas. Un número destacado de artistas sacudieron a la generación pasada aplicando a su propio campo las implicancias de esta asunción moderna. En otras épocas, por ejemplo, los pintores procuraban comunicar algo a través de sus obras. Pero según la asunción moderna, la comunicación ha muerto. Carece de sentido. Está desprovista de la fascinación que ejerció en el pasado. Ya no sirve para expresar el sentimiento ni la profundidad del pensamiento del alma humana; ha llegado a ser poco más que una máquina que transmite ondas sonoras. Con lo cual, queda tronchado el corazón de la comunicación.

El pintor británico Francis Bacon[4] dijo que el hombre se ha dado cuenta de que es un accidente, un ser completamente inútil que se dedica a jugar un juego sin sentido. Sólo puede intentar distraerse por un tiempo. La pintura, todas las artes, se han convertido en un juego por medio del cual el hombre se distrae.

En el campo de la música, el parisino Pierre Schaeffer recurrió al sonido distorsionado de su *musique concrète* para reflejar la precariedad de la comunicación. John Cage compuso su música casual bajo la convicción de que el azar y la indeterminación expresan de una manera más acertada el mundo-accidente en que vivimos.

Meursault, héroe de *El extranjero*, de Camus, llegó temprano en su vida a la conclusión de que ésta no tenía sentido. A medida que se acercaba la fecha de su ejecución intentaba consolarse con su cavilación cotidiana: le daba igual morir a la edad de treinta años que a la de setenta.[5] Consecuentemente, abordó el sentimiento amoroso a la luz de una total falta de sentido: «María vino a buscarme aquella tarde y me preguntó si la quería. Quiso saber si la amaba. Le contesté como lo había hecho otra vez: "que no significaba nada, pero que sin duda no la amaba"».[6] Camus resumió en cierta ocasión su dilema con una sola frase: «Todo lo que exalta la vida aumenta, al mismo tiempo, su absurdidad».

El teatro del absurdo avanzó un paso más y apuró la falta de sentido y el vacío de la existencia humana. En la obra *Esperando a Godot*, de Samuel Beckett, la vida queda reducida a varios personajes que esperan inútilmente a alguien que nunca llega y se entretienen manteniendo una conversación fragmentada e incoherente. El teatro del absurdo cesó de argüir en torno a la absurdidad de la condición humana y se limitó a presentar escenas tangibles que reflejan la absurdidad de la existencia.

Casi al unísono, la filosofía moderna, el arte, la música y la literatura proclaman que el hombre ha muerto. La vida no tiene sentido. Sobre el universo parece haberse cernido la angustiosa sombra anunciadora de «no hay nadie en casa» Ni un Dios ni un hombre real. Pero ¿cómo llegó el hombre racional y lógicamente a esta trágica conclusión? Esta pregunta merece una respuesta adecuada que aquí no podemos dar, pero detengámonos siquiera un instante en la historia de la filosofía. El factor unificador de la historia de la filosofía es el humanismo, la creencia de que el hombre puede, apoyado en su capacidad de raciocinio, concebir un sistema que explique el mundo que le rodea. El humanista, instalado en su optimismo romántico, creía que el hombre finito podía erigir, sobre los cimientos de su propio sistema de pensamiento, un castillo en el que refugiarse. La historia de la filosofía es una sucesión de fracasos por lograr este intento. Un filósofo sucedió a otro con renovadas esperanzas de ofrecer una respuesta satisfactoria. Pero llegó un día en que el hombre se dio cuenta de que era una tentativa imposible.

La historia de la filosofía se asemeja a un hombre que, hallándose encerrado en una sala en tinieblas, comienza a palpar a ciegas en busca de una salida. Si la habitación es muy grande puede dar muchas vueltas antes de llegar invariablemente a barruntar la terrible realidad. Pero al final se dará cuenta de que no hay salida. Cuando el hombre llega a esta conclusión filosófica, es consciente de que no hay esperanza, o bien se verá obligado a introducir una mutación en su noción de la verdad y el conocimiento. Es decir, tendrá que dar un salto hacia un romanticismo irracional.

Segunda alternativa: Un salto en el vacío

Esta mutación del pensamiento se hace evidente en la mentalidad de muchas gentes que, al sentirse acorraladas, admiten racional y lógicamente que la vida del hombre carece de sentido. Sin embargo, como nadie puede sobrellevar tal conclusión, como último recurso dan de lado a su lógica y se alientan diciendo: «Sé que no soy más que un accidente, que carezco de valor, pero no puedo asumir tal conclusión, de modo que daré un salto en el vacío, y, sumido en la oscuridad, me ceñiré el entendimiento con la esperanza de encontrar algo que pueda insinuarme un sentido». Pero racionalmente niegan la posibilidad de conseguir este propósito, pues la inflexibilidad de la lógica conduce al horror de la desesperación.

Aldous Huxley y Timothy Leary trataron de llegar al conocimiento de la experiencia religiosa mediante las drogas. El filósofo existencialista Karl Jaspers aspiró a la experiencia «definitiva». Todos ellos, profetas de un nuevo misticismo, fueron, en realidad, románticos. Julian Huxley, dio un salto similar en el vacío, pues pese a declarar que no hay Dios, afirmó la necesidad de aferrarse a la religión. Del mismo modo, los humanistas, aparentemente se preocupan por la humanidad pero no pueden dar una razón suficiente que les constriña a hacerlo. El comunismo también aseguró que la sociedad tenía valor, pero con arreglo a sus premisas, ésta es sólo un accidente en el universo, por tanto, su fe en la sociedad no es sino un salto en el vacío.

Algunos se han refugiado ciegamente en la teoría de la evolución, para intentar evadir el zarpazo mortal que les produjo el descubrimiento de que no son más que máquinas complejas. Tales personas se muestran bastante satisfechas con lo que la evolución ha conseguido hasta la fecha y miran el futuro con optimismo. Pero una ojeada más honesta discernirá que si el hombre no es más que producto de la casualidad, no tiene base sólida para creer que goza de libertad, que es capaz de amar, tomar decisiones morales, o tener valor real.

Fred Hoyle, quien fuera profesor de astronomía en la universidad de Cambridge, lo expuso de la siguiente manera: «Tales criaturas (los seres vivientes) no son más que máquinas ingeniosas que han evolucionado como productos extraños en un rincón solitario del universo…».[7]

Muchos objetan a este enfoque la excusa no válida de que «no les gusta reconocerse a sí mismos como máquinas…».[8]

Quizá el rasgo más extraordinario de nuestra existencia es que a pesar de que nuestras mentes son capaces de escrutar las leyes de un universo maravilloso, «seguimos sin dar con la clave con que descifrar nuestro destino».[9] «Aquí estamos, en medio de un universo grandioso y fantástico, sin apenas indicios claros de que nuestra existencia tenga un sentido real.».[10]

La fuente de la personalidad

Según la primera alternativa, la materia impersonal y/o la energía, más el azar o la probabilidad habrían producido el hombre. Pero este «individuo» estaría exento de personalidad. Esta alternativa propugna que la vida carece de sentido y de valor, lo que conduce a la desesperanza.

Según la segunda alternativa, la materia impersonal y/o la energía, más el tiempo más el azar habrían originado el hombre dotado de personalidad. No obstante, los partidarios de esta segunda alternativa admiten que no pueden sugerir ninguna vía para explicar cómo haya sido esto posible. Pues lo impersonal no puede producir lo personal. Sin embargo, hay una explicación del origen de la persona que responde a esta insuperable dificultad. Según este punto de vista, lo personal sólo puede provenir de lo personal. Un Ser Eterno y Personal creó al hombre a su imagen; es decir, el hombre es persona porque Dios es Persona. Dios piensa, siente, elige (entre opciones reales); el hombre también. Dios es un Ser moral. También el hombre.

Esta respuesta única al mayor dilema que acosa al hombre moderno no es en modo alguno una idea teológica de legado reciente. Nos fue dada hace unos tres mil años, en el primer capítulo de la Biblia: «*Entonces dijo Dios: Hagamos al hombre a nuestra imagen…*» (Génesis 1:26).

Muchos no están dispuestos a aceptar la doctrina de la Trinidad, pero ésta constituye la base de todo lo que el hombre considera valioso. Si Dios fuese sólo una Persona, no trina, habría estado solo antes que todo hubiese sido creado; no habría habido nada que Él amase salvo a sí mismo. Amarse a uno mismo no es precisamente la forma más sublime de amor. Pero Dios siempre ha amado con este amor. El Padre ama al Hijo; el Hijo al Padre; y así sucesivamente. Entre el Padre y el Hijo y el Espíritu Santo hay eterna comunicación (Génesis 1:26,27; Juan 1:1) y amor (Juan 17:5, 24). Este valor supremo ha existido siempre. Su raíz se halla en la esencia de Dios.

Dios creó al hombre con personalidad real. Los actos que éste ejecutase tendrían consecuencias reales. Fue creado con posibilidades reales de elección, no predeterminado por su composición química o el medio ambiente. Es libre de amar o de rechazar a Dios; de hacer el bien o de escoger el mal. Y optó por rebelarse contra Dios mediante una elección deliberada, no aceptando el lugar que como criatura le correspondía en el universo. El hombre quiso ser Dios. Pero como criatura no posee en sí mismo una existencia independiente, no introdujo un cambio insignificante como consecuencia de su desobediencia. Se hizo culpable delante de su Creador: un Dios santo e infinito. Si el hombre no hubiera podido rebelarse, no hubiera tenido libre albedrío para escoger entre amor y odio, entre el bien y el mal. Hubiera sido un robot. La vida hubiera quedado reducida a una base puramente material. El amor genuino no puede existir sin posibilidad de elección. Cuando el hombre ama no responde a un estado químico que le ha sido impuesto por un universo mecanicista, antes bien, opta por una elección real. Puede escoger amar o aborrecer.

Para que el hombre tenga una relación plena de sentido con Dios y con sus semejantes, debe contar con una libertad real, lo que supone la posibilidad de causar sufrimiento. Por tanto, el abogar por la exclusión del sufrimiento en el mundo corta de raíz toda plenitud de sentido. Si Dios hubiese programado al hombre para que no pecara, éste sólo hubiera sido una máquina.

El hombre escogió libre y deliberadamente el mal. Se rebeló contra Dios. Y recibió la retribución que correspondía a su transgresión. La justicia de Dios es absoluta; no puede ser quebrantada. El hombre pecador no pudo seguir disfrutando de una relación de amistad con un Dios santo. Menos mal que Dios, además de justo, es también perfecto en amor y misericordia. Amó al hombre y procuró una relación de amistad con él, por lo cual, proveyó un camino de retorno a todos los que se rindiesen y cesaran en su rebelión contra su Persona.

La salvación

En todos los sistemas teístas no cristianos, el hombre es supuestamente atraído a una relación con Dios, pero con pérdida de su justicia. En tales esquemas, Dios no sería justo y no habría una moral absoluta en el universo. La justicia sería violada si al pecador le fuera concedida una relación con Dios sin haber recibido previamente la justa paga por su pecado. El pecado del hombre es tan grande que el castigo que merece sólo puede ser satisfecho de dos maneras: 1) ha de sufrir por toda la eternidad, separado de Dios, o bien 2) el Dios infinito deberá hacerlo en lugar y en favor del hombre. Esto es precisamente lo que Dios hizo cuando Jesucristo visitó la tierra y ofreció su vida voluntariamente en la cruz. Mediante la muerte expiatoria de Jesucristo Dios ofrece perdón y reconciliación a todos los hombres. Todo aquel que reconoce su verdadera culpabilidad moral ante su Creador Personal, y confía en Cristo y en su obra acabada, queda absuelto de sus pecados. Su culpa es quitada y su amistad con Dios, restaurada. En esto consiste la salvación.

El hecho de que el pecado del cristiano haya sido borrado no le da luz verde para seguir viviendo como solía. El hombre que acepta el perdón de Dios muestra una nueva actitud ante la vida. Su rebelión cesó. Su anhelo es agradar a Dios y vivir honesta, íntegramente. El Espíritu Santo de Dios mora ahora en él y le capacita para estrenar una vida moral novedosa. Por otro lado, la caída significó una gran tragedia para la humanidad: todo quedó estropeado y arruinado por el pecado. Por tanto, la salvación no es sólo un hecho puntual de conversión: forma parte de la renovación y restauración de todas las cosas al estado original antes de la caída. Así pues, es preciso ser salvo, pero también colaborar con Dios en la continua restauración y redención de la creación.

Implicaciones sociales

¿Transforma la doctrina de Jesucristo a la sociedad? Cuando sus enseñanzas son verdaderamente puestas en práctica, tal modelo ejerce un efecto revolucionario sobre el individuo y sobre la sociedad en que vive. Esto quedó claro en los años que siguieron a su muerte y su resurrección, cuando sus enseñanzas fueron aplicadas literalmente y los testigos de aquel cambio afirmaron que los discípulos de Cristo habían trastornado el mundo (Hechos 17:6). Un creyente del segundo siglo escribió las siguientes palabras al emperador Antonino Pío: «Desde que fuimos persuadidos por la Palabra, nosotros, los que antes solíamos practicar artes mágicas, ahora nos dedicamos al buen y no engendrado Dios; los que valorábamos sobre todas las cosas la adquisición de riquezas y posesiones, ahora entregamos lo que poseemos para hacer causa común, repartiendo a todo el que tiene necesidad; los que nos odiábamos y nos destruíamos, o por tener distintas costumbres, no compartíamos un mismo sentir con gentes de otras tribus, desde la venida de Cristo cultivamos una relación buena y armoniosa, oramos por nuestros enemigos y procuramos persuadir a los que nos aborrecen para que vivan conforme a los sanos preceptos de Cristo, de modo que también ellos puedan ser copartícipes de la misma esperanza gozosa…».[11]

Por eso solo el cristiano puede dar una razón adecuada para luchar contra la injusticia social ante un reto de tal magnitud. Según la primera alternativa, la justicia social carece de todo fundamento, ya que nada tiene auténtico sentido. Con arreglo a la segunda, la justicia social viene a ser, en el mejor de los casos, un lamentable fingimiento.

Dado que el hombre ha sido creado a imagen de Dios es inmensamente valioso. Por tanto, el cristiano debería ser el primero en orar, pensar y actuar en nombre de la justicia social. Uno de los principales temas de debate en el mundo actual es la necesidad de una distribución más justa de la riqueza que garantice el disfrute de las libertades del individuo. Muchos censuran las miserias de un capitalismo que acapara y acumula riqueza sin escrúpulos mientras que más de la mitad del mundo sufre privaciones. Sólo el cristianismo ofrece una respuesta adecuada. El mensaje de Jesucristo es válido desde la libertad individual y aun demanda que el verdadero discípulo dé todo lo que tiene por el bien común. Incumbe a cada individuo discernir —sobre todo por medio de la oración— cómo puede ayudar a los demás de la mejor forma posible. No se trata, por supuesto, de entregar todo lo que uno posee al primero que pasa. Nadie es tan ingenuo. Los primeros cristianos, cuando experimentaban el gran amor de Dios, a menudo vendían sus posesiones y compartían el fruto obtenido con los pobres.

A muchos no les gusta recordar que Cristo, como buen realista, habló más acerca del materialismo que de otros muchos pecados graves. Y un nutrido grupo de creyentes está convencido de que amar al prójimo como a uno mismo debe incluir una preocupación genuina por el bienestar físico, mental y espiritual de un mundo sufriente.

Algunos cristianos pasan por alto las claras enseñanzas de Cristo acerca del materialismo señalando que Dios ha creado todas las cosas buenas de la vida para ser disfrutadas. Esto es rigurosamente cierto. Dios desea que «todas» las personas disfruten de todas las cosas buenas. Pero cuando el hombre se rebeló contra las leyes de Dios, sobrevinieron consecuencias reales. Una de ellas es que muchos seres humanos no consiguen satisfacer sus necesidades básicas. Por tanto, el móvil supremo del verdadero creyente no debe ser llevar un género de vida confortable en este mundo anormal, puesto que no ignora que hay grandes multitudes, también creadas a imagen de su Hacedor, que padecen necesidad. Cuando el mismo Dios vino al mundo en la Persona de Jesucristo abrazó la pobreza, ya que no tuvo lugar dónde reposar su cabeza. Todos los que escrutaron su vida entendieron que Él pensaba que éste era un mundo anormal y que amaba realmente al hombre con un amor capaz de sacrificarlo todo por ayudarle. Uno de los pecados más grandes del cristiano actual es vivir como si el mundo fuese normal y poner su mira en el disfrute de todos los placeres supuestamente legítimos de la vida, cuando más bien, por su estilo de vida y sus actos, debiera comunicar que es consciente de que vive en un mundo anormal.

Un ejemplo claro del gran sufrimiento que causa el fracaso del hombre por no discernir que ha sido creado a imagen de Dios lo vemos en la India. Se considera sagrada la vaca, mientras hay muchas personas hambrientas que rehúsan comer carne de animales que Dios les dio.

¿Qué patrón emplea el hombre para medir el valor de sus semejantes? Hay hombres que tratan a sus conciudadanos como si perteneciesen a una categoría inferior. El Corán, por ejemplo, enseña que la mujer es un grado inferior al varón.[12] Muchas personas, incluso en países civilizados, tratan a los miembros de otras razas casi como si fueran animales.

Francis A. Schaeffer, pensador, fundador de la comunidad L'Abri, confeccionó un esquema que refleja la posición que ocupa la naturaleza del hombre:

— Dios: *Ser personal e infinito.*

— Hombre: *Ser personal finito* con proyección a la eternidad (ocupa un lugar intermedio por lo que se refiere a la magnitud de su existencia).

— Animales, plantas...: *Seres impersonales finitos.*-

Dios posee dos tipos de atributos: de infinitud y de personalidad. Entre los de infinitud figuran su omnipotencia, su omnipresencia y su omnisciencia. Entre los de personalidad, están el pensamiento, el sentimiento y la voluntad. Solo Dios es infinito, pero creó al hombre a su imagen. De modo que, por lo que toca a su finitud el hombre está emparentado con los animales, las plantas y las máquinas. Pero en cuanto a su personalidad, está emparentado con Dios.

El cristiano sabe que ha sido creado a imagen de Dios. Los mejores esfuerzos humanos apenas hacen acatar la tolerancia entre las razas. Pero el poder de Jesucristo mueve al amor entre todas ellas y entre todos los individuos. En el Nuevo Testamento, Pablo encarga a Filemón no ya que tolere al esclavo, sino que lo trate como a un hermano amado, merecedor de todo su respeto.

La raíz de muchos problemas sociales se localiza en el corazón del hombre. Sean guerras, tumultos, pobreza, prejuicios o codicia, la necesidad más urgente es un cambio de corazón. Una mejor educación, el perfeccionamiento de los sistemas económicos, una mejor comprensión internacional tal vez puedan ayudar un poco, pero el clamor angustioso de esta hora es la necesidad de cambio en el corazón de los hombres. ¿Qué puede hacer cambiar al individuo que sólo vive para sí mismo y no mira por los que le rodean? ¿O al que está atado al alcohol, la droga o la perversión? ¿O al que se le ha inculcado que una raza (o país) es superior a otra?

En el cambio de mentalidad de la gente pueden influir muchos factores e intereses, pero fuerza capaz de convertir el corazón humano para abrazar el bien, el servicio y el amor, sólo hay una: se desata cuando la persona se arrodilla ante Jesucristo y le reconoce como Señor y Salvador. Millones de personas en todo el mundo dan testimonio de haber encontrado en Él poder sobrenatural para cambiar de vida. Ladrones, gente egoísta, con prejuicios raciales, pervertidos sexuales, jóvenes y mayores que se arrastraban por la vida a la deriva, sin ningún propósito, testifican que confiaron, se apoyaron en una roca firme y estable, no sobre endeblez de frágil voluntad humana, sino el auxilio de lo alto. El mismo Dios, por mediación de su Hijo, fue quien los libertó. «*Si el Hijo os libertare, seréis verdaderamente libres*» (Juan 8:36).

¿Por qué creer?

¿Cómo puede alguien defender que este razonamiento sea válido? Desde la perspectiva cristiana el hombre fue creado a imagen y semejanza de Dios, por lo cual, el raciocinio es una facultad humana esencial.

Dios ha ofrecido muchas razones para creer que la revelación de Jesucristo es verdadera. No se nos invita a creer simplemente porque ello vaya a resolver nuestros problemas y proporcione esperanza al que se halla sumido en una vida triste y absurda. He aquí parte de la evidencia que atestigua la veracidad del cristianismo: la sublime nobleza del carácter de Jesucristo confiere autoridad a su declaración de que es Dios encarnado. La resurrección de Cristo fue certificada por muchos que arriesgaron sus vidas para ser testigos de la verdad. Nunca se ha propuesto una teoría seria que niegue la resurrección y ponga en tela de juicio toda la evidencia de forma coherente. La Biblia, a pesar de haber sido escrita durante un intervalo de varios siglos por cuarenta autores de distinta condición social, constituye un conjunto indisoluble. Muchas personas, en todos los países del mundo, testifican que Cristo ha cambiado sus vidas de manera radical, absolutamente maravillosa y a veces increíble. Una de las razones de más peso que ayudan a creer estriba en las profecías detalladas que anunciaron a Cristo en el Antiguo Testamento. Ninguna de ellas ha resultado ser falsa. Muchos profetizaron acontecimientos futuros, pero ninguno, aparte de los escritores bíblicos, emitió jamás profecías detalladas que resultaran completamente ciertas, sin un ápice de error.

Uno de los rasgos más asombrosos de las profecías es que fueron emitidas por hombres y mujeres muy diferentes durante un dilatado espacio de tiempo. Ninguno pudo ver el marco completo de su cumplimiento futuro en Cristo; pero cada uno contribuyó con un fragmento. Esto se podría comparar con un grupo de diseñadores que compusieran las piezas de un rompecabezas sin que ninguno conociera la enigmática figura final. Y cuando colocasen todas las piezas resultase una imagen hermosa y compleja. Naturalmente, ello sería imposible sin una mente que dirigiese la operación conjunta.

El fenómeno de la profecía en el sistema judeocristiano no encuentra parangón en ninguna otra religión o filosofía. No hay respuesta satisfactoria que explique cómo puede haberse producido este fenómeno si no existiese un Dios personal e infinito que dirige toda la historia.

El Antiguo Testamento encierra un tema central que se puede dividir en cuatro partes y culmina en la persona de Jesucristo. Sin la cohesión que Jesucristo le da, su hilo conductor quedaría deslavazado, exento de esperanza. Esas cuatro partes son: 1. Dios es infinito y santo 2. El hombre ha pecado contra un Dios infinito y santo 3. El hombre es merecedor de castigo infinito como justa retribución de su ofensa a un ser infinito. 4. Dios atraerá a quien lo desee para que cultive una amistad íntima con Él.

Como el castigo debe ser infinito, el hombre finito sólo puede satisfacer la deuda de su culpa de una sola manera: sufriendo durante una equivalencia de tiempo infinita. Un conocido postulado básico en matemáticas afirma que un número finito debe ser multiplicado por otro infinito para dar un tercero infinito. El futuro del hombre es crudo, puesto que sólo puede encarar el porvenir como una eternidad de sufrimiento.

Sin embargo, los profetas del Antiguo Testamento, nos infundieron esperanza. Anunciaron que habría de venir Uno que sería verdadero Dios y verdadero hombre. Por ser infinito, Él podría satisfacer la necesidad de castigo infinito en un tiempo finito. Podríamos representar su sacrificio según el siguiente esquema:

Ajusticiado	Espacio de tiempo

El hombre (finito) x una eternidad (infinita) = castigo infinito

Jesús (infinito) x un tiempo breve (finito) = castigo infinito

Si el hombre tuviera que sufrir las consecuencias de sus propios pecados, su sentencia se alargaría por toda la eternidad, es decir por siempre jamás. Pero si acepta el sacrificio de Cristo, su sentencia ya ha sido satisfecha gracias a lo que Él hizo hace dos mil años cuando clamó desde la cruz: «*Consumado es*» (Juan 19:30).

Por medio del sufrimiento de Jesucristo, abundante provisión ha sido hecha para que el pecador pueda acercarse al círculo de una relación de amistad íntima con Dios. Aunque los profetas predijeron este plan, ellos mismos no pudieron ver cómo encajarían todos los detalles. Algunos de sus conceptos, tal como la deidad del Mesías, eran, de hecho, contrarios a la mentalidad judía de la época.

El hombre sensible responderá a este mensaje no con curiosidad intelectual, sino con piedad. El hecho de que cada persona sea real y moralmente culpable (no en un sentido meramente psicológico), por haber pecado contra el único Dios santo y eterno, debería provocar tristeza genuina en el individuo. El hecho de que un Dios Personal e infinito haya venido a la tierra en persona a sufrir para deshacer el pecado del hombre debería movernos a pedirle perdón y gracia para vivir la vida maravillosa a que Él nos llama. A. M. Toplady, compositor de himnos, expresó este pensamiento como sigue:

> Todo mi esfuerzo con manos y mente
> La justicia de tu ley satisfacer no puede.
> Aunque mi vivo celo tregua no conociese
> Y lágrimas de mis ojos por siempre fluyesen,
> Expiar nunca podría la inmensidad de mi pecado,
> Pues tú solo eres Salvador, y fuera de ti no hay nadie.

¿Qué ofrecer por el hombre?

Algunos de los más destacados pensadores contemporáneos responden: «No importa en modo alguno lo que por él se ofrezca: no vale nada; y lo demás tampoco». Otros conceden gran valor al ser humano. Pero si se ven forzados a justificar la razón de su optimismo deben admitir que han dado un salto de fe en el vacío, en contra de toda lógica.

El cristiano replica: «No hay dinero en el mundo con que se le pueda apreciar, *«Porque ¿qué aprovechará al hombre si ganare todo el mundo y perdiere su alma?»* (Mateo 16:26). El hombre refleja la imagen de Dios, por haber sido creado a su imagen, por tanto, tiene valor y dignidad incalculables. A diferencia de la concepción naturalista, que afirma que somos complejas máquinas bioquímicas, el cristianismo ofrece una concepción de la persona humana mucho más noble.

¿Cuánto ofrecería usted por él? Dios respondió entregándose a sí mismo. *«Porque de tal manera amó Dios al mundo, que ha entregado a su Hijo Unigénito…»* (Juan 3:16).

Cuando Jesucristo encaró la cruz, aclaró: «*Yo pongo mi vida... de mí mismo la pongo*» (Juan 10:7,18). Esto es amor verdadero. «*Nadie tiene mayor amor que éste, que uno ponga su vida por sus amigos*» (Juan 15:13).

Cuando se pregunte cuánto vale su persona, recuerde que debe apreciarse en relación a Jesucristo. Jesús no vino a ofrecer una vida religiosa a la moda, sino a restablecer las líneas de comunicación entre el hombre y el Dios personal, a restaurar entre la criatura (el hombre) y Dios (el Creador) la profunda relación de amistad para la que fue al principio creado. Vino a decirle que usted es una persona amada por Dios, maravillosa y extraordinariamente valiosa. A manifestarle que Él no deseó el sufrimiento que hay en el mundo: éste es más bien consecuencia de la rebelión del hombre, porque es real y moralmente libre: sus decisiones son trascendentes; vino a asegurarle que Él es justo y que no puede aceptarle si no está dispuesto a permitir que su pecado sea expiado y ocurra un cambio genuino en su vida; a morir por usted para que fuese aceptado, si es que se atreve a aceptarle a Él; a darle pasión por una vida santa; a ofrecerle una causa digna que inflame su anhelo de combatir el mal y alivie el sufrimiento y la falta de sentido que hay en el mundo. Vino a restaurar la confianza en la racionalidad y a pedirle que viva racionalmente. En sus propias palabras: «*Yo he venido para que tengan vida, y para que la tengan en abundancia*» (Juan 10:10).

Por desgracia, abundan los casos en que se priva a las personas de su excelsa dignidad como portadoras de la imagen de Dios, por ejemplo, la prostitución y la esclavitud sexual, el abuso y trata de menores, la pederastia, la explotación infantil, el aborto, el abandono de niños en orfanatos, el secuestro, la violencia de género, el homicidio, la explotación laboral, la discriminación por diversas causas: raza, sexo, clase social, pensamiento, religión, ideología política, inmigración... Y además, el tráfico de drogas, de armas, las guerras, la persecución, la corrupción, el latrocinio...

7

La realización y el desarrollo personal

La disciplina

No hay cosa que el hombre se proponga hacer en este mundo que valga la pena si se puede conseguir sin esfuerzo y disciplina. Toda meta digna de ser alcanzada supone algún tipo de penalidad en términos de esfuerzo, disciplina, privación, sacrificio y perseverancia. De donde se sigue que para ir en pos de un fin noble o superior haya que sacrificar muchas veces cosas que se interponen con el objeto pretendido, no siendo esenciales ni indispensables, sino más bien un estorbo para la consecución del mismo. No se puede perseguir la abundancia de todas las cosas, ya que dada la naturaleza de las mismas, muchas son entre sí excluyentes, o incluso contrapuestas. Es, por tanto, necesario elegir libremente entre dos o más opciones, es menester ordenar cabalmente la propia escala de valores, que no podrá organizarse ni apoyarse en la propia sabiduría o prudencia. Nadie es soberano para decidir cuál sea, o cuál prefiere que sea su escala de valores. Y como todo acto —toda elección— es de índole moral, será preciso además actuar con arreglo a una escala de valores morales. Así pues, la contundente realidad nos impone a todos este hecho incontestable: el que quiera perseguir metas prioritarias se verá obligado a sacrificar ciertas cosas consideradas de menor importancia.

La exploración y el descubrimiento.

En este punto diremos que hay necesidades latentes o vocaciones que se pueden fomentar o cultivar y que, una vez satisfechas, generan un deseo o apetencia que se proyecta hacia el futuro. Por ejemplo, el montañismo y la escalada a moles colosales como experiencia solemne y gratificante que mueve a ciertas personas a organizarse y enrolarse en aventuras costosas con tal de vivir experiencias grandiosas, sublimes: el descubrimiento y conquista de América, la conquista de los polos, la vuelta al mundo por mar, tierra, aire; a vela, en moto, bicicleta, o cualquier otro medio, la exploración de continentes y territorios remotos, el viaje a la luna... Se despierta un gusanillo, se atiza una añoranza. Si bien no son relativamente muchos los que cultivan este tipo de disciplinas.

Metas y objetivos:

Estos son como hitos o majanos que apuntan en un sentido, señalan el propósito (meta parcial o proyecto vital) que uno se propone realizar; si avanza en la buena dirección y se aproxima, o se desvía y se aleja del plan previsto; y si está dando los pasos convenientes para cumplir los objetivos que se había propuesto. «*Donde no hay visión el pueblo se extravía*» (Proverbios 29:18). El que no planea nada no se dirige a ninguna parte. Su vida discurre a la deriva, indolentemente; no tiene norte; cae en el sin sentido y el absurdo. Como último recurso, se limita a disfrutar de los placeres que puede arañar, aun a costa de los demás, pues su dignidad le trae sin cuidado y está dispuesto a abusar de todo aquel que se le ponga por delante o se deje embaucar por sus embustes.

La identidad y el destino:

A lo largo de su historia sobre la tierra el hombre siempre se ha cuestionado quién es, de dónde viene y hacia dónde va. La resolución de la incógnita de su identidad siempre fue para él un asunto prioritario. Además, dar con la clave del misterio de la vida supone aproximarse —acertar de una sola tacada— a una serie de cuestiones relacionadas con su existencia. El aforismo griego «conócete a ti mismo», incide en la necesidad que tiene el individuo de descubrir la propia identidad, sus límites, flaquezas y virtudes, su razón de ser, para comprenderse a sí y a los demás —como partícipes de la misma naturaleza—, lo cual, a su vez, le sirve de brújula para orientarse, encarar su vida como proyecto de futuro y tender hacia el objeto que la dé sentido.

El trabajo como servicio social, función artística...

El trabajo es una actividad o servicio a cambio de una remuneración. Todo trabajo digno es digno de un salario. Se trabaja a cambio de una contraprestación, que suele ser económica, susceptible de ser sustituida por cosas que pueden hacer frente a una larga lista de necesidades, aunque sólo sean provisionales. El trabajo es un medio de provisión que procura sustento. Aporta también satisfacción por los efectos que surte a cambio del esfuerzo invertido, cuando se hace con esmero y eficacia, y por el deber cumplido. El trabajo deja también una huella en los actos que ejecuta. Todo trabajo es digno de ser realizado si se presta como servicio benevolente a las personas y a la comunidad. Ejemplo: el servicio de recogida de basuras, limpieza de aseos, calles, etc. Podrá ser una actividad fatigosa y humilde, pero no estará exenta de dignidad. Ya dijo Salomón (Eclesiastés. 2:24) que *«no hay cosa mejor para el hombre, sino que coma y beba, y que su alma se alegre en su trabajo»*. Y para que no caiga en saco roto, vuelve a repetirlo (3:12): *«He conocido que no hay para ellos cosa mejor que alegrarse y hacer bien en su vida»* y también *«que es don de Dios que todo hombre coma y beba, y goce el bien de toda su labor»* (3:13). Lo cual equivale a decir que la mayor satisfacción que puede obtener el hombre en esta vida es disfrutar del rédito que le devenga su labor y realizarla bien, concienzudamente, hasta donde alcanza su eficiencia, y además, disfrutar haciendo la tarea que le gusta hacer para desarrollar al máximo sus potencialidades, su creatividad, y obtener máximo bienestar para todos.

El trabajo como medio de provisión para la familia

Una de las formas en que se manifiesta amor a la familia es proveer para su sustento y cubrir sus necesidades. Se trata, por tanto, de una provisión a nivel básico. Por encima de este nivel conviene tener en cuenta las provisiones típicas de la paternidad y la maternidad: orientación y guía, instrucción y enseñanza, exhortación, afecto, consuelo, comprensión, corrección, disciplina, afirmación, en suma, todas las facetas que engloba el amor paternal. Cabe añadir que la familia es el ambiente ideal donde todas ellas se suplen o se deben suplir.

NECESIDAD DE REALIZACIÓN

El buen uso del tiempo

Si bien se piensa, el reloj de la existencia es inexorable. Y aunque la vida brinde buenos ratos, alegrías y placeres legítimos, pocas satisfacciones más íntimas experimenta el hombre que la de aprovechar bien el tiempo que le es concedido, para madurar, perfeccionarse, ayudar a otros y dar sentido a su vida proyectándola hacia los demás. Es como invertir bien la riqueza que uno dispone y sacar el máximo provecho, aunque no sea precisamente —o no sólo sea— material.

La creatividad

El trabajo puede ser creativo, puede concebir, moldear —mediando esmero, excelencia e inspiración— objetos bellos, hermosos, dignos de admiración. De ahí que la obra creativa sea el trabajo que más satisfacción produce. Aunque la obligación de trabajar, de tragar el polvo del esfuerzo penoso, el tedio y la monotonía intrínsecos al trabajo provienen de la maldición bíblica, consecuencia de la desobediencia del hombre, el trabajo creativo dignifica, entretiene, construye y embellece porque es imaginativo, novedoso y, en buena medida, original. Cada vez que el hombre crea imita el modelo y actúa a semejanza del Creador Supremo y Artista Principal.

Los sueños

Hay un tipo de sueños que no buscan evasión o entretenimiento. No se proponen como meta dulcificar la realidad para que resulte más llevadera, sino trascenderla, sublimarla. Los que abrazan ese tipo de sueños están dispuestos a pagar cualquier precio con tal de realizarlos. Pues muchos no se conforman, no pueden soportar una vida vana, gris, trivial y monótona, sino procuran una vida plena, sazonada, venturosa y apasionada. Pero la mayoría de las personas no se proponen buscar este tipo de vida, ni siquiera se la plantean. Prefieren comodidad, seguridad, gregarismo, disfrutar de los pequeños placeres de la vida. Aquellos, sin embargo, ansían colmar su vida con una causa excelente, magnífica. Desean invertirla en algo que repercuta en los demás, forjarse un destino digno e irrepetible:

agradar a Aquel de quien su vida pende y obedecerle en todo porque saben que su vida sólo tiene sentido en Él. Buscan lo que anuncia Romanos 2:6-7: «*...el cual pagará a cada uno conforme a sus obras: vida eterna a los que perseverando en bien hacer, buscan gloria y honra e inmortalidad*».

No se preocupan de arañar notoriedad para sí mismos ni de realizar grandes proezas, ya que no es fama ni renombre lo que les mueve. Saben que su bagaje es modesto; son conscientes de sus limitaciones, por eso se refugian en la virtud, bajo las alas de Dios. Estas personas no viven para sí, ni para labrarse una reputación a toda costa, sino que anhelan reforzar su buena conciencia, olvidarse de sí mismas, cumplir su destino y dedicar su vida a una causa noble, por humilde que pueda ser su origen. «*Y decía a todos: "Si alguno quiere venir en pos de mí, niéguese a sí mismo, tome su cruz cada día, y sígame. Porque todo el que quiera salvar su vida, la perderá; y todo el que pierda su vida por causa de mí, éste la salvará"*» (Lucas 9:24).

La ilusión y la imaginación

La ilusión, en su acepción positiva, es «la alegría o felicidad que se experimenta con la posesión, contemplación o esperanza de algo».[1] Dice Julián Marías que «sin ilusión no es posible la felicidad»; más aún, que «la felicidad consiste en ilusión».[2] La imaginación es la facultad por la que el espíritu concibe, se representa en el presente, cosas existentes o figuradas, reales o ideales. Es un don que adorna y ennoblece la creatividad humana. Desde luego, todos imaginamos algo. A veces una porción muy exigua. Por lo general, en las escuelas y centros educativos apenas se enseña a imaginar. En cambio, abundan los mensajes e imágenes que embotan, contaminan y corrompen esta facultad. La imaginación se alimenta rumiando temas nobles y grandes ideales: relatos bíblicos, poesía, música y literatura clásicas... Por ejemplo, la lectura oral de padres a hijos crea vínculos afectivos y desarrolla la imaginación. Jill Thrift y Elizabeth Youmans la designan «don divino de la maravilla»,[3] y afirman que «el ejercicio más sublime de la imaginación es responder a Dios en admiración reverente, contemplar su hermosura, su majestad, su gloria y ser transformados a su semejanza».[4]

SECCIÓN 6

VERTIENTE ESPIRITUAL DE LA NECESIDAD

8

Necesidades morales y espirituales

Convicciones y creencias

Los científicos y estudiosos del comportamiento humano se han preocupado excesivamente de las necesidades físicas y sociales del hombre y han soslayado sus múltiples y profundas necesidades específicas, es decir, el ámbito de su necesidad espiritual o de significado. Pero la persona no puede quedar reducida al plano de la bestia. Tampoco le basta con aprender (supuestamente) a relacionarse con sus semejantes y vivir en armonía con el prójimo. No se puede mutilar la realidad espiritual de la persona sin que ésta sufra una gravísima pérdida, su noble esencia, su rasgo más específico. Los seres humanos precisamos dar coherencia y sentido a la vida, descubrir nuestra identidad, forjar un propósito integrador, una escala de valores para orientarnos y encaminarnos hacia nuestro destino.

No se puede reducir toda actividad o comportamiento humano a la mera satisfacción de una larga serie de necesidades, aunque haya que reconocer, desde luego, que éstas son poderosos motivadores. Podemos correr el riesgo de simplificarlas en demasía. Pero no cabe duda de que constantemente actuamos para satisfacer hambres y apetitos de muchas clases, aunque malinterpretemos su naturaleza y adoptemos métodos equivocados para satisfacerlas.

De ahí la recomendación del profeta Isaías:

> «¡Venid a las aguas todos los que tengáis sed! ¡Venid a comprar y a comer los que no tengáis dinero! Venid, comprad vino y leche sin pago alguno. ¿Por qué gastáis dinero en lo que no es pan, y vuestro salario en lo que no satisface? Escuchadme bien, y comeréis lo que es bueno, y os deleitaréis con manjares deliciosos. Prestad

atención y venid a mí, escuchadme y viviréis. Haré con vosotros un pacto eterno...» (Isaías 55:1-2, NVI).

«Pero el que beba del agua que yo le daré, no volverá a tener sed jamás, sino que dentro de él esa agua se convertirá en un manantial del que brotará vida eterna» (Juan 4:14, NVI).

«Yo soy el pan de vida —declaró Jesús—. El que a mí viene nunca pasará hambre, y el que en mí cree nunca más volverá a tener sed» (Juan 6:35, NVI).

Los cristianos están convencidos, saben por experiencia, que su fe puede colmar el grueso de sus necesidades mejor que ninguna otra cosa a la que asirse en esta vida. En realidad, no hay ninguna otra cosa que sea firme, no hay nada más estable sobre qué apoyarse.

En todo caso, la vida es contingente, nos arrastra a toda clase de situaciones más o menos dolorosas ante las que nos vemos obligados a reaccionar. Hemos de adaptarnos al cambio, el sufrimiento, las pérdidas, e incluso a vientos favorables. La infinidad de circunstancias aleatorias que se suceden en la vida escapan a nuestro control. Cada situación acarrea su propia dosis de contratiempos y dificultades que debemos sortear, y de factores favorables que debemos aprovechar y tener en cuenta. A decir verdad, el devenir de la vida no depende de nosotros, escapa por completo a nuestro control. Nadie conoce a ciencia cierta su futuro. A todos nos pueden sobrevenir situaciones imprevistas que incidan en nuestros planes, pues toda vida está plagada de incertidumbre. En realidad, lo mejor que podemos hacer es echar mano de Dios y de su gracia abundante para poder sobrellevar cada lance y salir airosos en cada circunstancia.

En realidad, las personas suelen ignorar cuáles son sus necesidades más profundas. Por eso buscan con ahínco por acá y por allá, palpan, barruntan, pero no encuentran. Cometen locuras e insensateces, se mueven a tientas, se meten en apuros, transitan por veredas retorcidas, se complican la vida innecesariamente, por si logran dar con lo que buscan. Pero el único que conoce nuestras necesidades genuinas es Dios, pues Él nos ha creado, nos conoce íntimamente y sabe al detalle de qué adolecemos, cómo y cuándo satisfacer todas esas cosas. Ciertamente, Dios sabe en qué consiste la necesidad humana, por tanto, si alguien desea saber realmente qué es lo que necesita, lo mejor que puede hacer es preguntárselo, porque a Él le encanta responder a nuestras peticiones si cumplimos las condiciones estipuladas. Sólo Dios puede dar a cada uno lo que necesita. Jesucristo es el Pan de Vida que sacia toda necesidad.

El sentido de la vida

El hombre necesita orientar su existencia, saber a ciencia cierta quién es y hacia dónde se dirige; qué es lo que quiere, lo que anhela, a qué aspira, cuál es el objeto, la meta, el destino de su vida; qué desea hacer con su vida como proyecto existencial y de futuro; de dónde viene: recordar su origen y su historia individual y colectiva. Todo ello constituye el propósito que da sentido a su vida.

Para que la vida merezca ser vivida, se ha de perseguir un objeto grande y digno que cautive la imaginación y se adueñe de nuestra lealtad. El cristiano tiene un ideal que ningún otro tiene. Porque, ¿qué objeto más digno, grandioso y atractivo puede haber que conocer a Dios? Por eso precisamente ordena el primer mandamiento amar a Dios sobre todas las cosas.

El sueño o propósito que da sentido a la vida es la posibilidad de imaginar un futuro que actúa de motor en el presente y suple esperanza para el mañana: dar con una meta noble hacia la que proyectar la vida. La gente necesita algo más que estómagos llenos y la seguridad que ofrece una estabilidad asentada en la rutina. Ha de buscar un propósito que corresponda a su hambre espiritual, como también a su hambre física; una cosmovisión que además de ofrecer esperanza de una mejor vida sobre la tierra garantice vida eterna. Necesita un propósito superior que exceda con mucho la satisfacción de sus necesidades básicas. La gente en todas partes busca un ideal por el que vivir y morir, un propósito digno de su entera devoción.

José Ortega y Gasset previó con claridad profética que la vida tiene que estar dedicada a algo, de lo contrario «caminará desvencijada…por no tener a qué entregarse».[1] Y es que la vida no puede quedar vacía, ha de llenarse con alguna cosa, ya que «vivir es ir disparado hacia algo, es caminar hacia una meta».[2]

La esperanza

La esperanza es la certeza, la absoluta confianza y el anhelo indubitable de que algún día algo hermoso se cumplirá y se hará realidad. El corazón del hombre necesita consuelo, aferrarse a la esperanza para no zozobrar, para superar las pruebas y dificultades de la vida, para mantenerse a flote, para conseguir la paz consigo mismo y con Dios. La esperanza es consuelo porque se apoya en la única confianza posible: un futuro brillante basado en las promesas de Dios. La esperanza es como una energía o impulso vital que sustenta la existencia, que asimila, metaboliza y encarna la excelsa doctrina de Cristo. La esperanza no es ignorancia voluntaria, ni huida de la realidad, ni deseos vaporosos o indefinidos, ni duda o vacilación, sino plena confianza en Dios. La esperanza es una proyección hacia el futuro, garantía, seguridad completa en el destino. Se espera lo que no se ve, porque lo que se ve ¿a qué esperarlo? (Romanos 8:24; Hebreos 11:1).

Seguramente que hay muchas clases de esperanza, pero nos limitaremos a mencionar de refilón algunas. Por ejemplo, esperamos que se nos haga justicia cuando sufrimos injusticias, se espera recompensa, salario por el trabajo bien hecho, una realidad más justa y más bella; también se espera recoger fruto, cosecha después de la siembra, cuando se cumplen los ciclos naturales de cada empresa humana, en todos los órdenes de la vida. Se esperan buenas noticias, lo que uno fundadamente anhela, que las cosas progresen, que un nuevo día amanezca, una alborada más alegre y luminosa. Se esperan cosas buenas, un mundo mejor, que se cumplan los sueños, prolongar los días, que éstos no sean vanos, que los hijos crezcan y maduren, que el poder y la gracia de Dios se manifiesten...

¿Queda alguna esperanza? Corren tiempos de desencanto. Todo es inseguro. Inestable. Todo se tambalea o se hunde. Las cosas cambian a velocidad vertiginosa. La vida pasa. Entonces, ¿por qué confiar en vanidades ilusorias? Es vital agarrarse a lo único que hay firme e inmutable. Uno puede vivir mejor o peor, nadar en la abundancia o bregar en la escasez, pero no sin esperanza. La vida sin esperanza no es vida.

Hace falta esperanza para seguir adelante, para tener un motivo por el que vivir, para investigar y descubrir (lo que se espera encontrar), para recibir la recompensa que uno cree que se merece, para indagar y buscar secretos, tesoros escondidos, para alegrarse, tener ilusión, ganas de vivir y de luchar, superarse, perfeccionarse, abrazar la virtud, ir en pos de la verdad, vencer el mal y la mentira, armarse de consolación. Por eso es necesario recibir la salvación de Jesucristo, albergar la esperanza viva de una herencia incorruptible reservada en el cielo, aguardar la venida gloriosa del Hijo de Dios, Salvador y Señor, para poder aspirar a la vida eterna, a cielos nuevos y tierra nueva en los que mora la justicia (2 Pedro 3:13-14). Mas esto sólo es posible porque el Hijo de Dios fue entregado para borrar nuestras transgresiones, para justificarnos ante su Majestad y rescatarnos gracias al gran amor que Dios nos ha manifestado viniendo a este mundo a visitarnos para darnos vida y esperanza. Él es la única ancla inmutable, la única esperanza.

Cuando la esperanza escasea las personas se entregan, se hunden en sus miserias, se sienten derrotadas, caen en el vicio, la apatía, la indiferencia, el auto-aniquilamiento; caen en cualquier cosa con tal de huir del sinsentido y la absurdidad de la vida. Y entonces se degradan, se animalizan, se vuelven crueles, aborrecibles, implacables, inmisericordes, se aíran. La falta de esperanza conduce al deterioro, la degeneración, la depresión, y en última instancia al suicidio y la destrucción. Por eso es preciso estar henchido de esperanza para poder alumbrar a los que no la tienen y esparcirla por doquier.

En *Un hombre acabado*, Giovanni Papini derrama su corazón y confiesa la desesperación de su alma. Hubo un tiempo en el que todo había acabado para él. Le parecía que no había nada que hacer. ¿Restaba acaso la posibilidad de recurrir al lloro o la consolación? Llegó a exclamar de forma lapidaria que para llorar hacía falta un poco de esperanza, virtud de la que él carecía. Afortunadamente, su honestidad le ayudó a superar su angustia.[3]

Convicciones profundas bien consolidadas y cimentadas

El hombre necesita abrazar convicciones profundas, valores como la fidelidad, la lealtad a causas justas, la integridad, la pureza de intención, la entrega de sí, el desapego a cosas vanas que le distraen o desvían de su vocación. Ha de sustentarse en convicciones bien fundadas, si es que pretende pisar cimiento estable, de lo contrario su vida discurrirá plagada de egoísmo, indiferencia y mediocridad, cual la de las masas amorfas. Por eso siempre hubo personas dispuestas a sufrir por su fe, sus creencias y sus convicciones, a luchar contra la injusticia, a defender derechos percibidos o reconocidos.

El mero hecho de vivir nos obliga a abrazar una concepción de la vida y del mundo. Porque todos nos vemos forzados a afrontar la vida como proyecto existencial, a adoptar una postura, a escoger referencias y orientarnos de cara al futuro. Todos, sin excepción, se ven abocados a esbozarse una cosmovisión que sea congruente con el estilo de vida que desean abrazar, a vivir conforme a los supuestos que explican la realidad que para sí propugnan como verdadera y acoplar a ella las propias normas de conducta. No tomar una decisión a este respecto equivale a optar por la indecisión. Pero aquel que desee guiarse por la cordura, retener un equilibrio razonable, su salud mental, necesita abrazar una cosmovisión bien armada, verdadera, que corresponda y concuerde con la realidad objetiva que tiene delante, una concepción coherente del mundo y de la vida. El individuo se ve obligado a actuar y tomar decisiones de continuo desde que tiene uso de razón, y aun antes. Pero al hacerlo debe justificar sus actos y justificarse a sí mismo, ya que por naturaleza es un ser moral, lo acepte o no, y por serlo, debe razonar y escoger preferentemente lo bueno, o, en su defecto, lo que se le presenta como tal, lo que concibe como bueno o tiene alguna apariencia de bien, aunque, en realidad, pueda ser intrínsecamente malo y sólo suponga un bien aparente, es decir, sólo le reporte un beneficio o placer temporal. Como señala Christian Overman: «Alguien ha dicho que la moral de un hombre le dictará su teología o su filosofía. Cuando se trata de decidir cómo actuar en la vida, la persona se apoya en un conjunto de supuestos íntimos que sostienen su proceder para mantener la estabilidad mental. Comoquiera que hay más personas que prefieren la estabilidad mental a la inestabilidad, la gente adaptará su comportamiento a su sistema de creencias o intentará cambiar éste para comportarse de la manera que le plazca y así deshacerse de su sentimiento de culpabilidad. Nuestra cultura ha seguido por una pista rápida la segunda opción».[4]

El materialismo promete abundantes riquezas que seducen, pero no sacian. Apelan al cuerpo y los sentidos, rozan la superficie, pero la necesidad radica en lo más profundo del alma y del espíritu.

ACERCA DE LA VERDAD

La verdad y la coherencia mental

Discernimiento de la verdad y compromiso para abrazarla

Es necesario abordar la noción de la verdad, pero antes se ha de tener fe en ella. Se ha de creer que existe como condición indispensable para explicar cabal, congruentemente, todas las cosas, y que es posible buscarla, descubrirla, conocerla y abrazarla. Esta premisa es insoslayable para encarar la vida. Lo contrario significa desilusión, desaliento, derrota y desencanto. Por eso abundan las personas decepcionadas, desencantadas y deprimidas, sin fe ni confianza en los demás ni en sí mismas.

El que cree en la verdad única, eterna, se arrima a una roca inamovible, un asidero firme al que agarrarse. No anda a la ventura ni a tientas, sumido en la densa niebla de la desorientación, de la confusión, no pisa terreno pantanoso ni transita por el resbaladizo torso de la incertidumbre y el azar.

Cuando todo se hunde, cuando la mentira prevalece, cuando todo se descompone, los que afirman haber recibido la verdad de Dios y andan en ella tienen la responsabilidad y el privilegio de proclamar su Verdad Eterna y desenmascarar la mentira: la luz resplandece en las tinieblas. Pero esto sólo es posible cuando se conoce la verdad.

Un mundo de mensajes e información

Vivimos en un mundo atestado de mensajes falsos. Repleto de falsas opiniones, falsas premisas, falsas proposiciones, falsos supuestos; ideas, filosofías e ideologías falsas. Saturado de mentiras y engaños. Todos ellos proceden del padre de la mentira, esto es, el diablo.

El mundo, y en particular la sociedad moderna, es una inmensa máquina de aturdimiento. Corremos peligro de acabar atontados, atolondrados, ciegos a la verdad. El mundo actual es como una inmensa sala de anestesias. Nos movemos en una sociedad informada, pero incomunicada.

La mayor parte de los mensajes que pululan por el mundo buscan un beneficio económico. Estamos sometidos al asedio constante de la publicidad. Los políticos prometen. El laicismo promete progreso y libertad, pero en realidad no ofrece más que promesas engañosas, fraudulentas: esclavitud. Los bancos prometen pero no dan. Cada uno busca su propio lucro. Atrayéndolos por la seducción del lucro y la codicia, la concupiscencia, el ansia de poder o la vanagloria, el diablo y el mundo tratan de conquistar a nivel planetario la mente y el corazón de los seres humanos a base de mentiras.

La mente y el corazón

La mente es como una antecámara de recepción en la que se registran cantidades ingentes de información. Unos datos son importantes o relevantes para la persona, otros no. En la mente se admite y se ordena toda la información, se clasifican los pensamientos y se seleccionan para ser ejecutados convirtiéndose en actos. Todo este material pasa al corazón, que es el centro de la motivación y de la voluntad. El corazón es el centro neurálgico y decisorio del hombre. En el corazón se procesan, se aprueban y se descartan, los afectos, las emociones, las inclinaciones, las simpatías, los señuelos, las concupiscencias, las preferencias, las tendencias, las tentaciones, las decisiones y los actos. La consecuencia natural de todo este proceso decisorio son las obras. «*Yo Jehová, que escudriño la mente, que pruebo el corazón, para dar a cada uno según su camino, según el fruto de sus obras*» (Jeremías 17:10).

Hoy se juzga a los cristianos por no ser relativistas, por creer en absolutos y en la verdad absoluta. Pero, ¿es que se puede creer en otra cosa que no sea la verdad? La verdad es digna de ser buscada, ya que es la única base sólida sobre la que se puede asentar y sostener la realidad, una vida auténtica. De donde resulta que no creer en nada o creer en la mentira es una necedad. No lleva a buen puerto. De aquí que la fe del creyente no sea fe en el azar, o salto en el vacío. Consiste más bien en creer en la verdad.

La intolerancia del mundo y la tolerancia de los cristianos

Un mundo que se jacta de tolerante no puede tolerar ni soportar a los que se atreven a manifestar que creen en Jesucristo y tratan de vivir conforme a la verdad absoluta. Los cristianos creemos que existe la verdad absoluta, no que estemos en posesión exclusiva de la verdad. No tenemos la verdad, no somos dueños de la verdad en el sentido de que nos hayamos apropiado de ella, y sólo nosotros la poseamos —y nadie más que nosotros—, y nos creamos auténticos privilegiados, hasta el punto de engreírnos y ensoberbecernos, sino más bien estamos en la verdad, nos hemos acercado a ella. Pues la verdad se ha revelado a los hombres gracias a la misericordia de Dios. Por tanto, ésta se recibe, se acepta y se comparte, no se arrebata y se esconde egoístamente de los demás, como botín escondido a cal y canto para provecho propio.

Pero el cristiano no es intolerante, sino que desenmascara la injusticia y la falsedad. Pues no ha sido llamado a condenar, sino a proclamar salvación. Así pues, todo aquel que ama la verdad la busca honestamente, la recibe y la obedece, puesto que la verdad es Cristo. Por eso debe causar alegría el que cualquier persona coopere con la verdad, pues *«nada podemos contra la verdad, sino por la verdad»* y en la verdad (2 Corintios 13:8; 3 Juan 3, 4, 8).

LA CONCIENCIA ES LA PROPIEDAD MÁS SAGRADA

El espíritu y la conciencia

Dios ha dotado al ser humano de espíritu y conciencia. *«Lámpara de Jehová es el espíritu del hombre, el cual escudriña lo más profundo del corazón»* (Proverbios 20:27). La conciencia es un dispositivo, un mecanismo maravilloso que ilumina, guía y da testimonio de las leyes de Dios en el corazón. Para que funcione bien, la conciencia debe mantenerse limpia y cristalina. Desgraciadamente, la mentira y el pecado deterioran la conciencia y endurecen el corazón, de modo que éstos se vuelven insensibles, incapaces de detectar el mal y la mentira, o los perciben como si fuesen irreales.

Una conciencia limpia

Más valiosa que la propia vida es tener *«una conciencia sin ofensa ante Dios y ante los hombres»* (Hechos 24: 16). «La conciencia es la propiedad más sagrada. Es imprescindible tener una conciencia limpia para ser libre, para ser feliz. El que viola su conciencia pierde su integridad y su autoestima» —dice el finado profesor James Kilkenny en su Aritmética—. «Embota su percepción espiritual de la realidad, de las cosas valiosas e importantes, cae en una espiral de irrealidad y en un camino no bueno que le conduce al desastre.»[5]

Por eso existe la ley, la justicia humana, los jueces y los tribunales, por eso la sociedad se organiza para protegerse de las fuerzas destructivas que pretenden acabar con ella. La ilegalidad, la injusticia, la mentira y la falsedad atacan, van dirigidas contra el núcleo y fundamento mismo de la sociedad. Por eso ésta se defiende y crea los instrumentos necesarios para proteger a la mayoría de sus ciudadanos. Por eso existen la policía, las autoridades, los jueces y todos los instrumentos que hacen posible su supervivencia. Por desgracia, todos éstos actúan superficialmente sobre los efectos o las consecuencias, cuando tal vez es demasiado tarde, cuando éstos se manifiestan en la sociedad, y no atacan de raíz sus causas —no pueden atacarlas, ya que, además de empresa descabellada, no es esa su misión, pues han de preservar a toda costa la libertad sagrada y el derecho inalienable de los individuos, y además, porque la responsabilidad moral exige la libertad como condición previa, no se puede imponer por decreto—. Pero a veces sucede que los lobos se encargan de cuidar el rebaño y custodiar a las ovejas.

Conciencia limpia para el día de la muerte

¡Qué extrañamente se comportan los seres humanos! Todos sabemos que el principal ingrediente de la felicidad es una conciencia limpia. Pero a medida que el niño, el adolescente, se aleja de su infancia y se adentra en la vida adulta, parece también alejarse de una conciencia transparente. Es como si insistiera en desactivar el delicado y maravilloso dispositivo innato que todos llevamos incorporado, antes, incluso, de ser capaces de decidir y ejercer alguna clase de discernimiento. Ese aparato bien calibrado que llamamos conciencia se puede desajustar fácilmente, sobre todo cuando hacemos caso omiso a sus advertencias y actuamos a despecho de sus reproches. Y es que desde temprano, la conciencia nos acusa o nos defiende en cada acto moral que ejecutamos. Todos hemos forzado en incontables ocasiones la precisión delicada de este sensible aparato e ignorado adrede el codazo indicador del testigo que nos advierte si hemos obrado bien o mal respecto a algún asunto particular. Y un mal uso prolongado causa su deterioro.

La culpabilidad

La conciencia incomoda porque nos grita al oído que somos culpables, dignos de juicio y castigo, por haber actuado mal, traicionado la justicia, o no habernos atrevido a hacer el bien cuando debíamos, porque siendo responsables de hacer algo como debiéramos, no lo hicimos, sino que optamos por declinar nuestra responsabilidad y escurrir el bulto no cumpliendo con nuestro deber. La culpa es una sensación universal que todos experimentamos. Todos sentimos remordimiento en multitud de ocasiones. Todos guardamos secretos bien escondidos que si fueran proclamados a voces nos moriríamos de vergüenza. A todos nos acusa la conciencia y a esa acusación le llamamos culpa. ¿Y cómo tratamos de desconectar o acallar tan sensible aparato? Desoyendo su voz, negando su veredicto, haciendo oídos sordos. El proceso, en breve, se desarrolla más o menos de este modo: primero se escucha una mentira pequeña y se acepta —aunque en el fondo no se cree— sólo porque resulta apetecible al deseo de la voluntad. Primero se quebranta la ley, la justicia interna, o subjetiva, y después, la externa u objetiva. Acto seguido se racionaliza, se justifican actos que son en sí injustificables, y se va agrandando la mentira. Y así, cuanto mayor es la mentira que uno se cree, más terribles podrán ser sus actos. Si uno se cree superior a los demás, si cede, por ejemplo, al racismo, el orgullo y el desprecio, podrá incubar odio, torturar y hasta maquinar genocidios. Muchas veces el hombre es capaz de vivir de espaldas a su conciencia durante largos años sin preocuparse en lo más mínimo de su verdadera condición moral. Cuando la conciencia se deteriora se siente menos culpa. Pero aunque ya no se sienta de manera tan intensa ello no quiere decir que ya no seamos culpables, por mucho que nos hayamos engañado a nosotros mismos. La culpabilidad es objetiva, quebranto de una norma externa, pese a que nosotros la percibamos de manera subjetiva. Por eso los tribunales juzgan hechos consumados, no meros resquemores en el corazón del transgresor. Pero he aquí que la muerte siempre se acerca inexorable, indefectiblemente, y, cosa curiosa, la inmensa mayoría de los hombres que llegan a ella conscientes sienten culpabilidad y remordimiento por todos los actos aborrecibles cometidos a lo largo de su vida, y procuran pedir y recibir perdón para saldar su incalculable deuda y poder así expirar con la conciencia tranquila, en paz con Dios y con los hombres. Pero la muerte es algo muy serio. Su cercanía llama a las cosas por su nombre, pone las cosas en su sitio, fuerza a quitarse la máscara.

Cabe preguntarse si es genuino el arrepentimiento cuando la inminencia de la muerte obliga. O, dicho de otra manera, es difícil vencer el remordimiento de conciencia cuando uno ha vivido toda su vida de espaldas a Dios, para sólo acordarse de Él en la hora postrera.

El perdón y la salvación

Es necesario extender y recibir perdón para ser libres, para hacer las paces con Dios y con los hombres, para vivir y morir en paz. Por eso necesitamos desesperadamente librarnos de la culpa, que ésta nos sea rescindida, borrada, cancelada. De otro modo no podremos vivir, si no recibimos perdón. Y es que, en realidad, todos somos reos de muerte. Es decir, a no ser que alguien reúna los méritos y la capacidad necesarios para indultar a unos seres que han quebrantado y quebrantan obstinadamente la ley moral inscrita en sus corazones. Y siendo evidente que nosotros por nosotros mismos no podemos librarnos, ¿quién podrá librarnos de una condena justa? Solo uno puede: el Señor Jesucristo. Él decidió asumir la responsabilidad moral por todos, hacerse cargo de nuestras transgresiones para que nosotros no tengamos que recibir lo que merecen nuestros hechos. Pero esto no fue en modo alguno una transacción barata —requirió precio de sangre—. Él la hizo posible entregándose a sí mismo a muerte de cruz —el Dios santo e infinito como sustituto de meros pecadores mortales— para cubrir los delitos y pecados de todos los hombres, causa primera y última de toda culpa. De ahí la inmensa largueza de la salvación.

Insistimos, todo hombre desearía morir en paz con Dios, en paz consigo mismo y en paz con los demás. En el caso de los que han cometido crímenes en serie, uno se pregunta, como Simon Wiesenthal, víctima en un campo de concentración nazi, en su libro *El girasol*,[6] si debe perdonar a los perpetradores de crímenes horrendos contra la humanidad, o incluso si le es posible perdonar o tiene derecho a hacerlo. En realidad, sea grande o pequeña la ofensa cometida contra alguien, la víctima no sólo puede perdonar el agravio que se le ha infligido personalmente, sino que le corresponde decir: «Por lo que a mí respecta, yo te perdono. Dejo lo demás en manos de Dios, porque al fin y al cabo, Él es el Juez de toda la tierra y sólo Él es capaz de juzgar con absoluta imparcialidad y conocimiento de causa; sólo a Él corresponde hacerlo. Además, yo sólo soy una criatura y no puedo arrastrar una carga tan pesada. Lo sufrido, sufrido está. Las aguas turbulentas se amansaron y desembocaron en el mar del ayer, y acaso del olvido. En cuanto a la enormidad del sufrimiento que haya podido experimentar, o me hayan podido causar, bueno, ya no tiene remedio. Mejor dicho, lo tiene. No permitiré que la carcoma del rencor y la amargura consuma el resto de mis días. Lo olvidaré y lo superaré por la gracia, cargaré con las secuelas hasta donde me sea posible. Sanaré». Al menos he de intentarlo. Otra cosa distinta es la historia de los pueblos. Éstos no deben olvidar, sino tener los hechos acaecidos muy en cuenta, para que ningún crimen resulte gratuito, para que nunca vuelvan a repetirse hechos tan reprobables. También, la justicia humana deberá actuar en consecuencia, conforme a la ley. Pero en cuanto a mí, es como si no hubiera sufrido, como si no hubiera existido. Lo aprendido a través de tanto sufrimiento me servirá como experiencia para conocerme a mí mismo y conocer la naturaleza humana. Trataré, pues, de aceptar el sufrimiento con dignidad y de sacar a la luz, mediante pequeños y sucesivos actos heroicos, lo mejor de mí mismo. Ello redundará en mi carácter. Aprovecharé las ocasiones que se me ofrezcan, no resignándome amargamente a un destino inevitable que no puedo cambiar. Por lo cual, no me preguntaré por qué han tenido que ocurrirme a mí estas cosas, sino que las afrontaré como una oportunidad para crecer, para superarme, para redimir mis experiencias, aunque éstas parezcan sumidas en el sinsentido o el absurdo. Me cuidaré mucho de cómo respondo en situaciones adversas, y, si se me permite, me volveré a Dios en busca de refugio, gracia y consuelo; confiaré en Él, pues Él me ha de rescatar; me acogeré a su infinita misericordia para que mi vida no se consuma inútilmente, invadida por la corrosión del absurdo y la desesperación.

A propósito, no deben olvidarse las palabras que pronunció Jesús: *«Porque si perdonáis a los hombres sus ofensas, os perdonará también a vosotros vuestro Padre celestial; mas si no perdonáis a los hombres sus ofensas, tampoco vuestro Padre os perdonará vuestras ofensas»* (Mateo 6:14-15).

¿Qué es la verdad?

Poncio Pilato se hizo esta pregunta, igual que muchos hombres todos los días. Asimismo, las gentes del mundo afirman que «todo es mentira», se plantean ¿qué es la verdad?, o ¿dónde está la verdad?, pero lo mismo que Pilato, en realidad, no esperan respuesta. Muchos no aman la verdad. No están dispuestos a aceptar la verdad sobre sí mismos, la realidad objetiva y Dios. La verdad acerca de uno mismo y la propia condición puede ser dura. Es Dios a través de su Espíritu Santo el que revela y envía el amor a la verdad. Pero aceptar la verdad exige compromiso. Y aunque nadie pueda consagrarse por sus propias fuerzas, todo el que se disponga a recibirla obtendrá oportuna gracia.

Una definición de la verdad:

La verdad es lo auténtico, lo genuino, lo real. Es también todo eso expresado proposicionalmente a través de la palabra. Es decir, una correspondencia entre lo que se expresa como verdad y la verdad objetiva, real. Es lo que es cierto, auténtico, legítimo, digno de crédito, fidedigno, indiscutible, evidente. Por lo tanto, declarar la verdad es disertar sobre algo que contiene estas características. Es lo que es y lo que existe tal como se afirma que es o existe. Como por naturaleza hablamos y nos comunicamos, siempre estamos emitiendo juicios de valor que procuramos sean veraces, a la luz de nuestro entendimiento, pero si no andamos en la verdad sólo serán opiniones, percepciones subjetivas, piedra de tropiezo, y cuando intencionalmente lancemos falsedades o juicios falsos, entonces estaremos manipulando, mintiendo y yendo contra la verdad. Todos los mensajes tienen algún tipo de contenido. Toda opinión que se manifiesta porta un mensaje, y cada mensaje, un contenido.

La verdad se declara, se proclama, se da testimonio de ella, pero, en realidad, no se puede defender, porque la verdad se defiende a sí misma. Por ello es necesario ser humilde cuando se da testimonio de la verdad. La verdad declarada se puede usar mal, en forma de acusación, de ofensa, de espada que hiere, por eso la verdad para ser verdad tiene que ir ligada a la misericordia.

No hay doblez en los niños. Dicen lo que piensan. Pero a veces son impertinentes, aunque nos encanten sus ocurrencias. Por eso, el que persiga la madurez debe proscribir la insensibilidad, ser sincero, sencillo, directo, amable y humilde. Los niños suelen ser sinceros, pero también pueden herir, clavar el puñal de la verdad, si no saben manejar el arma que esgrimen.

Abrazar la verdad exige un alto precio. Por de pronto, ir contra corriente; enfrentarse a todo un río de mentiras. La verdad exige compromiso. Requiere valentía, coraje, plantar cara a todo lo que se le opone. Levanta enemigos, suscita adversarios y contradictores en gentes que no están dispuestas a recibirla. E incluso el que la recibe ha de librar una batalla contra sí mismo, contra su propio yo, contra los recodos de su espíritu donde no mora la verdad, o no ha iluminado su luz, contra subterfugios y escondites secretos, retenidos en el corazón, que no se ajustan ni se someten a la voluntad de Dios.

La mentira acarrea consecuencias trágicas en las vidas: destrucción, corrupción y muerte. Según se cree así se piensa; y según se piensa, así se vive y así se actúa. La mentira arrastra a muchos por la senda de la perdición, cuyo fruto es amargo ya en esta vida. La verdad produce vida, paz, gozo, seguridad y una conciencia limpia que resiste toda prueba. La Biblia habla mucho acerca de la mentira, el engaño, la vanidad, la falsedad y la hipocresía; de su fruto, su juicio y sus consecuencias. Igual que se puede escoger andar en la verdad, se puede andar en la mentira.

La mentira y la soberbia se dan la mano. ¿Quién es el padre de la mentira? ¿Quién se ensoberbeció sobremanera? El diablo. Por tanto, el que ama la verdad, anda en amor y en humildad.

La búsqueda de la verdad

Sócrates apostilló que «la vida sin búsqueda (investigación) no es digna de ser vivida».[7] En *Un hombre acabado,* Papini expresa su anhelo de luz y de verdad de este modo: «Yo no pido pan ni gloria, ni compasión… Pido, humildemente, de rodillas, con toda la fuerza y angustia de mi alma, un poco de certeza…, un átomo de verdad… No puedo vivir sin la verdad».[8]

El hombre tiene necesidad de descubrir la verdad y guiarse por ella. Tiene hambre y sed de verdad. Tiene necesidad de ser claro, honesto, diáfano, transparente y veraz (por lo menos, que los demás actúen así con él). Es más, estos rasgos definen a las sociedades verdaderamente libres y democráticas. Y donde no se observan ni se respetan, florece la corrupción, el atropello y la demagogia. El mentiroso siempre tiene que ocultar lo que es o aparentar lo que no es. Tanto por lo que respecta a las personas como a las relaciones, las sociedades, las naciones. Pero la verdad alimenta, apacienta, colma el corazón. Por eso dice Proverbios 13:25 que *«el justo come hasta saciar su alma; mas el vientre de los impíos tendrá necesidad»*. Y es que en realidad, el justo se alimenta de cosas y pensamientos nobles que llenan su alma hasta rebosar, mientras que el impío se lleva a la boca cosas que no satisfacen, cosas que pasan al vientre de la vanidad y dejan el espíritu vacío y sediento. Y desgraciadamente, ésta es la triste realidad de gran muchedumbre de gentes mundanas que se esfuerzan por cubrir una serie de necesidades urgentes, pero dejan pendientes las que realmente importan a largo plazo. Por eso proliferan las falsas doctrinas. Tratan de lucrarse y sacar partido de la legítima aspiración que inquieta a muchos corazones. Usurpan y suplantan ofreciendo sucedáneos de manera fraudulenta. Decepcionan, ofuscan y despojan a los incautos de lo genuino, lo auténtico, que tan ardorosamente buscan. Éstos, acuciados por su necesidad, se precipitan, escogen el camino más fácil, se tragan todo lo que pillan, pero no sacian ese hondo vacío ni colman el prurito, la comezón que tiene todo hombre de satisfacer su anhelo de verdad. Al no disponerse para recibirla, esas gentes se hartan de mentira, se atiborran de falsedades que calman o adormecen momentáneamente su conciencia y su necesidad (Ro. 1:18; 1:25).

La verdad es, por expresarlo de algún modo, como una gigantesca piedra preciosa de valor inmenso, perfilada por muchas caras y aristas, que serían como carices por los que se manifiesta su hermosura. Por esta infinita joya uno puede entregar alegremente todo cuanto posee, y aun la propia vida, ya que encierra un valor indescriptible, incomparable, supremo. De ahí que Jesús hablara de la perla de gran precio y que san Pablo tuviera todo por basura por conseguirla.

Falsedades generalmente aceptadas

En Europa y el mundo occidental se han propagado seis mentiras terribles y destructivas, cuyas consecuencias nos alcanzarán ineludiblemente. A saber:

1. *El cristianismo se opone a la libertad.* Esto es totalmente falso. El pecado es el que se opone a la verdadera libertad, porque produce esclavitud y muerte. Es justo lo contrario: los mandamientos, la ley y la verdad de la Palabra de Dios nos hacen libres. Juan 8:31-47: «*Si el Hijo os libertare seréis verdaderamente libres*». Jesús se lamenta, en los versículos 8:45-46: «*Y a mí, porque digo la verdad, no me creéis*».
2. *El cristianismo se opone al progreso.* Esto es totalmente falso. Sin la verdad de Dios no puede haber auténtico progreso. Todo aquel que lo afirme es mentiroso. Sin las leyes justas de Dios sólo se engendra injusticia, corrupción, degradación, inseguridad, manipulación y degeneración. Es decir, justo lo contrario del progreso. Y desgraciadamente, lo estamos viendo con nuestros propios ojos todos los días en cada país y en el mundo entero. La verdadera libertad y la verdadera democracia exigen respetar a los demás. El libertinaje y el quebranto continuo de la ley conducen a la decadencia moral y espiritual.
3. *El cristianismo se opone a la felicidad.* Esto es totalmente falso. La verdadera felicidad es gozo, paz, amor, luz, bondad, en

el Espíritu Santo, coherencia —no disgregación—, vida eterna. Cuando en el corazón hay armonía, cuando la conciencia no sólo está tranquila, sino se regocija, está en orden, entonces siente paz interior. Entonces hay gozo, alegría y felicidad en el corazón. Precisamente, lo opuesto a la contradicción, la disgregación, la lucha interna y la desazón. Lo demás son efímeros deleites del pecado, pero no felicidad. Aristóteles afirma en su Ética que la felicidad depende más del buen hacer, de la satisfacción que reporta el buen hábito de la virtud, que del placer de los sentidos.

4. *El cristianismo es sinónimo de aburrimiento.* Esto es totalmente falso. Es plenitud de vida. Es un estilo de vida novedoso, libre, henchido por el Espíritu Santo. Un caminar íntimo con Dios. Jesucristo encarnó una vida vibrante, atractiva, llena de encanto. No consiste en observar una serie de normas del tipo «harás»/«no harás», sino en imitar a una Persona Viva; en una profesión de obediencia que exhibe una vida enamorada; en practicar la doctrina de quien afirma solemnemente: «*Yo he venido para que tengan vida, y para que la tengan en abundancia*» (Juan 10:10).
5. *El cristianismo es una opción privada.* El mundo secular piensa que el cristianismo no es sino creencias, opinión privada, experiencia emocional, preferencia religiosa, no una postura clave para interpretar el mundo y adoptar un estilo de vida. La sociedad moderna ha establecido que ciertas cosas son aceptables en el ámbito de lo público y que otras cosas han de mantenerse estrictamente al margen, como en cuarentena, en el ámbito de lo privado, porque resulta molesto. Pero el cristianismo es una cosmovisión, un sistema conceptual completo que ofrece una filosofía de la vida, una *weltanschauung* que abarca toda la realidad, no se puede proscribir. En su obra *Verdad Total,* Nancy Pearcey expone que la cosmovisión cristiana «más que opción privada es verdad objetiva, total, unificada e integral, que no se limita a una parcela de la realidad, sino abarca la realidad entera. Muestra en qué consiste la realidad última y cómo se debe

vivir en este mundo. Ofrece la única explicación coherente, la única perspectiva convincente y honesta de cada aspecto de la vida. El cristianismo da cauce a sentimientos sublimes, satisface la razón y colma los anhelos espirituales del individuo. Es realmente buenas nuevas. Ofrece al mundo una verdad intelectualmente satisfactoria y calma el hambre más profunda de sentido y belleza».[9]

6. *La ciencia es el único conocimiento verdadero.* Pero gran parte de lo que hoy se vende bajo la etiqueta de ciencia no es realmente tal cosa, sino materialismo filosófico. Es decir, no es verdad objetiva, sino expresión de valores, preferencias personales. El evolucionismo no es más que un sistema de creencias, una postura o filosofía personal. Muchos creen que la ciencia es la única forma fiable de conocimiento porque se basa en hechos empíricos. Pero antes es necesario establecer las bases del conocimiento verdadero, fidedigno. Y este quehacer no le incumbe a la ciencia, ya que ella no puede imponer por decreto qué sea el conocimiento. Los científicos no tienen autoridad para indicarnos qué cosmovisión hemos de abrazar. No están cualificados para sobrepasar sus límites y emitir proclamaciones metafísicas alegando que el universo es producto de la materia en movimiento, sin dirección ni sentido. Por eso dice Nancy Pearcey en su *Verdad Total* que «es preciso plantar cara a un proselitismo filosófico tan agresivo»[10] y procede a desmontar sistemáticamente la dictadura de la teoría evolucionista pseudocientífica y la tiranía darwinista liberticida, impuestas como dogmas totalitarios en nuestros sistemas educativos (y en el ambiente que se respira en la calle), y que intentan amordazar a todo el que se atreve a discrepar.

El conocimiento de la verdad

Dios nos ha dado entendimiento para discernir la verdad. El Espíritu Santo es la verdad y quien la revela. Jesús es el camino, la senda de la verdad. Sus mandamientos son verdad (tu luz y tu verdad me guiarán). Las tinieblas y las mentiras obnubilan el entendimiento, entenebrecen el corazón de los hombres y oscurecen la luz de la verdad.

La verdad es dada para andar en ella. En este sentido equivale a transitar por una senda, por el único camino seguro. La verdad no es sólo un objeto aprehendido por la mente, asido por el intelecto. Aunque lógica y razonable —se puede formular verbalmente—, y asequible al entendimiento, no es mero contenido mental, sino también una senda para transitar, una hoja de ruta segura para avanzar hacia la meta, un camino cierto para arribar a buen puerto, la senda que conduce a la vida y la salvación.

Toda causa, toda empresa humana noble, requiere compromiso, entrega a un ideal de vida y de conducta, abandono de la indiferencia que acarrea consecuencias trágicas sobre el individuo y la sociedad. La verdad es preciosa, exige compromiso. Está reñida con el pasotismo y la indiferencia. No admite componendas ni medias tintas.

9

La eternidad

El ser humano necesita tener fe, poner su confianza en quien todo lo puede, sentir pasión, entregarse a una causa justa, suprema, profesar convicciones profundas e inquebrantables, proyectarse hacia el infinito, contemplar lo eterno e inefable, experimentar una alegría ilimitada, perseguir la pureza de motivos e intenciones, alcanzar la perfección, la salvación y la santidad.

Sören Kierkegaard alertó: «Si el hombre no tuviese conciencia eterna, ¿qué sería la vida sino desesperación?, ¡qué vanidad y qué desolación sería la vida!».[1]

Victoria sobre la muerte

La muerte ha representado a lo largo de la historia una terrible amenaza y un duro golpe para toda la humanidad. Hasta el punto de romper esquemas, proyectos vitales y engendrar el mayor de los temores que angustian a las gentes. El mundo contemporáneo ha intentado convencerse de que la muerte es un trance irrelevante, trivial, y la ha banalizado como si se tratara de la cosa más común, por cuanto afecta a todos los vivientes. Uno de los rasgos que caracterizan a la sociedad actual es su afán por eludir la muerte a toda costa. Se procura suprimirla, olvidarla, ignorarla. Pero la muerte siempre anda al acecho. En nuestra sociedad hay muchos ilusos que tratan de imponer la gran mentira de que la muerte ha fenecido. Pero no es así, sino que está viva y coleando. De manera cotidiana, por acá y acullá, lanza terribles zarpazos, coletazos repentinos, que vomita de cerca y de lejos. Pese a todos los intentos desesperados del hombre por distraer su atención de la cita inevitable, cargándose de ocupaciones y preocupaciones, creando la cultura del ocio, multiplicando actividades, tapando huecos, con el fin de expulsarla, de anularla, de invitarla a que se marche por ser persona non grata, ella se vuelve resentida, levanta la cabeza desafiante, se exhibe escandalosamente en las portadas de los diarios y en los titulares de los noticieros, respondiendo burlona: «Aún estoy aquí. No tenéis ninguna potestad sobre mí. Y además, para los que no creen, yo soy la madre del absurdo».

Ante esta jactancia sólo cabe una respuesta contundente. Ningún hombre ha podido jamás vencer a la muerte. Mas he aquí que hay Uno que la ha vencido en toda regla. Uno hay que ha cautivado su imperio para siempre: El Autor de la Vida, Jesucristo, Dios y hombre. Y aunque, momentáneamente, tenga la muerte potestad para manifestarse, al final de todas las cosas será destruida, porque *«Preciso es que él reine hasta que haya puesto a todos sus enemigos debajo de sus pies. Y el postrer enemigo que será destruido es la muerte»* (1 Corintios 15:25-26).

«Yo soy la resurrección y la vida —dice Jesucristo—; *el que cree en mí, aunque esté muerto, vivirá. Y todo aquel que vive y cree en mí no morirá eternamente»* (Juan 11:25-26). Sólo Jesucristo ha podido hacer tal proclamación. En su vida pública, Jesús afirmó el propósito por el que había venido: afrontar y derrotar la muerte, salvar a los pecadores y dar su vida en rescate por todo el que creyese en Él. Dejó claro, igualmente, que al tercer día resucitaría de los muertos. Así pues, este hecho se convierte en pivote en torno al cual gira toda la historia. De Él dependen exclusivamente la vida y el futuro de la humanidad. Únicamente su resurrección pudo acabar con la tiranía del absurdo que es la muerte. *«Así que, por cuanto los hijos participaron de carne y sangre, él también participó de lo mismo, para destruir por medio de la muerte al que tenía el imperio de la muerte, esto es, al diablo, y librar a todos los que por el temor de la muerte estaban durante toda la vida sujetos a servidumbre»* (Hebreos 2:14-15).

La muerte no es el fin de la vida, sino el umbral de la eternidad. Dios ha implantado en el corazón del hombre anhelo de eternidad. Eclesiastés 3:11 asegura que *«Dios ha puesto eternidad en el corazón del hombre»*. Y san Agustín declaró: «Tú nos has creado para ti, oh

Señor, y nuestros corazones están inquietos hasta que descansen en ti». Todos sabemos que hemos de morir un día, mas no por eso deja la muerte de parecernos absurda, ilógica. Todo logro deja al final una pose de insatisfacción porque, después de proporcionar cierta euforia al individuo, plantea siempre un interrogante y deja un vacío. El corazón del hombre aspira siempre a colmar su anhelo de infinitud y en tanto no lo consigue se siente inquieto o intenta llenar su vacío con sucedáneos: dinero, actividades, trabajo, placeres, ideologías..., para acallar el origen de su desazón. Siente el anhelo innato de una trascendencia que reside fuera de sí mismo.

La inmensa tragedia que amenaza a nuestra sociedad es el garrafal descuido, el insensato abandono del destino que nos espera en la eternidad. La vida no consiste en vivir a tope el momento presente. Muchos repiten el ancestral adagio de Isaías: «Comamos y bebamos, porque mañana moriremos»; proclaman el dicho cotidiano: «A vivir que son dos días». La sociedad actual se caracteriza por vivir para el instante una vida vacía, egoísta, mezquina, ramplona y superficial. Lo único que importa a la gente es procurarse un poco de placer, un poco de bienestar a costa de lo que sea y de quien sea, aquí y ahora, ya, aunque todo y todos se hundan a nuestro alrededor. Pero esto es como seguir el curso de una multitud ciega, necia e incauta que se desplaza por un bulevar abarrotado hasta precipitarse de bruces sobre un abismo que se esconde tras un hermoso telón, creyendo que asiste a un espectáculo grandioso.

Los mercachifles de turno hacían ayer su agosto. Nunca fue la vida tan llevadera (ni tan complicada) como en nuestro tiempo. Hoy somos víctimas de un continuo bombardeo con toda clase de reclamos, pasatiempos, distracciones, novedades, informaciones y elixires. Por todos los medios se hace todo lo posible —se trivializa la vida— para que nos olvidemos del negocio fundamental de la existencia, que es prepararnos para la muerte, es decir, para el día de la eternidad.

Es un error trágico dejarse arrastrar por esta sociedad aturdida, espiritualmente atrofiada, que no sabe hacia dónde va. Por el contrario, para el que vive a la luz de la eternidad, todos los valores cambian como de la noche al día. Despertar a la eternidad con

Dios significa amanecer a una bienaventuranza indescriptible para los que creen en Él. «*Cosas que ojo no vio, ni oído oyó, ni han subido en corazón de hombre, son las que Dios ha preparado para los que le aman*» (1 Corintios 2:9). Mi relación con Dios en la tierra determina el tipo de relación que tendré con Él en la eternidad. Si aprendo a amar y a confiar en Jesucristo, el Hijo de Dios, recibiré una invitación de bodas para pasar con Él toda la eternidad.

Tristemente muchas personas tendrán que pasar la eternidad sin Dios, porque eso fue lo que escogieron en la tierra. Prefirieron desecharle. No hacerle caso. Confundirse, mecerse al arrullo del ruido ensordecedor que emite el mundo. Dejarse llevar por la corriente.

Todos los que pretenden enriquecerse como sea, a costa de los demás, no piensan en el día de la eternidad, aunque crean que su previsión les suavizará el mañana. En realidad sólo piensan en el ahora terrenal, ignoran adrede que su injusticia será juzgada y manifiesta.

No es que haya que olvidar la realidad y no pensar más que en el más allá. No. Es que debo vivir el presente desde una perspectiva eterna, con un objetivo claro, direccional, que dé sentido a mí vida. Cada día que vivo soy responsable de mi destino final.

Debemos encarar la muerte no como una tragedia, sino como la antesala de una vida gloriosa: el umbral de la eternidad. Esto será así si en verdad uno está preparado para recibirla. Pero si no lo está, entonces debería temerse mucho. No es para menos. No como hace neciamente la sociedad moderna, que intenta quitarle yerro al asunto e inocular a la gente con una adormidera, como si la muerte fuera tan trivial como ir al excusado.

Para vivir una vida bien fundamentada uno debe buscar a Dios, conocer su voluntad y cumplirla, creer en la obra que Jesucristo ha hecho en la cruz para ofrecer perdón de pecados. Porque la cruda realidad es que uno no es más que un miserable, un pobre pecador. Si bien, pese a todo, lleva impresa la huella de su excelsa imagen.

Ocuparse hoy en cultivar una relación con Dios, en escuchar su voz y seguirle, es dar un paso de gigante para dar sentido a la vida y a la muerte. Pues cuando la vida no tiene sentido, tampoco la muerte lo tiene. Pero Dios ha sido benévolo con la humanidad y se le ha revelado. No nos ha dejado desvalidos, palpando en la oscuridad, por si acertamos a dar con una especie de asidero y descubrir al final que es inestable. No. Nos ha dado su Palabra eterna para mostrarnos el camino que conduce a la eternidad. Nada menos.

Cuando la muerte acecha, se ordenan las auténticas prioridades. Las necesidades se simplifican como por encanto. Lo superfluo se desmorona. Al final, poco importan las cosas baladíes. Uno está presto a desprenderse de todo lo que no vale. Se lamenta de las muchas oportunidades perdidas, de las incontables ocasiones que tuvo de amar, de servir, de hacer el bien a los demás; de aprovechar sus dones y talentos, de las maldades que cometió y de las palabras vanas que pronunció. Este milagro acontece cuando se agotan las horas, se cierran las ventanas de la vida y no queda sino el negro y angosto pasadizo que da acceso a la eternidad.

Muchos pretenden labrarse un futuro: inmortalizar su nombre, amontonar dinero para amarrar el día de mañana, disfrutar de su jubilación, acumular tierras y propiedades, realizar obras grandes y espectaculares, con tal de pervivir. Con todo, es sintomático que Steve Jobs declarara: «Yo no tengo ningún interés en ser el más rico del cementerio».

Tras la muerte, el hombre, su identidad, su obra, quedan atrás. ¿Qué huella dejó? ¿Quién le echará de menos? ¿Se notará su ausencia? Para que alguien le eche de menos tiene que haberse beneficiado de algún modo de la influencia benévola de su existencia. Y en cuanto a ti, ¿amaste a alguna persona? ¿Cultivaste su afecto y su amistad? ¿Bendijiste a alguien? ¿Cuidaste de tu familia? ¿La educaste en el temor de Dios? Si no bendijiste a nadie, nadie te echará de menos. Si maldijiste, se alegrarán los infortunados que te sufrieron de que ya no existas. ¿Qué huella o qué influencia habré de dejar yo a mi muerte? ¿Qué puede importarme que las multitudes me olviden o me retengan en su memoria? ¿Me atreví a hacer el bien? ¿Hay siquiera uno que me recuerde agradecido, a quien pude bendecir con un gesto de amabilidad, con un acto de humanidad? ¿Que guarde de mí un dulce, aunque leve recuerdo en su borrosa memoria? Nadie me recordará agradecido por haber amasado una fortuna a costa del sacrificio ajeno; por haber burlado, engañado, explotado o expoliado; por haber transgredido, quebrantado la ley moral, y encima haberme jactado de ello. Si no hiciste la vida agradable a nadie, si no fuiste lámpara que iluminó con la luz de la verdad, si no honraste ni glorificaste a Dios, si, en fin, no le diste gracias, si no animaste, ayudaste ni consolaste a nadie, ¿cómo podrán —o qué sentido tendrá— entonces recordarte?

La vida en mil palabras

La vida es única e irrepetible, sumamente breve, e ignoramos sus límites. Jorge Manrique, en *Las coplas a la muerte de su padre*, dice que más vale tener buen tino y no errar en el intento. Conviene tomársela muy en serio. Sólo se vive una vez.

La vida es bella. Ojalá transitáramos por ella con los ojos bien abiertos y siempre contempláramos sus infinitas maravillas. Desde los más insignificantes detalles de la naturaleza física y los seres vivos más diminutos hasta las obras más sublimes y el universo abismal son todos admirables. Admirémoslos. Que nuestra capacidad de asombro sea inagotable; que nuestro afán por descubrir cosas nuevas y grandiosas se asemeje al entusiasmo de un niño y se mantenga siempre intacto. Conservemos un espíritu siempre joven. Nunca permitamos que la vida nos arrastre indolentemente hacia la vejez por la pendiente de la apatía, la indiferencia y la mediocridad.

La vida esconde infinidad de secretos. Pero el de la felicidad se halla en las cosas más sencillas. Descubrámosla, disfrutémosla y transmitámosla. El que descubra su secreto, que no lo retenga egoístamente. Muchas pobres gentes, sumidas en la tristeza y la desesperanza lo necesitan con urgencia.

La vida es un sueño. Abriguemos grandes sueños, mas no olvidemos el terreno que pisamos. Soñemos, pero convirtamos nuestros sueños en realidad. Seamos utópicos, mas no dejemos de ser prácticos. La juventud siempre fue utópica e idealista. Pero la vida siempre nos obliga a ser prácticos.

La vida es un reto. Aceptémoslo. No nos dejemos acobardar. Seamos valientes. Cultivemos el coraje para poder afrontar los desafíos que ella nos depare.

La vida es crecimiento y madurez. Desde que uno nace hasta que muere la vida le ofrece ilimitadas oportunidades de aprendizaje y crecimiento en carácter. Reconozcamos que necesitamos aprender mucho. Apenas sabemos nada. No sea sabio en su propia opinión. Atienda al consejo. Déjese enseñar. Si no lo hace, la vida le golpeará duramente.

La vida es una obligación impuesta. Las responsabilidades llegan más tarde o más temprano. Aceptémoslas. Maduremos. La madurez es el fruto natural que debe producir la vida. El nacimiento de un río transcurre entre rápidos, cascadas y bruscas pendientes. Pero a medida que desciende hacia el llano, se nutre con nuevos afluentes y sus aguas se remansan. Demostremos nuestra madurez asumiendo responsabilidades.

La vida es un juego. Todo juego tiene sus reglas. Respetémoslas y aspiremos a ganar. Como buenos deportistas, hemos de combatir y competir, pero sin quebrantar las reglas. El que lo haga, ellas le quebrantarán.

La vida es una propiedad muy valiosa que nos ha sido confiada. Está a mi disposición, pero no me pertenece. No soy su dueño absoluto. Por tanto, no la puedo malgastar ni desperdiciar. Administrémosla bien para que cuando haya que rendir cuentas seamos hallado fieles y salgamos airosos.

La vida es un secreto. Indaguémoslo honestamente y resolvámoslo. Busquemos la verdad con tesón y ahínco. Si uno es sincero, si persevera, la encontrará y descubrirá su misterio.

La vida es un gran don, aunque totalmente inmerecido, recibámoslo con gozo y acción de gracias. No lo menospreciemos.

La vida es una promesa. Recibámosla con fe. Espérela siempre y verá cómo, indefectiblemente, se cumple.

La vida es un valle de tristeza. Armémonos de valor, afrontémosla con gallardía y superémosla con entusiasmo.

La vida es una bella canción. Cantémosla para que nuestra alegría sea notoria a todos. Muchos se alegrarán cuando nos oigan cantar, y nosotros, cuando los demás se alegren.

La vida es una pelea. Librémosla en buena lid. Seamos intrépidos y valientes.

La vida es un viaje. Es imprescindible conocer bien el destino hacia el que uno se dirige. De lo contrario, será presa de una existencia absurda porque quien no se dirige a alguna parte, no llegará a ningún sitio. Es necesario escoger con suma cautela el destino, marcar bien el rumbo y evaluar periódicamente si uno está progresando hacia él. Si dispongo de un GPS y no le marco un destino, no me conducirá a sitio alguno. Así sucede con la vida.

La vida es una carrera de obstáculos. Si quiero alcanzar la meta tendré que tener propósito, actuar con determinación. Lo importante es llegar; no importan tanto los tropezones y las caídas. Superemos con bravura cada obstáculo y avancemos resueltos hacia el final.

La vida es una aventura. Emprendámosla con audacia. Pongamos el punto de mira en los confines más remotos y en las metas más nobles. Nos recompensará con creces.

La vida es un tesoro valiosísimo. Busquémoslo y apreciémoslo como a perla de gran precio. No lo tiremos por la borda.

La vida es una caja de sorpresas. Predispóngase a abordar cualquier cambio imprevisto. No sea incauto. No caiga en la trampa.

La vida es sagrada. Vivámosla con temor y reverencia, como si no fuera nuestra, como si este fuera el último día que se nos ha concedido. Dediquémosla a Dios, dueño absoluto y autor de la vida. Recordemos que es necio aquel que retiene lo que puede perder y sabio aquel que entrega lo que no puede retener. Jesús de Nazaret dejó advertido:

«El que quiera salvar su vida, la perderá; pero el que pierda su vida por mi causa, la salvará» (Lucas 9:24).

El Bien Supremo: buscarlo y conocerlo

Según Boecio, el ser humano no cesa de suspirar por el bien supremo, por más que no acierte a dar con el camino para conseguirlo. E insiste en que todos los mortales se preocupan por conseguir la felicidad, que es un bien único y común al que aspiran todos los hombres, aunque por caminos diferentes.[2]

Boecio sintetiza admirablemente los bienes en los que cifran su felicidad los hombres y a los que se suelen apegar: riquezas, honores, gloria, poder y placeres, si bien pone en tela de juicio todas estas cosas, porque no dan lo que prometen. Desmonta todas ellas, por falsas y aparentes, y concluye que el bien supremo sólo reside en el conocimiento de Dios.

Vivir por algo grandioso, mucho más grande que uno mismo

Dios nos diseñó para buscar la satisfacción y la plenitud que se alcanza cuando se vive por algo grandioso, en realidad, cuando se vive para Él. La sabiduría bíblica hace referencia a esta verdad. La vida no tiene sentido, zozobra en el absurdo y la confusión, fluye a la deriva, cae en la desesperación y el sinsentido cuando no se proyecta sobre grandes compromisos e ideales, cuando no se dedica a objetivos importantes. Con razón dijo Dostoievski que el ser humano necesita arrodillarse ante lo «infinitamente grande», para no tener que arrodillarse ante lo «infinitamente pequeño». Si los hombres no se inclinan ante lo infinitamente grande, andarán en pos de vanidades, se arrastrarán por el laberinto de la mediocridad y morirán de desesperanza. Por eso nos recuerda Carlos Díaz que el cristiano se arrodilla ante Dios para crecer como hombre.[3]

Por eso mismo dice Mike Bickle, con razón, que Dios diseñó el espíritu humano con el profundo deseo de ser fascinado por un Dios fascinante.[4] Esto es evidente por la necesidad constante del espíritu humano de sentir continua fascinación (con sus componentes de alborozo, asombro, admiración, arrobamiento, divertimiento, emociones intensas, sorpresa y aventura que ella conlleva). Desde luego, la industria del turismo y el ocio es consciente de este extremo y monta su negocio teniendo muy en cuenta este deseo ardiente. Bueno, Dios tuvo a bien que nos fascináramos con Él. La solución a esta cuestión punzante que acucia a todos consiste en aprender a satisfacer nuestra sed en Él, no tratando de beber de la infinidad de fuentes secas que por doquier se nos ofrecen, a las que nuestra caprichosa voluntad nos arrastra, embelesada por seductores espejismos. Si no bebemos de esta fuente de vida, vagaremos por el odioso páramo del aburrimiento. Éste es uno de los problemas más graves que nos acosan. Nos hace vulnerables a ansiedades, codicias y adicciones de muchos géneros. Y es que no fuimos diseñados para vivir instalados en el aburrimiento. Intentamos escapar de él como sea, refugiándonos muchas veces en sensaciones fuertes, embarcándonos en aventuras audaces, viajes exóticos, emociones vinculadas al riesgo o sustancias estupefacientes. Pero ni siquiera eso basta para saciar nuestra sed. En suma, nos adentramos en el terrible yermo del tedio y la desesperación que acaba fácilmente por destruirnos.

Y es que si no tenemos nada por lo que morir, tampoco tendremos nada por lo que vivir. Fuimos creados para vivir confiados, henchidos de vida plena y abundante. Sólo de este modo podrán ser plenamente satisfechos los trémulos e inquietos anhelos del corazón humano. El verdadero creyente tiene el inmenso privilegio y la capacidad sobrenatural de amar a Dios con ardoroso afecto. El manantial de la renovación brota en la vida cuyo corazón está fascinado por el hallazgo del afecto y la belleza de Dios. Por eso dice Mike Bickle que «El conocimiento de la belleza de Dios fascina y despierta el corazón humano de manera sobrenatural... Produce verdadera transformación... ¡Qué maravillosa es la fascinación! El arrobamiento que ella produce predispone a adorar, a beber en la Palabra de Dios».[5]

Dios ha puesto eternidad en nuestros corazones. Nos busca, nos atrae hacia sí, nos invita a conocerle y recibirle. Y nunca nos sentiremos completos hasta que le aceptemos.

Muchos grupos rebeldes e inconformistas, sobre todo en sus años mozos, se han aglutinado y actuado en la historia movidos por cuatro factores esenciales, a saber: una concepción unificada y coherente del mundo y de la realidad; un objetivo por el que vivir, luchar y morir; un ideal que aspira a establecer una fraternidad universal y un compromiso que impele a propagar por doquier la buena noticia de que hay esperanza para los desesperanzados. A este respecto apunta Barrio Maestre que «los jóvenes tienden de manera espontánea a fijar su atención en grandes ideales y nobles ambiciones que requieren esfuerzos heroicos».[6]

Friederich Nietzsche anunció la muerte de Dios, pero Dostoievski previó el gran problema con que se toparía la humanidad: el nihilismo. Se dio perfecta cuenta de las consecuencias que acarrearía la negación de Dios en la sociedad. Entendió que cuando el hombre se erige en dios para sí mismo se transforma en el ser más diabólico que habita sobre la faz de la tierra. La ciencia ciertamente puede ayudar a solucionar muchos problemas, pero nunca puede resolver la tragedia esencial del hombre como ser moral sumido en la lucha entre el bien y el mal y la búsqueda de la felicidad.

Aunque Dostoievski se debatiera entre el bien y el mal, al final, después de luchar denodadamente, encontró el camino de la verdad gracias a la lectura de la Biblia. Se dio cuenta de que era preciso rechazar la soberbia y aceptar con humildad la condición de criatura, y de criatura redimida, ya que «todos tenemos culpa de todo». El gran novelista reconoció que necesitaba a Dios y advirtió solemnemente: «Si Dios no existiera, todo estaría permitido».[7]

Si se opta por esta premisa, no hay límite alguno que frene la codicia y el deseo insaciable de los hombres. Se desploma el fundamento de toda ética. Dejan de existir el bien y el mal. Quedan arrasados los cimientos de toda moralidad. No hay ley ni barrera que impida las atrocidades más degradantes. Se instaura, se glorifica el «reino absoluto del yo», hasta sus últimas consecuencias. Se trata únicamente de gozar de la vida, de ir en pos del egoísmo más descarnado. Si Dios no existiera, no quedaría otra alternativa que la búsqueda más grosera del placer sensible, aun a costa del prójimo. ¿Quién o qué me podrá impedir dar rienda suelta a mi desenfreno, después de haber caído en las garras de la perversión, para no aprovecharme ni abusar de mis semejantes? ¿Qué me impedirá usar a las mujeres (o varones) como objeto de consumo? ¿Quién me impedirá robar, mentir, matar, exterminar, prevaricar, maltratar a los demás, abusar de los niños? ¿Quién tendría autoridad y catadura moral para juzgar o castigar a los demás? Nadie, sin duda.

Los hombres de todos los tiempos han presentido horrorizados el infierno en el que queda sumida una sociedad arrasada por el ateísmo. La negación de Dios conduce al horror y asuela la sociedad. Constituye el veneno más letal para acabar con la vida social. Y es que una cosa es la incoherencia entre lo que se dice y se hace por causa de la humana fragilidad, y otra bien distinta negar y remover las bases que sustentan el carácter moral de los hombres.

Por si fuera poco, el hombre siempre espera ser tratado justamente, y cuando sufre alguna injusticia, espera que se le haga justicia. Espera, además, que se pague a cada cual conforme a sus merecimientos. Por eso le parece justo y normal que, ajustándose a la escala de valores del sistema mundano, los otros triunfen y obtengan el éxito que les corresponde cuando acumulan méritos que les avalan. En cambio, se queja y se lamenta cuando cree que algunos son premiados y recompensados más allá de lo estimado conveniente mientras él sufre menoscabo, a pesar del íntimo convencimiento de haber hecho un mayor esfuerzo, de reunir mejores condiciones, preparación o experiencia. Por tanto, el hombre es profundamente moral, como queda demostrado en todos los juicios que emite, al menos por lo que toca a la conducta ajena. Luego, admite y aprueba una ley moral común, universal, que obliga a todos los hombres por igual, y por supuesto, a él mismo, aunque tienda a no juzgarse, a disculparse, aunque le cueste aceptar la inmoralidad de sus propios actos. Todo ello obedece a la ley inscrita en su corazón (Romanos 3).

Precisamente por eso el cumplimiento de la ley, y la búsqueda de su Dador, es la mejor salvaguarda de una sociedad y de una democracia que se precien; fundamento de todo sistema judicial que garantiza o debe garantizar libertad y bienestar a todo aquel que se somete voluntariamente al imperio de la ley; castigo y corrección a todo transgresor que se atreve a desafiar a la justicia; juicio imparcial, sin acepción de personas, según el rasero de la misma ley; privación de libertad, sin arrebato de su dignidad, al culpable.

Adoración y culto al Ser Supremo.

Dios ha dejado suficientes huellas de su autoría en la Creación, tanto en lo que nos es dado contemplar de las maravillas del universo, como en la naturaleza terrenal, no por más cercana menos asombrosa, y en el corazón de las personas. El hombre es, pues, culpable de rebelión contra su Creador al intentar labrarse una existencia autónoma y autosuficiente, volviéndole la espalda y entronizándose a sí mismo como reyezuelo autónomo, aunque a expensas de su Hacedor, pues de Él depende y recibe todo su sustento y el soplo de su existencia. Ahora bien, este hecho encierra una terrible perversión, ya que significa básicamente abominable injusticia e iniquidad, pues «*lo que de Dios se conoce les es manifiesto, pues Dios se lo manifestó. Porque las cosas invisibles de él, su eterno poder y deidad, se hacen claramente visibles desde la creación del mundo, siendo entendidas por medio de las cosas hechas, de modo que no tienen excusa. Pues habiendo conocido a Dios, no le glorificaron como a Dios, ni le dieron gracias, sino que se envanecieron en sus razonamientos y su necio corazón fue entenebrecido*» (Romanos 1:19-21). Así pues, el gran crimen de la humanidad es no haber dado a Dios la gloria que Él solo merece; no haber honrado y dado gracias al Creador; haber endurecido el corazón como pedernal y pensado que todo se obtiene gracias al esfuerzo, o la inteligencia, por derecho o merecimiento. Esta actitud es terriblemente fea, mala e injusta. De modo que la única solución que le queda al hombre es cejar en su rebelión, pedir perdón al Magnánimo, deponer las armas, arriar el estandarte de su ensoberbecimiento y dar culto racional al Único digno de recibirlo, pues además, el Autor de la Vida se ha humillado a sí mismo hasta el colmo y se ha mostrado en extremo paciente y misericordioso con sus criaturas, a las que está pronto a socorrer, perdonar y redimir de su triste condición, gracias a los padecimientos y la costosa obediencia de Jesucristo.

Anhelo de admirar lo bello y lo sublime,

El ser humano necesita contemplar y admirar cosas grandiosas, portentos y maravillas de la naturaleza y el universo: cielos, océanos, mares, ríos, volcanes, islas, lagos, montes, colinas, abismos, desiertos, costas, playas, acantilados, icebergs, cataratas, campos, bosques, praderas, llanuras, animales, valles, glaciares, nubes, tormentas, tempestades, soles, lunas, auroras, crepúsculos, meteoros, firmamento, cuerpos celestes, estrellas, galaxias... Todas estas cosas ayudan a calmar la inquietud del corazón humano, lo invitan a descansar, a refugiarse en remansos de paz, a reconocer su propia pequeñez, su insignificancia en relación con lo que sus ojos contemplan, a reflexionar en la realidad, en su condición de sujeto consciente, capaz de sentir júbilo y admiración por lo que ve.

Y no sólo las majestuosas y espectaculares maravillas concebidas por el ingenio y la palabra del Creador; también las magníficas obras artísticas que la mano del hombre lleva a cabo y que solemos denominar cultura: música, pintura, escultura, literatura, cine, danza, movimiento armónico, arquitectura, decoración, diseño, perfección mecánica, inventos, aparatos, obras geniales: suntuosos edificios, obras públicas, catedrales, castillos, fortalezas, museos, palacios, mansiones, parques, jardines, habilidades, destrezas especiales...

La adoración y el mundo material

Uno se admira con Landa Cope: «La creación declara la asombrosa grandeza de Dios. En la época que se erigieron las catedrales los europeos se mostraban desconcertados ante la realidad del espacio. Aún no podían definir la estructura molecular de las cosas, el aire les resultaba misterioso e imponente… los arquitectos y los ingenieros inventaban nuevas artes y técnicas de construcción para transmitir el pavor reverencial y la maravilla de la creación de Dios en sus catedrales. Entendieron que la ciencia y la adoración podían discurrir paralelas».[8]

Dios nunca ha estado enemistado con su mundo material. El científico no puede descubrir nada que Dios no haya antes creado ni nada que no le haya sido dado conocer. Puede elaborar teorías bien fundadas, o ilusorias, sin base en la realidad. Pero no puede crear nuevas leyes o axiomas que rijan el cosmos; sólo puede descubrirlos. Es significativo que el hombre ocupe un lugar minúsculo e insignificante en relación con la infinitud del cosmos. Sin embargo, el universo entero parece adaptado, es ciertamente cognoscible, puede ser escrutado por el entendimiento humano y se corresponde con éste.

Desgraciadamente nuestra capacidad de asombro está siendo muy castigada en nuestros días. El exceso de estímulos y sensaciones parece haber dado al traste con aquel candor infantil que nos hacía vibrar de emoción, saltar de entusiasmo.

Parece mentira que en una era en la que el telescopio Hubble capta fotografías espectaculares de lejanas nebulosas, la capacidad de reacción del espectador promedio sea casi nula. Éste no acierta a asimilar las escenas exhibidas hace escasos minutos en la pantalla, tanto da si se trata de una tragedia, un cadáver o un grandioso, remoto y bellísimo rincón del universo. Ante unas dimensiones colosales y unas distancias tan desconcertantes que debieran causar estupor, asombro y reverencia, cuando no pavor, nos quedamos como si tal cosa, como si hubiéramos pasado junto a un automóvil estacionado en una calle cualquiera. Bueno, es posible que nos detuviéramos a admirar encantados uno de esos vehículos, quién sabe, pero rara vez a considerar la formidable inmensidad del cosmos, cómo afecta a la percepción que tenemos de nosotros mismos, a las cuestiones más profundas y acuciantes de nuestra existencia. Por eso, Landa Cope exclama: «Cuando contemplé fotografías del telescopio Hubble, la captación del nacimiento y la muerte de estrellas, ¡me espanté! ¡El color, el poder, la majestad que intervienen en la creación de una pequeña estrella son indescriptibles! ¡La explosión de penachos de millones de kilómetros de altura impone! ¿Quién no es capaz de adorar al Dios de la creación cuando ve y descubre tales portentos? Me sentí poca cosa, y ¡pensar que una vive en la primera generación agraciada por Dios con una visión tan fantástica de su creación, de su poder tan espantoso, de la belleza de cada detalle de su universo!... ¿Cómo no adorar ante tanta grandeza? ¿Quién es incapaz de maravillarse ante la majestad de nuestro Dios y Creador?».[9]

La perfección

El hombre sensato busca tanto la excelencia profesional y artística (de ellas dependen la prosperidad, la cultura y la civilización de los pueblos) como la perfección espiritual (la pureza de intención y de motivación), según reza la máxima evangélica «sed perfectos». Esta es la verdadera meta del hombre, pues la existencia humana no puede quedar reducida a disfrutar sin más del presente, no puede derrocharse en la zafia acumulación de bienes materiales, sino que ha de aprovecharse en cumplir una obligación trascendental: ha de revestir un proceso de madurez y desarrollo espiritual para ausentarse de este mundo con el mayor grado posible de perfección. Ahora bien, éste no se perfecciona cubriendo simplemente todas sus necesidades, o no careciendo de nada, sino más bien cultivando la virtud, que tanto los filósofos como los santos de todos los tiempos han recomendado buscar. Por ejemplo, Sócrates dejó clara su vocación: «Yo no tengo otra misión ni oficio que el ir deambulando por las calles para persuadir a jóvenes y ancianos de que no hay que inquietarse por el cuerpo ni por las riquezas, sino... en conseguir que nuestro espíritu sea lo mejor posible, insistiendo en que la virtud no viene de las riquezas, sino que las riquezas y el resto de bienes y la categoría de una persona vienen de la virtud, que es la fuente de bienestar para uno mismo y para el bien público».[10] Es decir, es lícito aspirar a cubrir necesidades legítimas, pero es ineludible tratar de cumplir el imperativo moral de la obediencia que nos ha sido impuesto. Hay unas normas, un código moral, resumido en los Mandamientos, que la persona ha de observar para llegar a ser perfecta, aunque carezca de ciertas cosas, o no haya podido cubrir algunas o muchas de sus necesidades de rango inferior, o tenga que sacrificarse o desprenderse de su bienestar. Por eso dice Cristo en el Evangelio: «*Por tanto, sed perfectos, así como vuestro Padre celestial es perfecto*» (Mateo 5:48). Como se ve, la perfección es un mandamiento. Y conste que no se nos dice: «Cuando obtengáis todo lo que os falta, entonces lograréis ser perfectos», sino que se nos insta más bien a adoptar la actitud correcta en medio de cualquier circunstancia, por difícil que ésta pueda parecer. Uno puede y debe adoptar la actitud evangélica que exhibió el Hijo del hombre en toda situación. Él mismo nos aconsejó seguirle, imitarle, olvidar el yo, librarnos del egoísmo que nos atenaza, preferirnos unos a otros, cargar la cruz.

El mundo en que vivimos está caído, lleno de imperfección, de corrupción y de injusticia. Y ello, tanto por lo que respecta a las estructuras institucionales y sociales como a las personas. Estamos llenos de defectos (aunque podamos tener algunas virtudes), injusticia, egoísmo, falsedad y avaricia (causa de multitud de problemas sociales), e incluso de envidia y maldad (maldad voluntaria, libremente elegida y ejecutada). No es de extrañar que el mundo, la sociedad, se encuentre en la lamentable situación presente y que las cosas vayan de mal en peor. Sin duda, las cosas podrían ir mejor, pero no partiendo de buenos propósitos de enmienda, nobles resoluciones, grandes planes, refinadas estrategias y acendrados esfuerzos humanos. Todos ellos han demostrado su impotencia. Todos acaban, a la larga, conduciendo al fracaso más estrepitoso. Lo único que puede cambiar al hombre por dentro (y por contacto, a la humanidad y las relaciones humanas) es una regeneración moral radical del corazón, pero esto sólo lo puede conseguir si le es concedido desde fuera, si recibe fuerzas de lo alto. Pues se trata nada menos que de entablar una lucha sin tregua y sin cuartel contra el yo desgarrador, contra el egoísmo innato y dominante, de por vida. Por eso es tan impopular. Por eso el Evangelio encuentra tanta oposición. Y es que, a fin de cuentas, ¿quién está dispuesto a lanzarse por tan peligrosa pendiente de candidez y de locura (más bien de bendita sensatez y lucidez mental), cuando el resto del mundo se afana, te aconseja, te empuja y aun te obliga a defenderte con uñas y dientes? ¿He dicho peligrosa? Peligroso es seguir por el mismo camino sin salida que lleva a la destrucción.

El mundo, las gentes, suelen ocultar sus debilidades, limitaciones, incapacidades, imperfecciones y defectos. Pero éstas nos recuerdan de continuo nuestra más absoluta dependencia y pequeñez. Justamente lo contrario de la autosuficiencia, la independencia, la prepotencia y la soberbia de «creerse algo», que es lo que impera en el mundo. Todas esas cosas representan una infinidad de obstáculos e inconvenientes que hemos de superar, por medio de los cuales nos perfeccionamos. En general, podríamos definir la perfección como la pureza y la bondad de intención en todas las decisiones que tomamos o nos vemos obligados a tomar. La vida es una serie sucesiva de decisiones. Una infinidad de obstáculos que hay que sortear y vencer. La no-decisión, el no optar por nada, el nadar, o «flotar» en la indiferencia, en el caso de que fuera posible, es también una decisión que acaba instalando en la desolación.

El que busca la perfección sólo puede hacerlo por una única vía: hacerse discípulo de Cristo, seguirle, imitarle, observar sus preceptos, cumplir la voluntad de Dios, y así llegar a ser semejante a Él.

La santidad

Nadie podrá ver a Dios sin santidad (Hebreos 12:14), porque escrito está: «*Sed santos porque yo soy santo*» (1 Pedro 1:16). Menos mal que Él es quien limpia y purifica. Quien llama a sus criaturas a ser perfectas y también las santifica. He aquí el digno y excelso llamado del hombre: ser semejante a Dios en su carácter. Dejar atrás la bajeza de sus impulsos animales y adoptar, por vocación y regeneración, la belleza espiritual, sobrenatural, andando en la perfección a que aspira como hijo de Dios. Ahora bien, «*Ni las estrellas son limpias delante de sus ojos; ¿Cuánto menos el hombre que es un gusano?*» (Job 25:5, 6). De esto, Charles Spurgeon tenía honda conciencia: «¡Con qué humildad deberíamos acercarnos a Él! ...es menester acercarse con confianza, pero no una confianza exenta de santidad. Puedo ser audaz, pero no impertinente. Nosotros estamos en la tierra, pero Él está en el cielo… Él es Eterno. Antes que las montañas fuesen formadas Él era Dios, y aunque todo lo creado dejara de existir, seguiría siendo el mismo. Mucho me temo que no nos postramos como debiéramos delante de la Eterna Majestad».[11]

Que Dios nos conceda el acercarnos con actitud humilde y reverente a la presencia de la Infinita Majestad que reina en las alturas siderales.

El Espíritu Santo y el nuevo nacimiento

El espíritu humano está espiritualmente muerto. Es insensible al estímulo de Dios: su obra, su presencia y su voz. Pero cuando alguien nace de nuevo, su espíritu es vivificado, renace a una vida de gozo y de plenitud exultante, ingresa en el reino de Dios, entabla una relación personal con Jesucristo y su nombre es escrito en el libro de la vida. La persona recupera la impronta del plan original de Dios y pasa a ser morada del Espíritu Santo. Aunque Omnipresente, discreto y humilde, aunque todo lo ve, sucede con frecuencia —¡oh admirable paradoja!— que Él es el gran olvidado. No obstante, ésta es la mayor necesidad que tenemos los seres humanos. Pues aunque nuestro hueco y vacío existencial sea inmenso, Él solo lo puede llenar con creces. Su mismo nombre es Consolador, Sanador y Compañero Fiel. Más aún, uno puede tener muchas otras necesidades pendientes, pero si tiene ésta cubierta, será rico, disfrutará de gran abundancia y, en un sentido muy real, se sentirá totalmente satisfecho y colmado.

Jesús mismo hizo la siguiente promesa:

> «En el último y gran día de la fiesta, Jesús se puso en pie y alzó la voz, diciendo: Si alguien tiene sed, venga a mí y beba. El que cree en mí, como dice la Escritura, de su interior brotarán ríos de agua viva. Esto dijo del Espíritu que habían de recibir los que creyeran en él» (Juan 7:37-39).

Código de leyes, moral práctica y profesión de la verdad

Toda agrupación, asociación o banda, aunque sea delictiva, necesita observar cierto código de leyes, moral y conducta para subsistir y estructurarse. Cuando algún miembro no cumple el código común es eliminado o expulsado de su seno. Por eso se producen ajustes de cuenta, venganzas, represalias. Cuando no existe o no se observa ningún código legal ni penal la convivencia, la viabilidad del Estado, la justicia..., se hacen imposibles. En este sentido, cabría decir que el anarquismo ignora absolutamente la naturaleza del hombre. Y no sólo eso, en el supuesto de que lograra imponer su irracionalidad, acabaría destruyéndose a sí mismo y a la sociedad por pura inercia y contradicción interna.

La vida inmersa en un universo moral invita a practicar la religión verdadera, inscrita en el corazón, que, en términos concretos, se ajusta a la ley moral y a los mandamientos de Dios, cosa que sólo es posible con el auxilio de su gracia. En su defecto, se buscan atajos, las gentes se adhieren a religiones formales, se enrolan en sectas, observan rituales, liturgias, tradiciones, se incorporan al grupo social con el que se identifican...

A lo largo de la historia han surgido grupos como los moravos, los husitas, los valdenses, los anabaptistas, los menonitas y otros, que rompieron con el anquilosamiento de una tradición contaminada para introducir reformas en su sistema de creencias, renovación de costumbres, pureza y santidad de vida.

10

Necesidad de héroes

El mundo —y en especial la juventud— siempre ha necesitado modelos a imitar, héroes que se entreguen sacrificialmente a causas dignas como es el rescatar a quien corre peligro de muerte. El héroe siempre estuvo dispuesto a arriesgar su vida por los demás, a entregarse desinteresadamente para salvar a otros, defender causas, ideales... Es decir, llegado el momento propicio, la hora de la verdad, siempre estuvo dispuesto a sacrificarse. Las vidas ajenas, los valores, las libertades, se anteponían al propio bienestar y seguridad. Pero en la actualidad no ocurre lo mismo. El auténtico heroísmo es hoy una cualidad comparable a una especie en extinción. Escasea, brilla por su ausencia. El cine, el deporte y la literatura, sobre todo, han venido propugnando otro tipo de héroe: un sujeto amador del placer, dotado de apariencia física, engañador, farsante, ególatra, habilidoso en el arte que profesa —ésta sería prácticamente su única virtud—, idolatrado, famoso, acaudalado, entregado al bienestar personal y material. Lo grave del caso es que este tipo es admirado e idolatrado por la infancia, la juventud y hasta por la sociedad entera. Ante este panorama, ¿hacia dónde miraremos? ¿Qué ejemplos seguirán nuestros hijos? ¿Qué modelos se alzan para imitar? Y uno se pregunta, «¿cuándo se levantó una sociedad fuerte, bien asentada, sobre la molicie, la apariencia, el sexo sin cortapisas, el dinero fácil, el desenfreno, el egoísmo y el libertinaje? Que yo sepa, nunca. No recuerdo ninguna. ¿No fueron más bien estos vicios causa de decadencia y ruina de aquellas sociedades e imperios que un día llegaron a ser dominantes?

Jesús de Nazaret reveló el secreto del verdadero heroísmo: «El que quiera venir en pos de mí, niéguese a sí mismo». Sólo el amor desestima la propia vida en servicio de los seres amados. Por tanto, el amor a Jesús engendra auténtico heroísmo. He aquí algunos ejemplos:

LOS VALDENSES

El movimiento valdense surgió en el último cuarto del siglo XII. Alrededor de 1176, Pedro Waldo, rico mercader de Lyon, leyó una traducción del Nuevo Testamento. Tal impresión le causaron las palabras de Cristo que fue movido a repartir todos sus bienes, salvo una pequeña parte que destinó al sustento de su familia. Entonces organizó un pequeño grupo conocido como los «Pobres de Espíritu». Waldo y sus seguidores hubieran deseado predicar como laicos, pero les fue prohibido por el Papa. En 1184 fueron excomulgados por negarse a dejar de predicar.

Los valdenses creían que todo hombre debía de poseer una Biblia en su propia lengua y que ésta debía ser el pilar central sobre el que descansara su fe y su vida. Obedeciendo el mandato de Cristo, salieron de dos en dos, humildemente vestidos, a predicar a los pobres en su lengua vernácula. Abrazaron la cena del Señor, el bautismo y la ordenación laica para predicar y ministrar los sacramentos. La nueva sociedad llegó a disponer de sus propios clérigos: obispos, sacerdotes y diáconos. Waldo fue cabeza del grupo hasta la fecha de su muerte, acaecida en 1217. Muchos simpatizantes se hicieron socios secretos de los grupos valdenses y se les permitió permanecer dentro de la iglesia de Roma. Los valdenses se anticiparon en muchos aspectos a las ideas de los protestantes de la Reforma. Todavía existe un puñado de dedicados creyentes en el norte de Italia, pese a que tuvieron que sufrir persecuciones periódicas a lo largo de su accidentada historia. La represión de los ardientes deseos de reforma de éste y otros grupos similares, condujo, consecuentemente, a la inevitable Reforma Protestante.

Los valdenses no fueron escrupulosos en cuanto a la práctica externa del catolicismo, pues recibían, incluso, los sacramentos. Demostraron un discernimiento notable al hacerse revolucionarios radicales para Cristo y, al mismo tiempo, saber contemporizar, por lo que respecta a los signos externos, con la iglesia establecida. Ello representó una sabiduría poco común, especialmente si se tiene en cuenta que no todos estaban bien instruidos y que corría la Edad Media.

Optaron por una vida austera, no exenta de peligros. Vestían como peregrinos, y los «barbas», humildes predicadores, recorrían sin cesar los valles alpinos, en donde tenían su cuartel general, estimulando el celo de sus hermanos, edificándoles y compartiendo los mismos sufrimientos. La doctrina que predicaban era simple y convenía perfectamente a los campesinos y pastores a quienes iba dirigida. Rechazando toda jerarquía eclesiástica, su enseñanza no admitía ni las indulgencias, ni las peregrinaciones, ni el purgatorio, ni el culto a los santos, ni el juramento, y consideraban que incluso los templos podían resultar innecesarios, ya que el piadoso podía orar en cualquier parte. Rechazaron también la guerra y las cruzadas, así como la pena de muerte. Abrazaron la austeridad voluntaria. Y apenas encontraban dificultad para convencer a los montañeses de la verdad de su doctrina, porque era vivida.

Algunos nobles catalanes aceptaron las creencias de los valdenses y establecieron varios centros de predicación en España, probablemente al resguardo de su propia jurisdicción. También se extendieron por el reino de Navarra y alcanzaron el reino de León.

A pesar de ser generalmente reconocidos como gente de buena vida, practicante de una sana doctrina, y de escoger la pobreza, sufrieron implacable persecución. Los valdenses preconizaban una revolución tanto social como religiosa. En última instancia, todos predicaban. Vivían de las limosnas que recibían, y aun a las mujeres les estaba permitida la predicación. Censuraban la riqueza y el vicio de los clérigos, en extremo corrompidos por aquel entonces. Rechazaban la oración por los difuntos y oraban en las casas. No tenían linaje de propiedad. Ni mío ni tuyo. Comulgaban en una misma mesa y celebraban ágapes o fiestas de amor puro. Conservaban libros y manuscritos antiguos, algunos poemas, himnos y cánticos para sus devociones, y raros ejemplares de gran valor espiritual, que guardaban como tesoros, posiblemente por haber sido escritos por algunos de sus maestros espirituales. También eran conocidos por los nombres de «Insabattatos» o «Pobres de León»; y hasta se les llegó a llamar «comunistas». Lo mismo que a los primeros cristianos, se les acusó injustamente de desenfreno —como suele ocurrir cuando los impíos carecen de todo fundamento, precisamente contra quienes viven una vida absolutamente impecable—, pero estas invectivas apenas fueron tomadas en cuenta por sus perseguidores.

Sin embargo, aun siendo precavidos, no lograron escapar a la dureza y crueldad desatada por sus enemigos. Sufrieron represión a lo largo de todo el siglo XV, dirigida en Francia por el inquisidor franciscano, mientras que el inquisidor dominico de Turín vigilaba los valles piamonteses.

Después de Luis XI padecieron una dura persecución. Alberto Cattaneo dirigió un ejército de castigo contra ellos. Se cometieron muchas crueldades y tropelías contra los pobres valdenses; tuvieron que soportar mucho terror y sufrimiento. ¿Qué habían hecho ellos para ser objeto de tan intensas iras? La calidad de sus vidas era un testimonio intolerable. Sus enemigos sólo veían en ellos la desviación de una ortodoxia doctrinal. Se desató una lucha a muerte contra los pacíficos valdenses, indefensos, maltrechos, que no vindicaban sus derechos sino tan sólo propugnaban una auténtica revolución de amor. Pese a todo, nuestros héroes no desaparecieron. Se mantuvieron más o menos escondidos en Auvernia, Provenza y en los valles alpinos, formando pequeñas colonias muy dispersas. Más adelante, en su mayor parte vinculados al protestantismo, volvieron a padecer persecución bajo el reinado de Francisco I.

En España, se inició su persecución en 1197. Y después, más enérgicamente, durante el reinado de Pedro II, se estableció el castigo de la pena de muerte en la hoguera. En el siglo XIX se establecieron pequeñas colonias en Uruguay y Argentina (Río de la Plata). Es probable que, debido a la ignorancia y a las tinieblas de la época, los valdenses fueran confundidos con la secta de los albigenses, muy extendida por Aragón y Cataluña, contra los que se emprendió paralela persecución.[1]

BLANDINA, LA ESCLAVA DE LYON

En las postrimerías del reinado del emperador Marco Aurelio, la dura mano de la ley romana volvió a caer, inexorable, sobre los cristianos.

Apodado «el emperador bueno», Marco Aurelio trató de detener la creciente decadencia del imperio instando a sus habitantes a volver a la antigua religión romana. El efecto de su edicto trajo como consecuencia una cruel persecución contra los cristianos que no estaban dispuestos a abjurar de su fe.

Blandina, joven esclava, fue martirizada en Lyon, el año 177, con cuarenta y ocho cristianos de esa ciudad y de Viena, entre los que estaban Potino, obispo de Lyon, que a la sazón tenía 90 años, Atalio, Epagato, Santo, Biblis o Bíblides, Alejandro de Frigia, Atalio de Pérgamo, Vecio, Alcibíades, Maturo... Su martirio fue relatado por testigos oculares que enviaron una carta remitida por las iglesias de Lyon y de Viena a las iglesias de Frigia y de Asia, transcrita en el siglo IV por Eusebio en su *Historia Eclesiástica*. Se trata, pues, de sucesos verídicos.

Llegaron los festejos de Lyon. Se acercaba el final de las Olímpicas (las olimpiadas actuales), fiestas paganas en honor a Zeus o Júpiter, padre de los dioses de la mitología grecorromana. Todos los años acudían multitud de gentes provincianas para participar en las celebraciones y en la feria de la ciudad. Se habían congregado visitantes de muchos pueblos de la Galia (antigua provincia romana de Francia), entre ellos los tres prefectos de la región, representantes directos del poder imperial romano. Todo el pueblo se había dado cita para el gran espectáculo que coronaba las fiestas: lucha de gladiadores, caza de animales salvajes, tormento y muerte de cristianos. Las autoridades vigilaban celosamente el comportamiento de la plebe. Se había prohibido a los cristianos aparecer en público. Pero hubo unos desalmados que no tuvieron escrúpulos en desencadenar un tumulto atizando los peores instintos del pueblo, despertando el fanatismo del populacho pagano contra ellos. Se buscó, se espió y se sometió a tortura a los esclavos para que denunciaran a sus amos creyentes. Se acusó falsamente a éstos de los crímenes más horrendos e imaginarios. Los que confesaron su fe fueron hostigados, maltratados y encarcelados. Y los que se aferraron a sus creencias fueron amenazados con ser ejecutados si no renegaban de ellas y se retractaban. Las autoridades hicieron caso omiso; fueron más bien cómplices de los perpetradores de actos tan abominables.

En el siglo segundo de nuestra era vivió una jovencita singular, nacida probablemente allá por el año 160, en algún rincón del imperio romano. Blandina, pues así se llamaba nuestra heroína (su nombre significa tierna, acariciadora, insinuante), era de cuerpo menudo y endeble, y de alma sensible. Su existencia era gris y monótona, como la de todos los esclavos. Su vida no le pertenecía. Era una más de los dos millones de seres humanos de su tiempo sometidos de por vida a una dolorosa separación. Ni siquiera podía disfrutar del vínculo afectivo y el consuelo de sus seres queridos. No podía aspirar a vivir una vida digna como las personas libres, ni escoger un esposo a quien amar para formar su propio hogar y una familia. No había nada que pudiera borrar la marca que señalaba a los esclavos: una quemadura en una parte de piel visible, posiblemente en el brazo, que les recordaba de continuo que eran objetos poseídos, no personas capaces de decidir por sí mismas.

Pero un rayo de luz comenzó a colarse en su corazón e iluminar sus días: servía a una distinguida dama de Lyon, rica en delicadeza y respetuosa para con los humildes. Esta mujer descubrió un día lo que era la verdadera riqueza y se hizo cristiana. Aprendió a amar a su prójimo, y de una manera práctica, a las personas débiles más allegadas. Su amor era genuino. Apreciaba y respetaba a su esclava con ternura y la trataba con dignidad exquisita.

La rica dama lionesa no podía esconder ni dejar de compartir el gozo de su descubrimiento. Tenía que dar a conocer la fuente que le llenaba de luz el alma. Pero, ¿a quién podría contar su recién estrenada fe? Confió a su sierva Blandina, esclava flaca, pero dulce, la fabulosa noticia que había transformado su vida. Para la esclava fue como una revelación. Vio cómo se rompían sus cadenas, pues teniendo su ama sobre ella derecho de vida y de muerte, la trataba con cariño, como una madre amorosa que Dios le enviaba.

La noble dama cuyo nombre la historia prefirió ocultar presentó a Blandina a la comunidad cristiana de los hermanos de Lyon. Allí conoció la joven al noble Atalio, a Alejandro, el médico venido de Frigia, y a otros cuyas vidas le impresionaron profundamente. Su frescura cristalina, su humilde sinceridad, la fuerza irresistible de su fervor, conquistaron a los más favorecidos por la fortuna. Ellos acertaron a distinguir la calidad del corazón de la esclava. Todos la arroparon con su cálida presencia el día en que fue bautizada por el obispo Potino.

Luego los días de la semana impusieron su rutina. Las labores seguían siendo duras, pero mucho más ligeras. Blandina mostraba hacia su ama una renovada delicadeza y le prestaba similares servicios. Pero su relación ya no era la misma. Había ganado en profundidad, plenitud de sentido y de afecto. Y aunque habrían podido surgir sentimientos encontrados, debido a su distinta extracción social, la fe tejió lazos invisibles. Pero esta relación fraternal no pudo continuar.

Días antes, en una redada que hicieron las autoridades, se llevaron a cabo arrestos masivos de creyentes en Cristo, acusados de practicar incesto, canibalismo y orgías. La acusación no era nueva. Desde los tiempos del emperador Nerón, en la segunda mitad del siglo primero después de Cristo, la ignorancia y la superstición popular habían atribuido a los cristianos los más diversos crímenes. Se les acusaba de ser ateos, de adorar a un asno crucificado, de asesinar niños en sacrificios rituales, de comer carne humana y de incurrir en prácticas aberrantes e inmorales. Intelectuales de la época, como los historiadores romanos Tácito, Suetonio y Plinio el Joven, culparon a los cristianos de ser «enemigos del género humano», «envenenadores de las fuentes de las aguas», y de sostener una «abominable superstición, nueva, peligrosa y extravagante». En realidad, su único crimen consistía en negarse a adorar al emperador romano, idolatrado como un dios. Tal negativa era considerada crimen político y acto de traición a Roma. El único castigo que cabía era la pena de muerte.

Blandina y su ama fueron detenidas. Ésta prefirió olvidarse de sí misma y de su suerte y preocuparse de su esclava. Creyó que su sierva era demasiado frágil como para resistir la dura prueba a que sería sometida. Sus compañeros de prisión también pensaron que nunca soportaría las torturas, y que renegaría de su fe, pero su inquebrantable vocación cristiana la sostuvo hasta el fin. La joven dio toda una lección de coraje y de entereza.

Blandina fue trasladada a la prisión y encerrada en el calabozo, o más bien mazmorra, ubicada en el sótano de la cárcel, en la que jamás se colaba la luz del sol. Era una especie de cisterna o cueva subterránea donde eran arrojados los prisioneros. Allí hacinados, decenas de hombres y mujeres apenas podían moverse. El calor era sofocante; la atmósfera reinante, pestilente e insoportable. El aire viciado apenas contenía oxígeno, a veces llegaba a producir la muerte por asfixia.

A Blandina y sus compañeros, se los colocó en el nervus, cepo que contenía varios agujeros. Finalmente, comenzó su tormento. Sus brazos y piernas fueron estirados, descoyuntados, en el quinto agujero —un agujero más significaba la muerte de la víctima por desgarramiento del vientre—. Durante varios días fue cruelmente torturada y sometida a la brutalidad de los soldados, al hambre y la sed, desde el amanecer hasta la puesta del sol. Cuando comenzó el proceso contra los otros cristianos, ella fue sacada diariamente, llevada a la arena y obligada a contemplar el suplicio de sus hermanos de fe, para que se retractara y negara a Cristo. A pesar de su debilidad física, su extraordinaria resistencia causó agotamiento a sus verdugos: no tuvieron más remedio que turnarse para descansar. Al llegar la noche, el cuerpo de la muchacha estaba tan extenuado que todos se admiraban de que siguiera viva.

Y volvían a enviarla al calabozo. Pero los hermanos se maravillaban de ella, la mimaban y la consolaban. Su perseverancia era inquebrantable, manantial de inspiración y de valentía. Aunque menuda y aplastada, representaba todo un símbolo de grandeza: la presencia de Cristo en medio de su dolor. Los hermanos creían ver en su hermana al mismo Cristo crucificado. El populacho no dio muestras del más mínimo asomo de piedad. Pero la espera fue breve. Blandina y Pontico fueron reservados para el último día. Nuevos suplicios les aguardaban. El adolescente Pontico entregó su alma cuando su carne quedó hecha trizas por la tortura. Blandina sería el último número de aquel gran día de atracciones. Ella misma se puso a merced de su verdugo. El flagelo le desgarró la espalda. Luego fue atada y suspendida de un poste en forma de cruz, para ser devorada por las fieras, pero éstas no la tocaron, demostrando tener más sensibilidad para con los débiles y despreciados que los propios hombres dotados de naturaleza racional. Su desnudez quedó expuesta al frío y atroz escrutinio de los espectadores que se habían dado cita, sin duda, más punzante que las garras de las fieras con sus certeros zarpazos. Después de ser azotada, fue acercada a una parrilla al rojo vivo. Viva aún, envolvieron su cuerpo en una red y la entregaron a un toro bravo enfurecido que la lanzó por los aires. Cayó al suelo molida. Completamente aturdida, casi inconsciente, Blandina siguió conversando con el Amigo invisible a quien se había aferrado su corazón y que —ella bien lo sabía— la estaba esperando. Mas como aún no muriera, hartos o aburridos sus verdugos, acabaron por degollarla con una daga. Los paganos, incapaces de distinguir si sentían vergüenza o convicción por la infame bestialidad cometida reconocieron que nunca habían visto sufrir a mujer alguna de manera tan atroz. Ambos santos fueron testigos de todos los sufrimientos que soportaron sus hermanos, pero nada pudo disuadirles. La chusma, presa de histeria colectiva, como la que a veces se manifiesta en los campos de fútbol de nuestro tiempo, cuando se enfrentan dos enconados rivales, se irritó grandemente al presenciar tal heroísmo, pero no quiso hacer caso ni al pudor ni a la piedad.

Durante seis días, su cadáver, junto al de sus compañeros, quedó insepulto. Por último, su cuerpo fue incinerado y sus cenizas echadas al río Ródano. Durante todo su suplicio alentó a sus compañeros a mantenerse fieles al Señor, y no cesó de proclamar la inocencia de los cristianos. «Soy cristiana; y nosotros no hacemos ningún mal». La femenina voz, temblorosa, pero firme, se oyó una y otra vez en el anfiteatro de aquella ciudad.

Los festejos se prolongaron durante varios días. A la lucha de gladiadores y caza de cristianos acosados por su fe, sucedían concursos de elocuencia en lengua griega y latina. Todas las clases sociales se divertían, tanto los privilegiados, o de cultura más refinada, como los campesinos y los plebeyos. A los combates de gladiadores seguía el suplicio de los cristianos, que eran arrojados a la arena por parejas, lo mismo que los gladiadores, para suministrar un espectáculo rastrero sólo apto para la satisfacer la vileza moral de aquellas almas ruines.

El martirio y la valentía de la jovencita Blandina realzan su condición de mujer y de esclava; es un testimonio vivo y precoz de la verdadera revolución que necesitaba la historia y cuya búsqueda tanto sufrimiento ha costado a la humanidad. Significa una transformación interior genuina, una heroica emancipación del corazón sin tener que recurrir a la espada ni causar daño a infinidad de seres inocentes, como, por desgracia, ocurriría tantas veces a lo largo de la historia.

He aquí que una humilde esclava, débil, enclenque, y una sencilla comunidad movida por el amor cristiano mostraron al mundo a través de su profunda dignidad, nobleza de corazón y grandeza de carácter, el camino a la verdadera liberación. Siglos más tarde, la ignorancia humana, las falsas ideologías, el odio ciego, y el tenaz rechazo del amor a la verdad engendraron terribles monstruos, semejantes a los verdugos antiguos, pero esta vez hinchados de orgullo y fanatismo, que cometieron horrendos crímenes planificados, perpetrados desde la tranquila frialdad, en despachos de regímenes putrefactos —¡oh ironía de las ironías y paradoja de las paradojas!— por los mismos que prometían la liberación total y definitiva del hombre ¡y de la mujer!

Pero la esclava Blandina llevó a cabo una revolución. Su heroísmo bastó para emancipar al esclavo y al prisionero. La feroz persecución del año 177 que asoló a los cristianos del imperio romano no pudo extinguir la llama de la fe en Cristo. No hizo sino propagarla por las Galias y los territorios vecinos. Más de dieciocho siglos después, su martirio fulge como una lumbrera. Ella, como otros millones de cristianos a través de la historia, y aun en el presente, estuvo dispuesta a sellar con su vida el testimonio de la fe en Cristo Jesús. Su ejemplo demuestra que se puede ser fiel a Dios y mantener en alto el estandarte de la verdad del Evangelio, incluso en las circunstancias más extremas.[2]

EL MARTIRIO DE FELICIDAD Y PERPETUA

Pasemos a exponer la «pasión» de unas heroínas que Tertuliano califica de «fortísimas y bienaventuradas mártires». Una de las más bellas páginas de la historia de la Iglesia grabada en letras de oro y sangre, que exalta la grandeza de héroes modestos —gigantes de la fe—, mansos y valerosos. Éstas y otras muchas víctimas de ataques y persecuciones actuales dan testimonio de amor y entrega a la verdad ante la mirada indiferente del mundo contemporáneo. Dos mujeres, rica e instruida la una, sencilla esclava la otra, jóvenes esposas y madres, prefirieron renunciar en la flor de la vida a la legítima satisfacción que les hubiera reportado el hogar y la familia, con tal de permanecer fieles a su Señor Jesucristo.

Estas piadosas mujeres fueron martirizadas en el anfiteatro de Cartago el 7 de marzo del año 203. En unas excavaciones realizadas en la antigua Cartago, cerca de Túnez, aparecieron restos de una basílica paleocristiana y el epitafio de estas dos célebres y valerosas jóvenes.

Las actas del martirio de Felicidad y Perpetua es uno de los documentos más realistas y emocionantes que se conocen. Gozaron de gran estima en la antigüedad. San Agustín asegura que se leían en las iglesias con gran provecho para los fieles. Los hermanos en la fe rogaron a Perpetua que escribiera un diario que narrara su arresto, sus visiones, sus sueños y todo lo que fue sucediendo en la prisión hasta la víspera del atroz suplicio, para dar a todos los cristianos solemne testimonio y constancia de los hechos acaecidos para su edificación. Luego se recogió todo ese material en un libro que consta de tres partes, dos autobiográficas y una narrativa. La primera fue escrita por la pluma de Perpetua; la segunda es debida a Sáturo, compañero de martirio de la joven, y la tercera —junto con el preámbulo y el epílogo— fue posiblemente compilada por Tertuliano con el título La pasión de Perpetua y Felicidad, que la debió ofrecer al público en griego y latín. La frescura de esas páginas ha conmocionado y llenado de admiración a muchas generaciones.

La estatura moral de Felicidad y Perpetua

El emperador romano Septimio Severo promulgó un edicto contra los cristianos en el año 202: todo aquel que se negara a adorar a los dioses del imperio debía morir. Ser discípulo en aquella época suponía exponerse a graves peligros: uno podía acabar siendo espectáculo en la arena del circo y pasto de las fieras ante la morbosa e impávida curiosidad de la muchedumbre.

De pronto se inició una terrible persecución contra los cristianos. En el año 203, mientras un grupo de creyentes estaba reunido en una casa particular, llegó la guardia del emperador y fueron apresados varios cristianos de Cartago: Revocato y Felicidad, esclavos, adolescentes y catecúmenos, y Saturnino y Secúndulo. Con ellos estaba Vibia Perpetua, de 22 años, casada, de noble estirpe y exquisita formación, que tenía dos hermanos (uno cristiano) y un niño de pecho. Pertenecía a una rica y respetada familia de Cartago. A los mártires con ellas apresados, se les agregó el diácono Sáturo, maestro catecúmeno, que las había instruido en la fe y preparado para el bautismo. Pero a Sáturo no lo apresaron sino que él mismo se entregó voluntariamente.

Estando todos ellos sometidos a custodia atenuada, recibieron el bautismo, y a los pocos días ingresaron en la cárcel pública. Perpetua relata en su diario:

> «Nos echaron a la cárcel y quedé consternada porque nunca había estado en un sitio tan oscuro. El calor era insoportable; estábamos todos apretujados en un subterráneo muy estrecho, pues los soldados no tenían ninguna consideración con nosotros. Me parecía morir de calor y de asfixia y sufría por no poder tener junto a mí a mi hijo de pocos meses que me necesitaba mucho. Pero lo que más le pedía a Dios era que nos concediera gran valor para ser capaces de sufrir y dar testimonio de nuestra santa religión».

Entonces intervinieron dos diáconos y dieron dinero a los carceleros para que trasladaran a los presos a otra celda en el piso superior, desde donde se podía ver el mar, menos sofocante y oscura que la anterior, donde por lo menos, entraba algo de luz y no estaban tan apretujados e incómodos. También permitieron a Perpetua tener consigo al niño. «Yo daba el pecho al niño, que estaba esmirriado por no haber mamado nada», confiesa Perpetua en su diario. Mas la preocupación por su familia no cejaba: «Me consumía viendo que ellos se consumían por lo que me querían. Pero desde que tuve a mi pequeño junto a mí, aquello ya no me pareció una cárcel sino un palacio, y me sentí llena de alegría. Y el niño también recobró su alegría y su vigor». Sus tías y su abuela se encargarían después de su crianza y su educación.

La joven tuvo una visión. Le fue dado ver que ascendían por una larga escalera llena de penalidades, cuyo primer peldaño estaba custodiado por un dragón y a cuyos lados aparecían horribles instrumentos de suplicio, pero, al final de una dolorosa pendiente, un Paraíso Eterno les aguardaba. El diácono Sáturo la animaba a hollar la cabeza del dragón y subir por la escalera. «Ante mis ojos se abrió como un inmenso jardín. En medio del jardín estaba sentado un hombre alto, como en ropa de pastor, que ordeñaba las ovejas. Y a su alrededor había millares de personas vestidas de blanco. Y levantando la cabeza fijó los ojos en mí y me dijo: "Bienvenida, hija". Y pronunciando mi nombre, me dio a comer un bocado de queso que estaba cuajando. Yo lo recibí y lo comí. Y todos los circunstantes dijeron: Amén.»

Perpetua contó a sus compañeros la visión que había tenido. Todos se alegraron y resolvieron perseverar hasta el fin en la prueba de la fe. Ella comprendió que le esperaba el martirio, y que no sólo tenía el privilegio de dar su vida por la fe de Cristo, su Señor, sino que iba a padecer mucho por causa de su padre pagano.

La escena del interrogatorio que se desarrolló ante el tribunal destila un patetismo conmovedor. El jefe provincial de Cartago llamó a juicio a Vibia Perpetua y a sus compañeros. En primer lugar, comparecieron los esclavos y el diácono. Todos declararon ante las autoridades que eran cristianos y que preferían morir antes que adorar a falsos dioses. Luego llamaron a Perpetua. El juez le rogó que abjurara de la fe en Cristo y se entregara a la religión pagana; así podría salvar su vida. Le recordaba que ella era una mujer muy joven y de familia rica. Pero Perpetua declaró que estaba resuelta a ser fiel a Cristo hasta la muerte. Su padre, que era pagano, postrado de rodillas, le rogaba, le suplicaba que no persistiera en llamarse cristiana, que aceptara la religión del emperador, que lo hiciera por amor a su progenitor y a su hijo pequeño; le recordaba sus deberes para con la tierna criatura. Bastaba una palabra para abjurar y regresar a casa. Pero Perpetua, llorando, profundamente conmovida, repetía: «No puedo, porque soy cristiana. No me puedo llamar pagana, ni de ninguna otra religión, porque soy cristiana y lo quiero ser para siempre».

Perpetua relata en su diario: «Subió mi padre al estrado del tribunal donde yo estaba para hacerme cambiar de idea y me dijo: "Hija mía, ten compasión de mis canas; ten compasión de tu padre, si es que merezco de ti el nombre de padre. Y pues he hecho con el trabajo de estas manos que llegases hasta la flor de la edad, e incluso te he mejorado sobre todos tus hermanos, no seas al fin mi baldón a los ojos de los hombres. Mira a tu madre, mira a tus hermanos, mira a tu madre y a tu tía materna, mira a tu hijito que no podrá sobrevivir a tu muerte. No seas empedernida ni la ruina de todos nosotros. ¿Quién de nosotros osará abrir la boca con libertad si te cae esta pasión?"».

«Estas palabras le brotaban de su corazón de padre. Me besaba las manos, se echaba a mis pies, y con lágrimas me suplicaba, llamándome no hija, sino señora suya. Yo era la primera en sentir el trance de mi padre, ya que él era el único de la familia que no se alegraba de que fuéramos a ser mártires por Cristo».

Perpetua le animó como pudo, pero su padre se apartó del tribunal entristecido.

Al día siguiente, durante el interrogatorio en el foro, todos confesaron ante el procurador Hilariano su fe en Cristo, y el padre volvió a la carga. «Y como mi padre insistiera para que yo renegase, Hilariano, cansado, mandó que le echasen fuera y le golpeasen con una vara. Sentí los varazos como si me los hubiesen asestado a mí. Entonces Hilariano falló sentencia contra todos nosotros, condenándonos a las fieras. Y todos, alegres, descendimos a la cárcel».

«Como ya el niño se había habituado a tomarme el pecho y sentía placer en estar conmigo, mandé aprisa al diácono Pomponio para que se lo pidiese a mi padre. Éste se negó a entregármelo. Pero, gracias a Dios, resultó que el niño no tenía más ganas de mamar, con lo que me sentí aliviada al verme libre de la preocupación del pequeño y de la molestia de los pechos».

Perpetua se enfrentó dignamente al tribuno de la cárcel al comprobar que en los últimos días éste intensificaba el rigor para con los detenidos. «¿Cómo no miras un poco más por nuestro bien para que aparezcamos lustrosos en las luchas del aniversario del César?», se atrevió a sugerirle Perpetua. El tribuno se ruborizó y permitió que se les tratara más humanamente y fueran visitados por amigos y parientes.

Con motivo del aniversario de Geta, hijo del emperador, se iban a celebrar unos juegos. El número especial del espectáculo sería el martirio de los encarcelados. En la víspera se les permitía recibir la visita de sus parientes. Por última vez, el padre de Perpetua intentó disuadirla. «Decía cosas que hubieran podido ablandar las peñas. A mí me afligía verle sufrir en su infeliz vejez».

La víspera del gran día Perpetua tuvo otra visión: En medio del anfiteatro, ella era blanco de la expectación de la muchedumbre. Le tocaba luchar contra un formidable atleta. La joven logró vencerle y recibir de manos del maestro de ceremonias un ramo con manzanas de oro, al tiempo que la besaba, diciendo: «Hija, la paz sea contigo». «En esto desperté, y conocí que mi lucha no era contra las bestias, sino contra el diablo. Pero no dudé en obtener la victoria.» Y concluye diciendo: «Esto lo he anotado yo misma hasta la víspera de la lucha: si alguno está dispuesto, que escriba lo que ocurra el mismo día de los juegos».

Felicidad era esclava de Perpetua y también muy joven. Estando ella encinta de ocho meses y encarcelada, temía no poder acompañar al suplicio a sus compañeros por causa del embarazo. Había un inconveniente: Felicidad iba a ser madre; y la ley prohibía matar a las que iban a dar a luz. No obstante, ella deseaba ser martirizada por amor a Cristo. Entonces los mártires oraron unánimes a Dios y aconteció que dos días antes de la fecha establecida para la celebración del inhumano espectáculo circense Felicidad dio a luz a una niña, que fue confiada a cristianas fervorosas. De este modo ella pudo sufrir el martirio. Al sobrevenirle los dolores del parto un carcelero se burló de ella diciéndole: «Ahora te quejas por los dolores del parto; ¡cómo te lamentarás entonces cuando te estén desgarrando las fieras!». A lo que Felicidad replicó con dignidad y llena de fe: «Ahora soy débil porque la que sufre es mi pobre naturaleza. Pero lo que voy a padecer no lo padeceré yo, sino Jesús lo sufrirá por mí». El juez decretó que los tres varones fueran llevados al circo para ser destrozados por las fieras, delante de una muchedumbre ávida de sangre, y que las dos mujeres fueran amarradas y echadas ante una vaca furiosa para que las acorneara.

Se acostumbraba conceder permiso a los condenados a muerte para celebrar una cena de despedida la víspera de su tormento. Pero los cristianos celebraron un ágape. Dos diáconos repartieron la Santa Cena, y después de orar y de consolarse unos a otros se abrazaron y se despidieron con el ósculo de la paz. Todos estaban gozosos y dispuestos a entregar su vida por proclamar su preciosa fe en Jesucristo. Muchos paganos que acudían a la cárcel para fisgar a los presos que iban a ser torturados se sintieron confusos; otros se convirtieron a su fe.

Llegó por fin el día del sacrificio. Todos se encaminaron al anfiteatro, como emprendiendo viaje al cielo, alegres, con rostros henchidos de satisfacción. Perpetua marchaba con porte majestuoso y semblante resplandeciente. Felicidad iba jubilosa por haber dado ya a luz.

Llegados a la puerta, quisieron ponerles vestimentas que concordaran con los juegos paganos: los hombres, como los sacerdotes de Saturno; las mujeres, como las sacerdotisas de Ceres. Pero Perpetua se opuso a aquel atropello y consiguió ahorrarles la injuria. De todos modos, los esclavos fueron echados a las fieras y destrozados: derramaron valientemente su sangre por amor a su Señor, gozosos de ser tenidos por dignos de sufrir aquella muerte. Cayeron al encajar los zarpazos y dentelladas de las fieras.

Pudente, oficial de la cárcel, había empezado a estimar a los presos cristianos, por entender que había en ellos una gran virtud, y a permitir que sus hermanos acudiesen a visitarles con el fin de consolarlos. El diácono Sáturo, cuyo testimonio logró conmover a Pudente, confesó a éste: «Para que veas que Cristo es Dios, te anuncio que a mí me echarán a las fauces de un oso feroz, pero esa fiera no me hará ningún daño». Y así sucedió: lo amarraron y lo acercaron a la jaula de un oso muy agresivo. El feroz animal no quiso hacerle ningún daño; en cambio, dio un tremendo zarpazo al domador que trataba de provocar que se lanzara contra el devoto diácono. Luego soltaron a un leopardo que destrozó a Sáturo de una dentellada. Y Pudente se entregó al Señor.

A Felicidad y Perpetua las envolvieron en una malla y las colocaron en medio de la plaza. Después sufrieron las embestidas de una vaca brava. Perpetua mantuvo su dignidad hasta el fin arreglándose la ropa para no dar escándalo a nadie por parecer poco decente. Más preocupada del pudor que del dolor, atrajo su túnica al lado de la rasgadura para taparse el muslo. Después —bello rasgo femenino—, tomando una horquilla, se sujetó los cabellos desordenados, pues no era decoroso que una mártir diera en el momento de su gloria sensación de plañidera, y se arreglaba los cabellos para no aparecer despeinada como una pagana llorona. La gente, emocionada al ver la valentía de estas dos jóvenes madres, pidió que las sacaran por la puerta por donde salían los gladiadores victoriosos. Perpetua, como volviendo de un éxtasis, preguntó: «¿dónde está la vaca que nos iba a cornear?».

Los mártires no murieron a causa de las heridas causadas por las bestias. Antes de recibir el golpe de gracia (de la espada), «se besaron unos a otros para completar su martirio con el sello de la paz».

Después, ese mismo pueblo cruel reclamó que las volvieran a traer y las decapitaran. Al oír esta noticia las dos jóvenes valientes se abrazaron emocionadas y volvieron a la arena. A Felicidad le cortaron la cabeza de un machetazo, pero el verdugo que tenía que decapitar a Perpetua estaba muy nervioso y falló. Ella lanzó un gemido de dolor, pero extendiendo bien su cabeza sobre el cepo indicó al verdugo con la mano el sitio exacto de su cuello donde debía asestarle el golpe. Así fue como esta valerosa mujer demostró hasta el último instante que si moría mártir era por propia voluntad, henchida de noble generosidad.[3]

11

La distorsión de la necesidad

Adicciones y vicios

Las adicciones se pueden interpretar como vías de escape ante carencias o ansiedades difuminadas o indefinidas, especialmente cuando no son de naturaleza física. De ahí que el remedio no sea tan específico, como cuando uno se toma un analgésico para calmar un dolor, sino que apunta más bien a la huida o evasión de la cruda realidad, como en el caso de las drogas y el alcohol.

Hay adicciones u obsesiones en torno a cierto tipo de placeres: juergas, orgías, disipación, exaltación obsesiva del sexo, pornografía, esclavitud al mismo (como, por ejemplo, los casos extremos de violadores, abusadores sexuales y pederastas). O todo tipo de juegos: apuestas, loterías, videojuegos, y obsesiones: teléfonos móviles, redes sociales, cuando se convierten en vicios o se incurre en la ludopatía. O el trabajo como refugio para huir de una realidad que se considera penosa, o como afán de realización. O se avivan apetitos y caprichos, cosas que nos hacen sentir bien, cuando se atiza la obsesión por la preservación de la salud, la apariencia y la imagen: el ensimismamiento, la egolatría, el reconocimiento, la posición social... O se glorifican aficiones y deportes (el fútbol, en particular, por el volumen de hinchas), el ocio, la necesidad ficticia de viajar, el comprar y el vender, el escapismo.

También se puede caer en el conformismo, el pasotismo, la apatía y la indiferencia. Todas estas cosas, hijas de la falta de imaginación, sentido y proyecto vital, generan aburrimiento. Y como el aburrimiento es insoportable, los que caen atrapados en sus fauces son capaces de cualquier cosa con tal de escapar del mortífero absurdo.

Dice Henri Nouwen que el mundo está lleno de «síes condicionales» que te profesan devoción si reúnes ciertas cualidades: «Es un mundo que fomenta las adicciones porque lo que ofrece no puede satisfacerme en lo profundo de mi corazón».[1] Ésta es, sin lugar a dudas, la era de la evasión. A propósito del escapismo, los descreídos acusan a los creyentes de que el cristianismo no ofrece más que una vía de escape, pero en el fondo, son ellos los que tratan de huir de una realidad gris, desagradable, monótona. Todo el mundo intenta evadirse de algo, de una realidad que les produce desazón y disgusto. Pero la evasión no colma el deseo más profundo del corazón. Si bien se piensa, el cristianismo no es escapista. No es una vía de escape irracional, sentimental; no es una torre de refugio para espíritus pusilánimes, sino que da sentido a la vida y a la muerte. ¿A qué se debe entonces la burla, el sarcástico rechazo, la lerda hostilidad contra Jesús y su doctrina? ¿Por qué se mofan las gentes del mundo —¡desarrollado!— de los cristianos? Porque no los pueden sufrir. Porque desean vivir como les da la gana y hacer su terca voluntad. Ellos son los genuinos escapistas.

El afán por cubrir cualquier carencia, por no carecer de nada, puede convertirse en obsesión y engendrar distorsiones, que, en realidad, derivan de temores o actitudes humanas para eludir o prevenir futuras necesidades. Por ejemplo, se prevé que en el futuro se va a padecer cierta necesidad o escasez. Entonces se hace acopio de agua, arroz, gasolina… O se amasa dinero para hacer frente a cualquier eventualidad y adquirir cualquier cosa, abunde o escasee, sea más cara o más barata. La distorsión consiste, en este caso, en la acumulación de cosas. El consumismo o acaparamiento de cosas remotamente necesarias, no es sino otra forma de distorsión. Por ejemplo, cuando las guerras del Golfo Pérsico eran inminentes, la gente acudió presurosa a las tiendas y supermercados a adquirir artículos de primera necesidad, cuando en realidad no se cernía una amenaza fundada e inmediata de escasez sobre Occidente.

Otro tipo de distorsión es la gula, o amor intemperado a la ingesta de comida y bebida, y en general, el consumismo y el materialismo.

Lo mismo sucede con la búsqueda desordenada de éxito, fama, prestigio, posición y estatus social como medios para sentirse valorado, admirado y socialmente reconocido, para labrarse una imagen que gratifique el ego, granjee el respeto y la estima de los demás. Y también, el afán de poder, el ansia de control y de dominio sobre otros, posesiones (cómodas mansiones, coches deslumbrantes, derroche, lujo, ostentación) y dinero.

Otra forma de distorsión tiene lugar en el terreno emocional: el deseo de experimentar peligros o emociones fuertes, deportes de riesgo, carreras plagadas de obstáculos, los toros, el parapente, el salto al agua desde riscos o acantilados, la escalada, el rally por el desierto, cruzar a nado canales, estrechos o franjas de mar, lanzarse en paracaídas, o a tumba abierta, en vertiginoso descenso por tortuosas carreteras de montaña en frágiles bicicletas, zambullirse en aguas gélidas en pleno invierno para conmemorar cierta tradición, dar la vuelta al mundo en velero, batir registros insólitos, y, de forma pasiva, presenciar películas atestadas de violencia, suspense, policíacas..., o leer obras del mismo género. La lista podría ser inacabable. El caso es huir de la rutina y el aburrimiento.

Otra forma de distorsión es el deseo de identificarse con otras vidas, acaso con una vida ideal, maravillosa. De ahí el éxito del cine. Al espectador le agrada soñar con otras vidas que habrían podido ser la suya, admirar escenas agradables, seductoras, románticas (otras veces violentas, llenas de misterio, sacrificio, sufrimiento, acción, terror, en fin, cualquier cosa que estimule la adrenalina). Le encanta imaginarse cómo debiera ser la realidad, lo bellas que podrían ser las cosas, o simplemente, admirar a los protagonistas, ver cómo se desenvuelven otros, cómo abordan sus problemas, qué clase de conflictos arrastran, cómo se abren camino en la vida. Tal vez lo hacen con despreocupación y desparpajo que nos provocan admiración, perplejidad, regocijo. Sus propuestas nos invitan a identificarnos vicariamente con sus éxitos, fracasos, soledad... Es decir, nos gusta vivir vidas ficticias que no son las nuestras. Y es que el cine (y el teatro) tiene gran capacidad de emulación.

Sin duda, todos quisiéramos saborear vidas menos insípidas, más plenas, menos mediocres. Es, ciertamente, más fácil, o más cómodo, escapar a la rutina, evadirse de la hosca, monótona realidad, no tener que tomar decisiones morales de ningún tipo y limitarse a observar pasivamente lo que otros hacen o dejan de hacer. Es más sugestivo

—sólo cuando nuestra vida está vacía— contemplar o constatar sus yerros, sus vicios, sus debilidades, juzgar sus actos morales aplicándoles nuestro propio rasero, eso sí, desde el confort del sofá, la tertulia o el café; abdicar, aunque sólo sea por unas horas de ocio, de consumo inerte, de la propia responsabilidad, aceptando o rechazando, aprobando o condenando la teórica propuesta que nos ofrece la pantalla, pero sólo asumiéndola hipotéticamente, como uno que está al otro lado, pues al fin y al cabo no nos ha tocado vivir esa misma experiencia, aunque pueda parecerse en algo a la nuestra (tal vez sea esta la clave), y esta especie de identificación nos entretenga y divierta.

Las posesiones

Las sociedades materialistas y capitalistas modernas inculcan de continuo en los individuos el deseo de tener cosas y lograr posesiones, es decir, priman el tener sobre el ser. Esto supone un menoscabo en la dignidad de la persona y de los valores humanos que afecta en gran manera a las comunidades occidentales. Provoca corrupción, desintegración, decadencia y descomposición social, como resulta patente en todos los ámbitos. Por ejemplo, cualquier incidente de relativa poca importancia puede hacer saltar repentinamente la chispa que enciende una oleada de violencia extrema de manos de un amplio sector juvenil en cualquier país occidental. Es como si se recurriera a una excusa cualquiera para manifestar tremenda ira contra la sociedad y contra todo. ¿Cuáles son las causas? ¿Tal vez las escasas posibilidades de futuro, la falta de oportunidades que tiene la juventud, la rebelión contra la autoridad, contra las instituciones establecidas, las escandalosas diferencias sociales, los salarios insultantes que reciben los jóvenes no cualificados en sus primeros empleos? Puede ser. Pero con ser importante todo ello es como rascarse donde no escuece. A la juventud se le ha robado el gran anhelo, la gran ilusión de su corazón; ha sido estafada, manipulada, pisoteada, dejada huérfana. Se les dio todo lo que querían, cosas de poca monta: objetos, chucherías, distracciones, pasatiempos, placeres, bienestar inmediato, todo ello sin ningún esfuerzo. «Ya hemos luchado nosotros por vosotros», les susurró al oído —implícitamente— la generación de sus padres. El mundo les musitó: «No os salgáis de la manada, sed todos iguales, conformistas, consumistas, no penséis (y menos en el mañana), disfrutad de vuestro cuerpo, no reparéis en nada, os pertenecéis a vosotros mismos, ¿no sois acaso dueños absolutos de vuestro destino o montón de ruinas? Haced lo que os venga en gana, sin someteros a cortapisa ni restricción alguna. No os preocupéis de la Ley Moral; nosotros nos encargaremos de desmantelarla. De todos modos ya hemos venido haciéndolo durante muchos lustros». ¿Quién? ¿Los políticos? Los políticos y todos los demás, la sociedad entera, las instituciones, los jueces, los informadores, los padres, los educadores, los artistas, todos los enemigos de Dios y de su Ley Moral, por cuanto quieren expulsarle de sus dominios. Sí, la sociedad entera ha dado la espalda a Dios, a la realidad, ha buscado refugio en la mentira. Ha cercenado los grandes temas que plantea la vida y las consecuencias son inevitables, catastróficas. El alejamiento del cristianismo es la causa de todos nuestros males. La gente se ha vuelto dura, apática e indiferente. Pero hemos de proclamar con voz clara e inequívoca, aunque retiña en los tímpanos, que huir de Dios es huir de la realidad, instalarse en el escapismo, no importa la forma que adopte, alejarse de la verdad. Al final nada servirá de excusa. Todo esto ha causado grave perjuicio a la juventud: le ha privado de su sagrada brújula, la ha confundido y desorientado. Por eso la juventud (salvo honrosas excepciones) no tiene metas, ni ideales, ni futuro. ¡Menuda herencia hemos dejado a nuestros jóvenes!

Pero la juventud no debe ser así. Siempre fue generosa, arriesgada, idealista, abnegada; ha de buscar el bien absoluto, proponerse la meta de cambiar una realidad tan fea, desagradable, deshumanizada; transformar una sociedad embrutecida; cambiar el rumbo de su nación, del mundo, pero habiendo experimentado antes ella misma una transformación profunda.

¿No es curioso, y hasta paradójico, que un mundo que acusa al cristianismo de escapismo, de huida de la realidad, busque él mismo toda suerte de subterfugios para huir de la verdad de Dios?

La obsesión de ser admirado y necesitado

Algunas personas sienten tal necesidad de estima, de ser tenidas en cuenta, que hacen cualquier cosa, y aun adoptan conductas compulsivas, con tal de ocupar el centro de atención, aunque es seguro que todos adolecemos de lo mismo en mayor o menor grado.

Esto resulta evidente en la necesidad casi enfermiza que tienen algunas personas de que se cuente con ellas para solucionar o colaborar en la solución de algún asunto concreto. Estas personas se desviven por prestar sus servicios de forma desinteresada y altruista, si bien a cambio de ser consideradas necesarias, de ser tenidas en cuenta, de sentirse útiles y reconocidas como tales. Por supuesto, muchas personas comprometidas actúan fielmente, buscan el bien común y el bienestar de los más desfavorecidos, movidas por un corazón bueno y desinteresado, por su integridad y su abnegación moral más que por la necesidad de ser aceptadas. Y desde luego, también cabe actuar impulsado por una mezcla de motivos.

12

La felicidad y el sufrimiento

¿Es realmente libre la persona en su fuero interno? ¿Tiene posibilidad de elegir cuando ha sido privada de su libertad? Al hombre le puede ser arrebatado todo, pero no su libertad más íntima, porque es libre para escoger la actitud con que va a afrontar el sufrimiento y sus circunstancias. Viktor Frankl asegura que las experiencias vividas en un campo de concentración demuestran que el hombre tiene capacidad de elección y que puede conservar un vestigio de libertad espiritual, de independencia mental, incluso en las circunstancias más dramáticas. En el fondo, el prisionero disponía de numerosas oportunidades para elegir. Se veía obligado a decidir «si se iba a someter o no a las fuerzas que amenazaban con arrebatarle su yo más íntimo, la libertad interna...».[1] El carácter del prisionero dependía en última instancia de sus decisiones, no exclusivamente de la influencia del campo. De modo que, cualquier hombre decide lo que va a ser, pues «aun en un campo de concentración puede conservar su dignidad humana».[2] Esta es la libertad espiritual que nunca le puede ser arrebatada.

Todos los seres humanos, desde muy pequeños, queremos ser felices, pero no sabemos cómo llegar a serlo. Desconocemos en qué pueda consistir exactamente la felicidad o, más bien, tenemos una idea bastante confusa al respecto. Pero tenemos hambre de ella. Lo que sí sabemos es que no somos felices. Y que aspiramos a serlo. Sentimos un anhelo íntimo y profundo, y de una u otra manera, fiándonos de nuestros sentimientos, deseos, raciocinio, o poniendo en marcha toda nuestra percepción intuitiva, buscamos algo, nos lanzamos en pos de ella. Ahora bien, ¿qué es la felicidad? ¿Cómo se puede desear lo que se desconoce? ¿Por qué necesita el hombre ser feliz? Desde luego, urge dar con una respuesta porque está en juego la aspiración fundamental de todo ser humano, consciente de que aún no lo es. Pero ¿por qué el hombre busca y pretende ser feliz a toda costa? ¿Acaso ha sido creado con esa necesidad innata? Y entonces, ¿por qué existe el sufrimiento? ¿Por qué se empeña en frustrar nuestros planes y dar al traste con nuestros sueños? ¿Por qué se empeña en amargarnos la vida, máxime cuando creemos que tenemos derecho a ser felices y a eliminar todo dolor? ¿O es que, a pesar de todo, el sufrimiento no consigue arrebatarnos la felicidad?

En teoría, cabría alegar que la persona sería feliz si tuviese colmada esta o aquella necesidad, o para ser más exactos, sería plenamente feliz si tuviera todas sus necesidades cubiertas, empezando por las más sublimes y espirituales y terminando por las más ínfimas o terrenales. Pero esto es imposible aquí abajo. La experiencia lo demuestra todos los días en todos y cada uno de los casos. Lo cierto es que mientras estamos en este mundo, de manera más o menos consciente, perseguimos esta auténtica utopía. Tratemos, pues, de desmenuzar este duro terrón.

Para Boecio, la felicidad equivale a la posesión del sumo bien, un estado que se desea con preferencia a todos los demás: «Es la suma de todos los bienes, todos los abarca; porque si uno solo faltara, ya no sería el bien supremo, pues quedaría excluido algo que, por ser bueno, sería deseable… la felicidad consiste en un estado perfecto por la reunión de todos los bienes».[3]

La felicidad es un anhelo, una vocación de todo ser humano. Y puesto que la felicidad absoluta no existe —nos es negada en esta vida—, se hace preciso buscar una felicidad parcial, razonable. Para el psiquiatra Enrique Rojas la felicidad consiste en «tener una personalidad equilibrada y haber sido capaz de configurar un proyecto de vida».[4] Ahora bien, hay que reconocer, con Julián Marías, «la infelicidad intrínseca de una vida que termina, por muy feliz que parezca»,[5] o lo que es lo mismo, depende de una vida perdurable: «…la posibilidad de la felicidad pende a última hora de que la vida siga, de que no termine…».[6] Si el hombre hubiera nacido para ser feliz en este mundo no estaría condenado a morir. Pero como su cuerpo está destinado a pudrirse, la vida humana tiene, evidentemente, un carácter espiritual que se proyecta hacia el más allá.

Ahora bien, muchos jóvenes y adultos corren en pos de quimeras y falsas promesas que les parecen verdaderas pero no son más que fantasmas preñados de vana ilusión, decepción, fracaso y desencanto. Es decir, que yendo en busca de la felicidad, la persona muchas veces sale trasquilada y defraudada porque en su peregrinaje toma atajos y desvíos que le infligen grave perjuicio y le hacen perder días y años preciosos de su vida, teniendo luego que retroceder y desandar lo andado para volver a hallar la senda correcta, en el mejor de los casos, y en el peor, perderla para siempre.

Todo esto recuerda el admirable progreso que hace el Cristiano de John Bunyan en su *Progreso del Peregrino*, por una senda plagada de trampas y seductores engaños.

En cualquier caso, es un anhelo íntimo, innato, incrustado muy dentro de nuestro ser. Para ser feliz es imprescindible saber lo que uno quiere o persigue, o al menos tener una leve intuición de lo que uno quiere conseguir o ser. Pero no basta con esto, ya que uno puede desear un abanico de cosas buenas y pese a ello no ser feliz. Porque en primer lugar las desea, luego aún no las ha alcanzado. En segundo lugar, sólo en la medida que vaya avanzando o dando pasos tendentes a la consecución de esas cosas o cualidades, podrá sentirse más o menos satisfecho. Y en tercer lugar, el que uno desee cosas en apariencia buenas, no quiere decir que sean buenas objetivamente, ya que su apariencia puede ser engañosa. Porque, desde luego, cabe la posibilidad de que uno se engañe a sí mismo. Por lo tanto, las cosas o cualidades a que aspira tendrán que estar alineadas con la verdad. Por eso la felicidad sólo puede resultar de una vida auténtica.

La felicidad terrenal, es decir, la máxima paz y el supremo bienestar a los que se puede aspirar en la tierra, consiste, en parte, en estar en paz consigo mismo —en realidad, en paz con Dios—; en saber hacia dónde uno se dirige y las metas que persigue; en conocer el proyecto vital que se propone desarrollar en su vida; en dar pasos firmes y contrastables en esa dirección. En tener conciencia de que se ha optado por la dirección correcta. Un elemento importante de la felicidad consiste en conocerse y aceptarse, estar a gusto consigo mismo, reconocer los propios errores y pecados y empeñarse en no volver a cometerlos, aceptar las limitaciones y debilidades personales, así como conocer las habilidades, capacidades y talentos que se tienen. Consiste en aceptar el bagaje recibido por herencia, aceptar el pasado —ya inamovible— y el uso —provechoso o desastroso— que uno ha hecho de todo lo que recibió. Si el balance es positivo, la persona tendrá motivos para sentir cierta satisfacción; y si es negativo, puede reconocer al menos que estaba equivocada, que se había extraviado y andado por una dirección errada. ¿Estará ahora dispuesta a dar marcha atrás y escoger la senda correcta? Todo esto no lo podrá realizar si no se perdona a sí misma —la desolación que se ha causado voluntariamente— y no se siente profundamente perdonada por Dios.

En cierto sentido, la felicidad depende del balance que uno hace de su vida, en darse cuenta de los errores que uno no debe cometer. La felicidad también consiste en aspirar a un equilibrio integrador de la personalidad. En ser coherente y consecuente con uno mismo. En una actitud vital positiva. Proverbios 15:15 asegura: «*El de corazón contento tiene banquete continuo*». En aceptar lo que uno no puede cambiar y desechar lo que puede y debe cambiar por la gracia de Dios. En un sentido muy real, ser feliz consiste en ser honesto consigo mismo. No tanto en no haber cometido errores —eso es imposible—, sino en reconocerlos, apartarse de ellos, y, en consecuencia, dar un viraje de ciento ochenta grados.

La felicidad se puede considerar como el beneficio que uno recoge después de haber sembrado buena semilla a lo largo de su existencia. En caso contrario, tendrá que arrancar las malas raíces del pasado y volver a sembrar la simiente que debiera haber plantado en un principio. Pues a la hora de la verdad, cuando se hace balance, se hace patente, se manifiesta la evidencia de lo que hemos sido.

Pero conviene no perder de vista en ningún momento las inquietantes palabras de nuestro Señor: «*Porque todo el que quiera salvar su vida, la perderá; y todo el que pierda su vida por causa de mí, la hallará. Porque ¿qué aprovechará al hombre, si ganare todo el mundo, y perdiere su alma? ¿O qué recompensa dará el hombre por su alma?*» (Mateo 16:25-26).

Es interesante atender a lo que dice C. S. Lewis al respecto: «Dios nos niega —por la misma naturaleza del mundo— la felicidad y la seguridad estables que todos deseamos».[7]

Y es que el hombre no ha nacido para ser feliz en este mundo a expensas de olvidar la suerte que le espera en la otra vida. Los muchos sinsabores que nos acompañan casi a diario son suficientes para corroborarlo. Sin embargo, la vida ofrece también muchos ratos buenos y agradables, de regocijo y esparcimiento, placeres lícitos, descansos en la rutina, deleites sencillos, que contribuyen a cierta felicidad temporal, pero sobre todo las satisfacciones auténticas, las verdaderamente provechosas, las cabales, van ligadas a la constatación del deber cumplido en conciencia.

Una posible definición de la felicidad

La felicidad es el bienestar, mejor dicho, la alegría, el contento que brota del amor. Donde hay amor hay felicidad. Donde no lo hay, aflora el padecimiento, el malestar, la injusticia, la pena, la muerte y la destrucción, justo lo que busca el enemigo de las almas.

Podríamos esbozar una definición de la felicidad como la concurrencia de los siguientes factores:

1. Total ausencia de temores.
2. Disfrute de las cosas sencillas y cotidianas que nos son dadas.
3. Gratitud y contentamiento con lo que se tiene y se disfruta: depende más de la actitud que de la abundancia de los bienes poseídos.
4. Disfrute de las cosas buenas y bellas que se pueden hacer cada día, no sin comprobar el beneficio que de ellas se desprende para los demás.
5. Olvido de sí para darse en servicio a las necesidades de los demás; sensibilidad a las circunstancias ajenas.
6. Tender hacia una meta u objeto digno como proyecto vital.
7. Aceptación de la propia persona y los propios límites; sentir satisfacción, paz consigo mismo.
8. Alimentar la imaginación: aspiraciones, ilusiones, sueños, y deseos de superación.
9. Afirmación de la dignidad personal. Sentirse limpio, aceptado y valioso.

10. Recuperación del candor infantil. Los niños que confían y se sienten seguros son también plenamente felices.

San Agustín dice que la felicidad es la posesión de lo verdadero y lo absoluto —Dios—, y que todas las demás felicidades se hallan subordinadas a ella. La felicidad es íntima, interior, no superficial; por tanto, no depende de lo que uno tiene, sino de lo que es. En todo caso, es evidente que la felicidad humana generalmente no se logra con grandes golpes de fortuna, que suelen ocurrir pocas veces, en el mejor de los casos, sino que depende más bien de los pequeños detalles cotidianos.

Parece que uno de los ingredientes de la felicidad es aceptar la propia condición, el pasado personal, por oscuro que haya podido ser; asumir presente y afrontar el futuro con optimismo y confianza.

¿Evitaremos el sufrimiento o es el sufrimiento necesario?

La vida nos depara a diario distintas clases de contingencias, amenazas externas, sufrimiento e incertidumbre en forma de dolor físico y afectivo, soledad, pérdidas materiales y de seres queridos, trabajo y fatiga, esfuerzo echado a perder, fracasos, errores, decepciones, rechazos, ofensas, incomprensión, oposición, crítica, difamación, envidia, angustia, estrechez, tribulación, cambio y costosa adaptación a situaciones nuevas, enfermedad y muerte. Todos intentamos huir de estas cosas, aliviarlas, minimizarlas o eliminarlas, ya que se suelen percibir como males en sí mismas, por lo que tratamos de huir de ellas cuando es posible. A veces, pues, está en nuestras manos suavizar en cierta medida el sufrimiento. Ahora bien, toda especie de aflicción puede y debe tener un valor terapéutico. Si bien, como nos es impuesto atravesar este valle de lágrimas y de aflicción que es la vida, habremos de hacerlo con un enfoque que le dé pleno sentido, para que no devenga en una experiencia triste e inútil.

¿Son compatibles la felicidad y el sufrimiento?

El sufrimiento es una forma de mal, una realidad universal e incontestable. La vida se compone mayormente de momentos, más bien breves, de bienestar, regocijo, placer y entretenimiento, que alternan con otros, más prolongados, de brega, lucha, trabajo, padecimiento, dolor, fatiga y cansancio. El dolor se presenta innumerables veces sin previo aviso. Irrumpe cual visita importuna y se instala en una estancia del alma, el cuerpo o el espíritu. Muchas veces actúa como espina que causa leve malestar; otras tantas como daga que desgarra órganos. Lo más normal es que todos los días sintamos ambas sensaciones de manera combinada, más o menos suave, y con inusitada intensidad hasta que se presenta la enfermedad o alguna otra perturbación. Pues una cosa es cierta: el sufrimiento está ligado inextricablemente a nuestros días. Nadie logra ser inmune, aunque desde luego todos intentemos o deseemos librarnos de él. Tomaremos pastillas, buscaremos refugio en el escapismo, huida de la realidad, iremos de juerga o recurriremos a elixires que acarrean alivio, es decir, haremos cualquier cosa con tal de evitar la puya del dolor. Y hasta puede que nos refugiemos en la religión. Nos pertrecharemos fuertemente con la falsa ilusión de que tenemos derecho a escapar de su azote.

Es justo reconocer que una buena parte del sufrimiento humano es infligido por los seres humanos a sus semejantes por causa de la maldad: abuso, odio, egoísmo, codicia, ira y falta de perdón. Pero, en cualquier caso, hay multitud de obstáculos e inconvenientes que afligen e incomodan nuestra cotidiana existencia. El mal podrá parecernos irracional, inútil, carente de sentido, pero es necesario para garantizar la libertad. Es necesario para que la bondad no sea automática, predeterminada.

Kierkegaard nos recuerda que según el lenguaje de la eternidad, «el sufrimiento» que te ayudó a conseguir lo más elevado está muy lejos de poder ser considerado inútil… es solamente inútil en el supuesto de que no lo aceptes como ayuda para conseguir lo más elevado…[8] Cabe entonces preguntarse, ¿por qué existe el sufrimiento? Podríamos aducir, como explicación general, que su aparición en el mundo es una trágica consecuencia de la caída del hombre, esto es, del pecado y de la separación de Dios. Pero este trabajo no tiene la intención de indagar en sus causas. Es un misterio. La vida es áspera. Siempre lo fue. Sin embargo, en los tiempos que corren no es nada bien recibido. Se derrocha o se malgasta demasiada energía intentando eludir su aspereza, en evitarla a toda costa. Pero forma parte de la vida y no nos queda otra disyuntiva que aceptarlo o rechazarlo, mas siempre sufrirlo. En suma, ora gastamos la vida tratando de eludir el dolor, ora recibimos la enseñanza que nos puede aportar.

Hay muchas clases de sufrimiento, si bien, repetimos, una buena parte del mismo es causada por los actos morales injustos que ejecuta libremente el hombre. Podríamos calificar este tipo de sufrimiento de intencional, innecesario y evitable, por ejemplo, el dolor y la devastación que causan las guerras, la burla y la incomprensión de los demás, el acoso, el maltrato, el odio, el abandono, la mala fama que esparce la difamación o la calumnia, la venganza, la pérdida de prestigio que acarrean en uno mismo y en los demás las decisiones y las acciones erradas o pecaminosas.

En cambio hay otro tipo de sufrimiento que es involuntario, común a todos por el mero hecho de haber nacido, de andar por este mundo y tener un día que abandonarlo, por pertenecer a la familia humana, por ser individuos frágiles y vulnerables, por la aflicción que causan las pérdidas, las desgracias, los accidentes, el dolor físico, la enfermedad y la muerte.

Pasemos a enumerar brevemente algunas clases de sufrimiento. Mencionemos, por ejemplo, el causado por el rechazo y la hostilidad de las personas por pertenecer a otra raza, o por cuestiones de creencias, rasgos de personalidad, diferencias de opinión, concepción del mundo, atreverse a discrepar, etc. Por otro lado está el dolor que acecha al que procura ser responsable —intenta hacer lo que cree que es justo y honesto— según su conciencia, y sus esfuerzos se ven obstaculizados. También está el que causa la traición de los amigos (o supuestos amigos), el de la separación de los seres queridos, o el que surge de la imposibilidad de establecer contacto con alguien a quien uno realmente quiere y aprecia. Se sufre también cuando la persona que uno creía que iba a ser capaz de comprender cierta actitud o punto de vista no lo comprende; cuando se arrastran sueños no cumplidos, frustrados o irrealizables, acariciados durante décadas. También se sufre cuando se atraviesan circunstancias difíciles, cuando se percibe la indiferencia de amigos que no se preocupan de la suerte que uno corre. Se sufre cuando golpea la enfermedad y la incertidumbre se cierne sobre el futuro, cuando se ve sufrir a seres queridos durante largos periodos de agonía, cuando a uno le importan personas cuyas vidas están esclavizadas por diversos vicios, o ambiciones vanas, y comprueba fehacientemente cómo una cadena de decisiones erradas van menguando poco a poco su libertad. Cuando uno se identifica con otros seres humanos que sufren y es consciente de sistemas políticos o jurídicos opresores y estructuras sociales y económicas deshumanizadoras e injustas. Además, existe el sufrimiento provocado por la pobreza y la escasez, la falta de libertad y la tiranía. Hay muchas clases de sufrimiento. Y, por supuesto, también flagela la ansiedad que uno experimenta al escoger un camino desconocido, al apartarse del camino trillado, la soledad que siente el profeta y el clarividente cuando se dirigen a una sociedad o un pueblo que no les quieren escuchar, o el que padecen aquellos hombres encarcelados en su propia tierra porque deciden ser leales a una verdad interior sagrada —para ellos suprema—, contrapuesta a la oficial.

Poco o nada se puede hacer respecto a esas cosas, pero no deben dar pie a la indiferencia, pues pueden causar intenso sufrimiento. Pero ¿estamos dispuestos a sufrir y aprender la lección que nos proponen?

El enfermo es consciente de las cosas que realmente importan, por eso, mientras dura su aflicción, aborda la realidad desde una escala de valores distinta. A veces, cuando se ha restablecido, hace propósito de enmienda y decide reorientar su futuro.

Es de suma importancia no intentar huir a toda costa del sufrimiento inevitable. Lo más trágico que puede acontecer es padecer toda una vida y no sacar provecho ni conclusión útil. Para el cristiano, el sufrimiento debe ser un buen compañero, ya que su vida es un diálogo constante con su Señor. Además, la voluntad no se perfecciona sin pasar por la escuela del sufrimiento.

Suele suceder que el hombre comienza a creer gracias al sufrimiento, ya que es difícil pensar y acordarse de las cosas eternas cuando lo que se necesita está al alcance de la mano. Mas cuando todo está perdido, es otro cantar: uno empieza a plantearse cuestiones trascendentales. El dolor exige que se le preste atención. Por eso C. S. Lewis dice que Dios grita a la conciencia con el megáfono del dolor para despertar a un mundo sordo.[9] En realidad, por esto mismo, la vida nos niega la dicha que tanto anhelamos. Dios sabe que la verdadera felicidad radica en Él. Está al tanto de nuestra terquedad, sabe que mientras las cosas nos vayan viento en popa, lo último que hacemos es recurrir a Él en busca de ayuda. Por eso la vida se nos torna cuesta arriba, por eso Dios permite que se nos vengan abajo todos los esquemas y basas inestables en los que se asienta la falsa seguridad de una felicidad efímera y engañosa.

Todas las cosas que Dios concede a los hombres, toda su prosperidad, toda su felicidad terrenal —por tanto, ilusoria— no bastan para hacerles plenamente felices. Bien sabemos que todas las cosas se esfumarán un día. Tendremos, sin duda, que abandonarlas y con toda seguridad nos alcanzará la desgracia si no llegamos a conocer y amar a Dios en vida. Por eso Él permite que nos sobrevengan aflicciones y tribulaciones: son como aldabonazos, toques de atención que anuncian la insuficiencia de todo afán terrenal, de toda búsqueda que no tenga a Dios por objeto. Por eso Dios permite que nos sobrevengan contratiempos y penalidades, para que tengamos presente la enorme dimensión de nuestra necesidad. Por eso parece que Dios interrumpe el plácido devenir de la existencia, parece —sólo parece— que nos amarga una vida tranquila, placentera, que de otro modo no está dispuesta a acercarse a Él, sino más bien todo lo contrario: busca, inventa cualquier excusa para apartarse de su presencia y dar idolátrico culto a la criatura, a todo lo creado, como si esto por sí mismo le brindara el sumo bien. Y sucede que así mata el hombre su hambre y su sed de eternidad, tratando de conformarse con la suficiencia aparente de toda clase de bienes o placeres terrenales, como si estos solos le bastasen, prefiriendo perderse en el tupido bosque de la abundancia y la diversidad material antes que entregarse al Único y Sumo Bien capaz de colmarlo todo. C. S. Lewis lo expresa maravillosamente: «La ilusión de autosuficiencia que padece la criatura debe ser destruida por su propio bien»,[10] por eso sobrevienen desgracias.

El sufrimiento encierra, pues, la posibilidad de despertarnos con su puñal afilado. Nos saca de la rutina y del hábito para vernos tal cual somos: impotentes, incapaces de cambiar, aunque, sin duda, necesitados de cambio. Y surge ante nosotros la cuestión: ¿cómo me las arreglaré para instaurar el nuevo «yo» que he de ser? El sufrimiento es un instrumento que ayuda a dar de lado la superficialidad, nos conduce al fondo de nuestro ser, a preguntarnos quiénes somos, de dónde venimos y adónde vamos, ya que el que se plantea estas preguntas sinceramente, puede obtener respuestas. Pero aunque consuma mucha superficialidad, no siempre consigue que el hombre sea mejor. El sufrimiento nos puede mostrar a Aquel de quien hemos oído rumores. «*De oídas te había oído; mas ahora mis ojos te ven, por tanto, me aborrezco y me arrepiento en polvo y ceniza*» (Job 42:5).

Cuando se acepta y no se rechaza, el sufrimiento cumple su función. Es entonces absorbido y lleva a cabo su obra transformadora; cesa y pasa a formar parte de nuestro ser. El sufrimiento suele agravarse cuando se le rechaza. A veces podemos experimentar que la vida es injusta y hostil con nosotros porque no nos concede lo que creemos que nos debe.

En cuanto al sufrimiento voluntario, podría ser evitado, pero lo aceptamos de buena gana porque sabemos que es necesario para alcanzar el pleno desarrollo personal, o el bien de los demás, o es requisito de la obediencia. Hay convicciones por las que debemos sufrir para no traicionarnos a nosotros mismos. Hay cierta soledad y aislamiento que hemos de abrazar para descubrir lo real en nosotros. Hay una cruz que todos los hombres fieles, entregados a la misión de amar, han de sobrellevar. El amor puede herir, pero el que acepta el sufrimiento sabe bien que hiere más la cobardía, el no atreverse a amar.

Por último, debemos aceptar y no temer el sufrimiento que forma parte de la incertidumbre propia de toda nueva empresa o aventura, no aferrarnos a lo consabido, lo trillado, para lanzarnos a una vida plena.

El dolor permite desarrollar fuerza y resignación. Humilla el orgullo. Purifica el carácter y lo fortalece, si es aceptado. De ahí que la aceptación sea esencial. El dolor proporciona ocasión para el heroísmo, nos recuerda nuestra condición. No olvidemos que Jesús prometió:

> *«Y alzando los ojos hacia sus discípulos, decía: Bienaventurados vosotros los pobres, porque vuestro es el reino de Dios. Bienaventurados los que ahora tenéis hambre, porque seréis saciados... Mas ¡ay de vosotros, ricos! Porque ya tenéis vuestro consuelo. ¡Ay de vosotros, los que ahora estáis saciados! porque tendréis hambre. ¡Ay de vosotros, los que ahora reís! Porque lamentaréis y lloraréis»* (Lucas 6:20, 21, 24, 25).

Necesidad de Dios y de su providencia:
Cuando la persona reconoce que no es más que una débil y frágil criatura, debe admitir también que lo es radicalmente respecto a su Creador, dueño de todo y de la propia persona. Debe reconocer que Dios es Dios. Que Él nos ha hecho y no nosotros a nosotros mismos (Salmo 100). Que todo es suyo y todo a Él le pertenece. Que somos criaturas suyas. Pero es que además, Él es autosuficiente, superabundante, no depende de ningún otro ni carece de nada, pues es perfecto. En cambio todos los demás seres dependemos de Él y a Él debemos nuestra existencia, sustento y razón de ser. Todas las criaturas somos imperfectas, dependientes, mudables, contingentes y mortales. Por tanto, todos nosotros, tenemos contraída con Él una gran deuda: porque continuamente lo recibimos todo de su abundancia, su misericordia y su buena voluntad. El ser dependiente en sumo grado depende del Independiente en el más pleno sentido de la palabra, esto es, de Aquel que no depende para nada de los demás, que no los necesita, sino todo lo contrario, ya que es capaz de suplir todas y cada una de las necesidades de sus criaturas, máxime cuando es solicitado, pues las escucha, se agrada en proveer todas las cosas que le piden y se compadece de ellas cuando a Él claman angustiadas. Con mayor razón si cabe cuando le obedecen y le agradan. Y puesto que el humano es un ser tan sumamente menesteroso y dependiente, tiene constante necesidad de recurrir a la gracia y la providencia divinas. Por eso debe reconocer en justicia su paupérrima condición como criatura y dar gracias a Dios por ser Él la fuente que colma toda su necesidad. Recurrir a Él en oración para suplicarle en humilde reconocimiento, henchido de gratitud, todas las cosas. Más aún, puede acercarse a Él para interceder por las de los demás y abogar por ellos.

«Mi Dios, pues, suplirá todo lo que os falta conforme a sus riquezas en gloria en Cristo Jesús» (Filipenses 4:19).

Sam Storms exclama: «Dios se ha mostrado al hombre en el escaparate de la galería de arte del universo. Hace señas, atrae a su pueblo para que se asombre contemplando la simetría de sus atributos, la armonía de sus obras, la gloria de su inmensa bondad, la sobrecogedora e inescrutable majestad de su grandeza. En dos palabras: su hermosura. Dios es infinitamente espléndido, nos invita a todos a acercarnos a Él y disfrutar de su hermosura, a gozarle en toda su plenitud por toda la eternidad».[11]

Dios es nuestro sumo bien. Sin Él no hay para nosotros felicidad posible. Dios sabe que fuera de Él no hay para nosotros bien alguno, sino desdicha, confusión, desgracia y muerte. Pero nos desea lo mejor, nuestra completa bienaventuranza. Por eso, se humilla hasta el colmo para acercarse a nosotros —con entrega y generosidad infinitas—, y nos sugiere, nos invita a buscarle, conocerle y amarle libre, voluntariamente. Es lo mejor que nos puede desear y ofrecer. Lo cual no quiere decir, desde luego, que dependa de nuestro esfuerzo ni merecimiento. En absoluto. Dios ha concebido y propiciado una alternativa para el ser humano, ya que siempre es Él quien toma la iniciativa. A nosotros lo único que nos toca es responder —o mejor, corresponder— a tan magnánimo ofrecimiento y mostrar la debida gratitud en un acto sincero y continuo de humildad y agradecimiento.

A.W. Tozer exclama: «He aquí una extraña y maravillosa excentricidad de un Dios libre: ha decidido identificarse emocionalmente con los hombres. Aunque Él es absolutamente autosuficiente, anhela recibir nuestro amor y no estará satisfecho hasta que lo consiga. Aunque es el Ser libre por excelencia, ha decidido ligar su corazón al nuestro por siempre jamás».[12]

La belleza del agradecimiento

No hace mucho tiempo que en el diario *San Francisco Chronicle* apareció en primera página la noticia de una ballena con joroba que se había enredado en una maraña de redes extendidas para atrapar cangrejos. La trampa de las redes le causaba gran dificultad para mantenerse a flote. Muchos metros de cuerda le enrollaban el tronco, la cola, el torso y le obstruían la boca. Un pescador la divisó al este de las islas Farallon (cerca de Golden Gate) y pidió ayuda a una organización protectora del medioambiente para que acudiera a auxiliarla. El equipo de rescate llegó unas horas después y dictaminó que la ballena estaba en tan mal estado que la única manera de salvarla era lanzarse al agua y bucear hasta desenredarla. Trabajaron durante horas con cuchillos cóncavos hasta que por fin fue desatada. Los buceadores contaron que cuando ella se vio libre empezó a trazar círculos para expresar su contento. Luego volvió hacia cada uno de los buceadores, y les empujó de uno en uno. Los zarandeó gentilmente de un lado a otro en señal de agradecimiento. Algunos de ellos comentaron que aquella había sido la experiencia más increíble y más hermosa jamás vivida. El tipo que logró cortar la cuerda que amordazaba la boca del mamífero declaró que los ojos del animal le siguieron en todo momento, y asegura que nunca volverá a ser el mismo.[13] Dios quiera que usted, y todos sus seres queridos, tengan la fortuna y la bienaventuranza de rodearse de personas que les ayuden a desenredarse de marañas y ataduras que acechan en la vida, y que siempre experimenten el gozo de dar y recibir gratitud.

Y si los animales son capaces de mostrar tal agradecimiento, ¡cuánto más podremos manifestarlo las personas, máxime teniendo en cuenta que la conciencia nos obliga a reconocer incontables favores recibidos de múltiples benefactores! —sin olvidar el principal—, más aún, cuando la inteligencia nos ayuda a admitir que son totalmente inmerecidos.

Por otra parte, la gratitud se opone a la queja y el resentimiento. La gratitud admite humildemente que todo en la vida es un don. Cada pequeño acto de acción de gracias de mi parte me hace más sensible para percibir que cada cosa que recibo en la vida es un regalo continuo. Sin embargo, la queja manifiesta protesta porque la vida no me trata como creo que merezco. Me empuja a ser desagradecido.

13

La oración

Oración del marginado

Padre Dios: He oído el rumor de que tú eres un Dios bueno y misericordioso; un Dios restaurador, con un poder sin límites, que puedes y deseas renovar todas las cosas y transformar a las personas. Reconozco que yo soy pobre, débil y necesitado, y consciente de que sólo tú puedes colmar mis múltiples necesidades. Por eso, he decidido acercarme a ti, pues me hallo en una situación crítica, desesperada, de la cual, sin duda, tendrás noticia. Pero, ¿quién que no te conozca no se hallará en tal condición si vive de espaldas a ti?

En primer lugar, quisiera confesarte que me encuentro muy solo, casi abandonado. No tengo a quien acudir; no conozco a nadie capaz de echarme una mano, consolarme y ofrecerme amistad. Como dijo el salmista: «No hay nadie que me quiera conocer». ¿Cómo se puede expresar mejor la soledad existencial? Todos son extraños, rivales, competidores. Sólo hay uno que realmente puede ayudar. Sólo tu amor infinito puede calentar un mundo inhóspito y egoísta. Todos corren presurosos tras la vanidad, cada cual se afana en lo suyo propio. ¿Queda algún rescoldo de amistad? ¡Bonita palabra ésta!, pero relegada hoy al océano lejano de la utopía. ¿Cómo es que todos mis amigos y conocidos se han alejado de mí? Muchos sólo se acuerdan o recurren a mí cuando necesitan algún favor o servicio. Pero en el fondo estoy solo. ¿Dónde encontraré un amigo verdadero? ¿No sería trágico que fuera algún rasgo de mi carácter lo que les ahuyentara?

Tú, Señor, lo sabes todo. Sabes exactamente cuán lejos estoy de ti. Aunque sospecho que tú estás muy cerca. No hay, no puede haber ningún rincón del universo en el que tú no estés presente. Debes conocer con todo detalle las cosas que nos separan. He sido un necio por permitir que esto ocurra. Conoces a fondo mi condición. Yo bien sé que soy un pozo sin fondo de necesidad, un nudo de angustia. Hace mucho que me he dado cuenta que soy un-ser-que-necesita. Esta es la esencia que define mi ser: soy el necesitado por excelencia, el menesteroso en grado sumo. Tanto más cuanto que soy consciente de ello. ¡Y pensar que en mi juventud me creí superior, autosuficiente...! Pero observando las cosas me he dado cuenta de que a toda necesidad le corresponde una potencial satisfacción y a todo bien la virtud de poder colmar una necesidad. Por eso es bueno para mí el haber sido humillado. En realidad, mi necesidad se reduce a estar cerca de ti, pues tú eres la fuente de la que mana todo beneficio, la vida entera. Y aunque todas las cosas me vayan rematadamente mal, la vida es el mayor don que me has otorgado. Perdóname por no haber sabido apreciarla como debiera, como un inmenso regalo que te has dignado concederme.

Antes que nada, te necesito a ti, si bien he menester de muchas clases de ayuda. Sin sombra de duda, tú eres mi necesidad más perentoria. Lo fantástico es que tú eres suficiente para cubrir mi necesidad, como también la de todos los hombres. Pero ya conoces mi insensatez, inconstancia y doblez de ánimo. Reconozco mi locura y extravío. He vivido de espaldas a ti por innumerables días. Cuando fui joven no te tuve en cuenta. Lo mismo ha hecho la necia Europa al volverte la espalda. Y otro tanto la pertinaz España y acaso Occidente. Te suplico que las Américas no persigan tal estulticia. No me pagues con la misma moneda cuando la niebla de los días se acerque inexorable. Padre del cielo, contra ti he pecado. Me he dejado arrastrar por muchas distracciones y afanes. La vanidad se instaló en mi pecho y corroyó mis entrañas dejándome un vacío inmenso. ¡Mi corazón es tan voluble! Necesito fe para acercarme a ti con confianza. Fuerza de ánimo para perseverar y serte fiel. Quisiera que me concedieses la fe sencilla de un niño.

Como sabes perfectamente, en este momento mi autoestima se halla a ras de suelo. Me siento impotente, no cualificado, inútil. El mensaje que de continuo recibo del mundo es que no sirvo para nada, que soy un objeto de desecho. Pero me resisto a creer tan pérfida mentira. Haré de tu verdad mi estandarte. Si bien es cierto que no he sabido prepararme debidamente para hacer frente a este día duro y triste. Yo soy el único culpable de la situación en que actualmente me encuentro, pues he cometido a lo largo de mis días errores innumerables y ahora debo asumir las consecuencias de mis torpes yerros... Pero tú eres la única salida para escapar de este yermo inhóspito y amurallado. Y acaso ¿no soy también, en parte, víctima de la injusticia? Señor, tú que eres justo, hazme justicia.

Contéstame, si quieres. ¿Sirvo para algo? Seguro que sí, pues tú me hiciste y me formaste para ti, como testimonio de alabanza para tu gloria. Abre mis ojos y veré cómo puedo serte útil. Si fuera un deshecho de la sociedad, ¿qué pintaría yo aquí? Mas sé que eres capaz de usarme para tus propósitos, según el beneplácito de tu voluntad. Te suplico que me muestres qué te gustaría que hiciese. Mientras viva no será demasiado tarde. ¿Hay alguna salida para mi atasco? Debe de haberla porque para ti no hay nada imposible. Si no, ¿hasta cuando mi humillación se ha de prolongar? Recuerda que no soy más que polvo, que mi vida se disipa como el humo y se marchita como la flor del campo.

¡Dios mío!, ¿por qué habrás creado al hombre en vano? No permitas que el resto de mi vida se desperdicie inútilmente. No dejes que mi lámpara se apague y las tinieblas se ciernan sobre mi espíritu. Empléame en tu servicio antes que desespere del todo, antes que el olvido me cubra y día llegue en que de mí ya no te acuerdes; antes que la vejez y las canas me sorprendan y mi hálito se extinga. Entonces sería demasiado tarde para que por mi hagas lo que hoy te pido.

Sobre la oración

Orar es adoptar una actitud, reconocer la propia dependencia, la necesidad de que Dios intervenga en todas las circunstancias, la propia pequeñez, debilidad, incapacidad e impotencia. La necesidad de humillarse delante de Dios. De reconocer su poder y su poderoso brazo; que una dulce relación de amistad y comunión con Él da sentido pleno a la existencia. La oración contestada es fuente de gozo y la oración intercesora implora beneficios a favor de otros.

Orar significa acudir ante el trono de gracia para descubrir las auténticas necesidades tanto propias como ajenas e implorar al Omnipotente que sean suplidas. El trono al que se acerca el suplicante en calidad de mendigo desborda en abundancia y magnanimidad, de Él fluye incesantemente toda buena dádiva capaz de suplir toda necesidad. El que es consciente de su profunda indigencia tiene un buen lugar donde acudir en busca de refugio. El afligido, el encadenado, el esclavizado pueden encontrar alivio si se acogen a este recurso. Y el que mejor conoce a Dios, conoce mejor sus propias necesidades, y en grado sumo, la de ser perfecto.

¿Por qué Jesús nos insta a orar? Porque la oración glorifica a Dios, sitúa a la criatura en el lugar que le corresponde cuando reconoce su condición y confiesa reverentemente que Él es el Gran Dador de quien procede todo bien y todo don perfecto. Por medio de ella el ser humano reconoce su debilidad asombrosa, su completa fragilidad. La oración es un acto de adoración a Dios, coloca a la criatura en su lugar, esto es, a ras del polvo.

Decía Charles Spurgeon que toda verdadera confesión de pecados no es otra cosa que un homenaje a la infinita perfección de Dios. Y también que: «La oración pone de manifiesto nuestra insignificancia, lo cual no es poca cosa para seres orgullosos como nosotros. Si Dios nos concediera misericordias sin compelernos a orar por ellas nunca sabríamos lo pobres que somos. El verdadero suplicante es un inventario de necesidades, un catálogo de carencias, una exposición de heridas secretas, una revelación de la pobreza oculta. Pues aunque eleva una solicitud ante la inmensa riqueza divina, también confiesa la vaciedad humana». Spurgeon creía que lo mejor para el creyente es estar siempre vacío y depender en todo momento de Dios para recibir provisión. Es decir, mantenerse pobre en sí mismo y rico en Jesús. Lo mejor es reconocer la propia debilidad y saber que uno sólo puede hacer lo que debe gracias al poder de Dios.[1]

La clave de la oración es la confianza. Es preciso que el que ora crea y tenga la confianza de un niño. Sólo así se atreverá a pedir cosas que a sus propios ojos le parecen grandes, que no se atrevería a pedir si no tuviera confianza, y cosas pequeñas que muchas veces no se atreve a pedir, por considerarlas insignificantes, como si fuera una impertinencia presentárselas a Dios para que las tenga en cuenta. Pero, en realidad, tanto unas como otras revisten pareja importancia ante sus ojos. En cualquier caso, las cosas pequeñas son importantes porque nosotros les damos importancia y porque Él siempre se ocupa de ellas.

Dado que el hombre vive cada día expuesto a presiones y obligaciones constantes, se ve sometido a preocupaciones sin cuento. Cuando cede a ellas corre el peligro de convertir su vida en un gigantesco afán; se siente compelido a prever las eventualidades a toda costa, a mantener las riendas bajo su control, pensando que así todo le irá bien. Pero es como intentar achicar agua de un barco que se está hundiendo. Se ve tentado a usurpar el rol providencial que únicamente pertenece a Dios. Realmente es admirable contemplar la libertad y la despreocupación que disfrutan las aves del campo y los niños pequeños. Es toda una lección para nosotros. Por supuesto, hemos de ocuparnos de las cosas que se nos han encomendado, porque no cuidar de lo que nos incumbe es actuar negligente e irresponsablemente.

Pero cuando uno cae en las fauces de la preocupación trata de retener y gobernar las riendas de la realidad contingente que le rodea con su esfuerzo, que es totalmente inútil por más que lo intente, por más que se abrume con el peso de lo que totalmente escapa a su control. Preocuparse es creer que uno puede hacer algo cuando, en realidad, no puede hacer nada, salvo bracear en la obsesión, dar vueltas estériles al problema, sin afrontarlo directamente, sin aportar ninguna solución concreta.

> «*Por nada estéis afanosos, sino sean conocidas vuestras peticiones delante de Dios en toda oración y ruego, con acción de gracias. Y la paz de Dios, que sobrepasa todo entendimiento, guardará vuestros corazones y vuestros pensamientos en Cristo Jesús*» (Filipenses 4:6-7).

El que echa toda su ansiedad en el cuidado providencial de Dios no se enfrasca en las cuitas que agobian mas no dan ni alivian el peso de la preocupación. La preocupación por sí misma no consigue nada. Hace perder la paz. Pero donde hay confianza hay paz, descanso y contentamiento. Por eso, todo motivo de preocupación ofrece una oportunidad magnífica de recurrir a la oración confiada.

Es fácil sucumbir bajo el peso del afán y la preocupación. Una vez que uno cae en sus garras, se vuelve temeroso e inquieto. Llega a ser un juguete de su propia inquietud. Y cuando esto ocurre, el hábito de la ansiedad se adueña de todo su ser, la vida se torna angustiosa. Por eso es menester librarse de la preocupación y dar paso a la confianza en un Dios generoso y proveedor que cuida de nuestros asuntos y se goza en ayudarnos hasta en los más mínimos detalles, si es que en vez de ceder a la preocupación la aprovechamos como oportunidad para presentar súplicas y peticiones al que puede escucharnos y atendernos conforme a su gran poder y su magnánima largueza.

A veces, la preocupación se cuela en el corazón a causa de las pérdidas. La existencia terrenal está expuesta a toda suerte de avatares, nunca está exenta de pérdidas. Nada material permanece, nada es constante. Los tiempos cambian. Las cosas que parecen proporcionar seguridad se tambalean o se hunden. Las pérdidas sobrevienen. Las crisis se suceden con regularidad cíclica. A pesar de todo, podemos recurrir a la oración confiada para buscar refugio y consuelo en medio de las tribulaciones y los vaivenes de fortuna. Así pues, toda inquietud puede ser provechosa si se busca refugio en la oración, ya que cuantos más motivos haya para andar preocupado, otros tantos hay para elevar por ellos plegarias y recibir el oportuno socorro.

La preocupación es como un lenguaje simbólico. La ansiedad equivale a desplazar a Dios del rol de Padre providente que sólo a Él corresponde para ocuparlo nosotros, en la vana pretensión de que somos capaces de proveer lo que necesitamos y sacar adelante, por nosotros mismos, nuestros propios asuntos.

Pero además, la preocupación no aporta ninguna utilidad y causa mucho daño. Puesto que, en lo que no depende de nosotros, nada podemos hacer por cambiar las cosas. *«¿Y quién de vosotros podrá, por mucho que se afane, añadir a su estatura un codo?»* (Mateo 6:27).

Por otra parte, echa a perder la posibilidad de glorificar a Dios, ya que obnubila la mente, entenebrece el corazón y embota la imaginación. Si acecha la preocupación y uno se olvida de orar (o descarta adrede su eficaz virtud) puede tratar de solucionar el asunto que le inquieta con lo primero que le venga a mano, que, por cierto, no suele ser lo mejor. La preocupación contradice el mandato de «no afanarse por nada». Así pues, el mejor antídoto contra la preocupación y el temor es la oración, la confianza y la fe. Además, la oración se puede ocupar de todo, puede esgrimirse contra cualquier tipo de necesidad. Y por si fuera poco, la oración honra al Dios Creador. El que pide y espera favores especiales, cree y declara que existe un Dios vivo, atento al suplicante y poderoso para actuar; cree que Él está cercano, pronto para escuchar las peticiones de los hombres y que es capaz de cumplir los deseos humanos con tal que se conformen a su buena y agradable voluntad. A Dios le agrada que creamos en Él, le confesemos y no dudemos que es galardonador de los que le buscan (Hebreos 11:6; 1 Pedro 5:6-7).

La oración es el acto de invitar a Dios a intervenir en toda situación y pedirle que cambie lo natural en sobrenatural, para que así reciba toda la gloria. Jesús siempre hacía esto en relación con el Padre.

Jesús se despojó de su dignidad divina para actuar como Hijo del Hombre y mostrarnos cómo vivir. Modeló absoluta sumisión al Padre, absoluta disponibilidad, dependencia y obediencia, como fruto de su profunda humildad (Juan 5:30; Juan 5:19).

El Señor Jesús es el ejemplo perfecto de una vida de fe y de humildad. En nada quedó esto demostrado de forma tan patente como en su vida de oración, en la que manifestó su total dependencia del Padre. Siempre creyó que el Padre se manifestaría porque Él siempre cumplía su voluntad.

La oración demuestra dependencia en Dios. Toda independencia es orgullo, y la falta de oración es una manifestación de incredulidad. Una vida sin oración declara: «No necesito a Dios en esta situación, porque aunque orara no lograría cambiar las cosas». Por eso, lo mejor es orar y depender en todo tiempo, de manera instintiva, silente, no sólo cuando acechan graves dificultades.

Después de todo lo aquí referido cabe decir que el autosuficiente es necio, porque ignora adrede su propia condición; porque sabiendo que depende de todo y de todos, y en términos absolutos de Dios, no lo reconoce: su propio orgullo le ciega y se atreve a vivir de espaldas a la realidad, para desgracia suya.

«Tú dices: "Yo soy rico, y me he enriquecido, y de ninguna cosa tengo necesidad"; y no sabes que tú eres un desventurado, miserable, pobre, ciego y desnudo. Unge tus ojos con colirio para que veas. Yo reprendo y castigo a todos los que amo; sé, pues, celoso y arrepiéntete. Yo estoy a la puerta y llamo; si alguno oye mi voz y abre la puerta, entraré a él, y cenaré con él, y él conmigo» (Apocalipsis 3:17-20).

SECCIÓN 7

VERTIENTE CULTURAL DE LA NECESIDAD

14

Muerte de una cultura

Las civilizaciones no duran para siempre. Florecen por un tiempo y mueren. Unas naciones son conquistadas por otras cuando se corrompen, se debilitan en extremo y acaban siendo víctimas de la ambición imperialista y expansiva de éstas últimas. Pero, en realidad, el germen de la descomposición empieza a operar desde dentro.

Hace tiempo que se viene constatando la bancarrota moral y espiritual del mundo occidental, su decadencia económica y su desintegración social. En algunos periodos del siglo XX, pareció que su prosperidad no tendría techo, que seguiría avanzando hacia el paraíso de la opulencia y del «todo vale». Entonces el declive moral se instaló en su seno. Lo único que importaba era el hedonismo, la seguridad ramplona, el bienestar material. Y amanecimos un día con multitud de problemas que en su conjunto representan una auténtica pesadilla para sociedades y naciones: divorcio, desempleo, aborto, violencia doméstica, abuso y trata de menores; irresponsabilidad generalizada, rebeldía juvenil, drogas, sexo ilícito, tolerancia indiscriminada, perversión, impunidad, derecho a todo sin esfuerzo, corrupción, evasión de la justicia, terrorismo... Todo ello es debido al abandono de la cosmovisión judeocristiana que da paso a una concepción atea y materialista, que invoca la permisividad más absoluta para escapar a toda restricción, cuyo objeto es la gratificación del yo y la satisfacción inmediata de los instintos naturales, y que a la larga arrastra a la cruel tiranía de la esclavitud y la autodestrucción.

No puede ser más elocuente la siguiente descripción que de ella hace Malcom Muggeridge: «...Mientras otras civilizaciones cayeron frente el ataque que los bárbaros les lanzaron desde afuera, la nuestra tiene la singular distinción de instruir a sus propios destructores en sus propias instituciones educativas y de proporcionarles instalaciones para propagar su ideología destructiva a gran escala, todo a expensas del erario público. Así decidió el hombre occidental abolirse, cosechando aburrimiento de su prosperidad, vulnerabilidad de su fuerza, impotencia de su erotomanía, tocando él mismo la trompeta que derriba las murallas de su propia ciudad. Y, habiéndose convencido a sí mismo de que es muy numeroso, trabaja con píldora, escalpelo y jeringa para reducir su número, hasta que, por fin, habiéndose educado en la imbecilidad, contaminado y drogado hasta la estupefacción, se desploma cual fatigado, apaleado brontosaurio, y se extingue».[1]

Postrimerías del hombre, o última etapa de su existencia sobre la tierra

Las torres gemelas de Nueva York fueron... Fueron un signo de la hecatombe anunciada, una inmensa fanfarronada ante la retina del Omnipotente. Y ya se sabe cómo acaban las fanfarronadas..., como el Titanic, sepultadas en el fondo del mar. Pero no fueron derribadas el 11 de septiembre de 2001. Ya habían sido abatidas hace siglos, unos cuantos milenios antes. Solo que, nominalmente, siguieron en pie hasta la fecha de su demolición oficial. Las torres gemelas se derrumbaron después que nuestros tatarabuelos erigieran la torre de Babel, cuando por efecto de la confusión de lenguas aquella no pudo concluirse, y entonces se vino abajo.

Nuestros antepasados pretendieron edificar una ciudad, y en la ciudad una torre cuya cúspide llegara al cielo; procuraron labrarse fama para no ser esparcidos por toda la faz de la tierra. ¿Quién les advirtió del peligro que corrían? Nos atrevemos a afirmar, con toda honestidad, que esto sucedió incluso antes del diluvio universal. Lo que pasa es que el número oficioso de víctimas no se ha dado a conocer hasta fechas recientes. Siempre ha habido gente interesada en ocultar noticias alarmantes, acallar la desazón y apresurarse a tranquilizar al pueblo con el cuento de que aquí no ha pasado nada (como si escondiendo los síntomas se acabara con la enfermedad, como si disimulando la realidad la amenaza desapareciera), hasta que por fin la hecatombe inevitable irrumpe brutal, trágica, espectacularmente. Y el día menos pensado aquel secreto reventó, como no podía ser de otro modo. Los secretos acaban siempre siendo pregonados a los cuatro vientos, a voz en grito, desde las azoteas. Los portavoces oficiales de ese tiempo, por lo que se ve no lejano, nos escamotearon su derrumbamiento para que no nos desalentáramos, para que continuáramos alimentándonos de vana ilusión, y a la postre no fuéramos conscientes de la estrepitosa ruina que se nos venía encima, de suerte que el hundimiento escandaloso del mayor logro humano —símbolo de los efímeros y momentáneos logros de nuestra raza— no fuera público y notorio. Y así nos engañaron, o nos engañamos a nosotros mismos, tratando de convencernos de que todo iba bien; nos creímos señores de nuestro destino en la tierra, actores principales de una vida que sólo era ficticia. Pero al fin, la verdad siempre resplandece y lo que tenía que ocurrir ocurrió, pues tal suceso no fue sino el eco de algo ya anunciado, ya acontecido. Así se explica que esa debacle provocara tan enorme impacto psicológico y gigantesco caos planetario. Apocalíptico, sin duda. De consecuencias imprevisibles e incalculables. No permitamos que cobardía tan execrable quede reducida a mero contenido mental, a dato virtual en lo más escondido de nuestras ajadas, atribuladas e impenitentes conciencias.

Aquel 11 de septiembre fue un presagio estrepitoso, un aldabonazo premonitorio de la era que se nos echaba encima. Anunciémosla:

El porvenir del mundo

Mas ahora sabe, ¡oh mundo viejo!,
Que tus soles están contados;
Que un no lejano día se encorvará
Tu hombro; sobre ti se agravará
El peso de tu pecado. Ebrio de sangre,
Herido mortal, precipitante cadáver,
En aquel día tropezarás, entonces.

Y aunque por una hora arrastrarte
Quieras, descoyuntado, sucias
Tus manos, moribunda carroña fétida,
Caerás para nunca levantarte.
Y todo esplendor aquel fulgente
De tus obras, tu reputada soberbia,
El fuego consumirá en un instante.
Todo tesoro tuyo, apreciado y
Escondido, tu gloria, en calcinado incendio
Se trocará, de sus lenguas;
En estercolero tu carne,
De buitres visitado, y no serás
Más que montaña de ruinas,
Muladar gigante y desolación
Perpetua. Tus hechizos, idolatrías,
Fornicación e impudicia
Con que contaminaste, habrán
Eternamente juzgados sido.
De ti una cosa pervivirá tan sólo:
La vil memoria de tu desnudez abyecta
En el recuerdo de los que finaron.

EL CLAMOR POR LOS DERECHOS HUMANOS

Seguramente, todo ser humano con uso de razón que haya existido sobre la tierra habrá podido plantearse preguntas como ¿quién soy? ¿De dónde vengo? ¿Hacia dónde voy? Los hombres siempre han entendido que sin respuestas para estas preguntas fundamentales la vida no tiene sentido.

El artículo 1 de la Declaración Universal de los Derechos Humanos estipula que «todos los seres humanos nacen libres e iguales en dignidad y derechos y, dotados como están de razón y conciencia, deben comprometerse fraternalmente los unos con los otros». El artículo 2 afirma que «toda persona tiene todos los derechos y libertades proclamados en esta Declaración, sin distinción alguna de raza, color, sexo, idioma, religión, opinión política, o de cualquier otra índole, origen nacional o social, posición económica, nacimiento o cualquier otra condición». El artículo 3 asegura que «todo individuo tiene derecho a la vida, a la libertad y a la seguridad de su persona». El artículo 4 establece que «nadie estará sometido a esclavitud ni a servidumbre: la esclavitud y la trata de esclavos están prohibidos en todas sus formas». El artículo 25 enfatiza que «toda persona tiene derecho a un nivel de vida adecuado que le asegure, así como a su familia, la salud y el bienestar, y en especial, la alimentación, el vestido y la vivienda…». Y el artículo 16.3 establece que «la familia es el elemento natural y fundamental de la sociedad y tiene derecho a la protección de la sociedad y del Estado».

De estas declaraciones se desprenden varias conclusiones extraordinariamente importantes para todos nosotros:

Ya en el mismo título de esta Declaración, y después, en varios de sus artículos, de manera expresa o tácita, se proclaman los siguientes valores fundamentales:

1. Todos los seres humanos son personas, de donde se deduce que todas ellas tienen gran valor.
2. Todos los seres humanos son libres, de donde implícitamente se deduce que son seres morales, es decir, pueden elegir y son individualmente responsables de sus actos. Esta afirmación conduce, tal como establece el artículo 29.1, a la no menos importante conclusión de que todos ellos tienen también obligaciones, en especial, la de respetar los derechos de sus semejantes.
3. Todos los seres humanos son iguales, luego no puede haber entre ellos distinción ni discriminación por ninguna de las razones antes apuntadas; además, tienen también derecho a mantener relaciones justas con sus semejantes y a ser tratados con justicia.
4. Todos los seres humanos tienen gran dignidad, luego todos, sin excepción, son personas valiosas y comparten los rasgos específicos de la personalidad humana.
5. Todos los seres humanos son racionales, luego pueden discernir y aplicar su entendimiento a la naturaleza de las cosas.
6. Todos los seres humanos tienen conciencia, luego pueden discernir entre el bien y el mal, entre lo que es justo e injusto; o lo que es lo mismo, son seres morales.

7. Los seres humanos deben comprometerse fraternalmente los unos con los otros, de donde se deduce que deben combatir la injusticia y procurar la justicia en todas sus relaciones.

Tal como se desprende de los artículos mencionados en dicha Declaración, resulta que el valor esencial del ser humano radica en los rasgos o atributos de su persona. Esto no es, desde luego, nada nuevo, sino que coincide plenamente con lo que establece la Biblia ya desde el primer capítulo de Génesis y a través de sus páginas, a saber, que Dios creó al ser humano, hombre y mujer, a su imagen y semejanza. Por lo tanto, éste comparte con Dios, la Persona por excelencia, atributos como racionalidad o pensamiento, sentimientos, emociones, voluntad, libertad y naturaleza moral y espiritual. La Biblia anuncia que el origen de toda personalidad está en Dios y que de Él recibe el hombre su identidad. El Dios de la Biblia es infinito y personal.

Examinando el mundo que nos rodea es posible inferir —las páginas de la Biblia lo confirman y abundan en ello, suministrando suficiente revelación—, que Dios es Creador, Diseñador, Artista, Matemático, Geómetra, Físico, Químico, Arquitecto, Escritor, Músico, Poeta, Amante, Comunicador (es posible comunicar con Él y descubrir nuestro origen, valor y destino; no hemos sido abandonados en un sombrío rincón del universo, ya que Dios ha hablado, siempre habla a todo el que se apresta a escucharle), Médico, Sanador, Administrador, Sustentador de todos los seres vivos, y de los inertes, Dueño y Señor del universo. Y además la Biblia declara que Dios es Santo, Omnipotente, Omnisciente, Omnipresente, Inmutable, Bueno (benefactor, perdonador y misericordioso) y Justo (no tiene por inocente al culpable si éste no se arrepiente y acepta la justicia divina que es en Jesucristo para su justificación).

El hombre no es, pues, una máquina o robot, como han sugerido los nihilistas, materialistas y evolucionistas de todas las épocas, sino que es un ser libre y responsable de sus elecciones morales. Ello no sería posible si no existiera objetivamente una Ley Moral absoluta, presente en el universo, y subjetivamente, en la conciencia de las personas, que sopesara todos nuestros actos. Dios ha enunciado sus leyes morales y las ha dado a conocer claramente a los seres humanos. La prueba más fehaciente es que el hombre, mediante el ejercicio de un sano raciocinio, libre de prejuicios, ha llegado a tal conclusión consensuada, válida para todos los pueblos y naciones, cual es la Declaración Universal de los Derechos Humanos.

Ahora bien, el clamor por los derechos humanos y un mundo más justo no tiene sentido si el individuo es sólo producto casual de la herencia, el medio ambiente, la sociedad y el nivel de instrucción recibido. De hecho, la humanidad se halla en el presente atolladero por haber abrazado esta concepción falsa. Si el hombre fuera sólo producto de un universo material e impersonal, no sería más que una máquina cuyos actos estarían determinados por factores externos sobre los cuales él no ejercería ningún control. No sería libre ni responsable de sus actos. Es ridículo afirmar que una máquina o robot tenga derechos. Aspirar a conseguir el progreso, la paz en el mundo, mediante un cambio superficial de la sociedad es un intento ilusorio, ya que el problema de la sociedad es el hombre mismo. Si éste fuera producto de la materia más el tiempo más el azar, como algunos sostienen contra toda lógica, no sería más que una máquina impersonal, incapaz de originar cambios en la sociedad y en sí mismo. Por lo cual, todos sus esfuerzos estarían de antemano condenados al fracaso, porque lo que se propusiera alcanzar sería incongruente con los supuestos de partida. No habría base alguna para la esperanza —cualquier destello de esperanza quedaría truncado, ya que no cabe esperanza en el azar.

Muchos se han refugiado ciegamente en la teoría de la evolución, están convencidos de que no son más que máquinas complejas, y a pesar de todo, miran el futuro con optimismo. Pero una ojeada honesta revelará que si el hombre no es más que producto de la casualidad, no tiene base sólida para pensar que goza de libertad, que puede amar, tomar decisiones morales o que posee algún valor real. Pues lo impersonal no puede engendrar lo personal. Sin embargo, hay una concepción del origen del hombre que da respuesta a esta insuperable dificultad. Según este punto de vista, lo personal sólo puede provenir de lo personal. Un Ser Eterno y Personal creó al hombre a su imagen; el hombre es persona porque Dios lo es. Dios piensa, siente, elige (entre opciones reales); el hombre también lo hace. Dios es un Ser moral. El hombre, también.

La cuestión es, entonces: ¿Rendiré yo mi vida para seguir a un Dios amoroso, o me resignaré a vivir una existencia sin sentido, a un nivel químico, vegetal, egoísta y ramplón, en busca del placer y la satisfacción personal? ¿Renunciaré a mi vocación trascendental? ¿La enterraré en el monte del olvido? En realidad, nunca podré eludir la tremenda responsabilidad moral que pesa sobre mí, aunque haga todo lo posible por suprimirla, intentando afirmar mi vida o realizarme, aun reconociendo que, después de todo, no vale nada. La vida del ser humano tiene sentido y valor real porque ha sido creado a imagen de Dios. Y es posible llegar a conocer a ese Dios aparentemente lejano —en realidad, más cercano que ninguno— porque Él se ha dignado descender hasta nosotros en la forma humana que adoptó Jesús de Nazaret, Hijo del Hombre. «*Mas Dios muestra su amor para con nosotros, en que siendo aún pecadores, Cristo murió por nosotros*» (Romanos 5:8). Él murió para transformar el mundo convirtiendo primero al hombre. «*Y por todos murió, para que los que viven, ya no vivan para sí, sino para aquél que murió y resucitó por ellos*» (2 Corintios 5:15).

El ser humano es libre para escoger, para decidir su futuro; es actor y ejecutor responsable de sus propios actos y del destino que le espera en la eternidad. No aceptar este hecho es vivir en la irrealidad.

El eje de la devastación

Buena parte de los informativos cotidianos desembocan en un torrente de malas noticias e infortunios. La desolación provocada por fenómenos naturales cada vez más frecuentes acecha y no hace acepción de personas ni de países. Los efectos destructores de huracanes, terremotos y tsunamis han dejado a su paso devastaciones apocalípticas. La magnitud de muchas catástrofes que vienen aconteciendo a lo ancho del mundo nos invita a reflexionar y sacar al menos algunas conclusiones. A saber:

1. Que la naturaleza siempre se anticipa a las previsiones del hombre y le juega malas pasadas, o incluso se burla de las medidas que éste adopta para evitar su zarpazo.
2. Que a pesar de los estupendos avances tecnológicos de nuestra era, el ser humano se muestra absolutamente incapaz de

prevenir, frenar o impedir que la fuerza bruta de la naturaleza golpee a su antojo dónde, cuándo y cómo quiera.

3. Que aun previéndose una gran catástrofe, poco pueden hacer las autoridades de cualquier país por suavizar o paliar sus graves consecuencias.
4. Que aunque el territorio afectado pertenezca a una superpotencia —lo que daría pie a creer que cierta nación cuenta con medios y recursos suficientes para esquivar una gran tragedia—, de nada sirve todo ello cuando ese país se enfrenta a las veleidades y caprichos de la naturaleza.
5. Que las grandes potencias, modelos de organización y desarrollo en muchos ámbitos, son incapaces de organizarse rápida y efectivamente para minimizar los daños sufridos por personas y propiedades. (Y si esto ocurre en los países más avanzados del mundo, ¡qué no podrá suceder en el más atrasado!).
6. Que por un lado, lo más fácil es echar la culpa siempre a alguien, aunque el que critica nunca haga nada para que las cosas no sean como son, y por otro, que todos los responsables, en caso de que los hubiere (la responsabilidad recae casi siempre sobre muchos, rara vez sobre uno solo), intentan evadir la responsabilidad que en justicia les corresponde.

En suma, no somos tan sabios (incluyámonos todos) como solemos creer, ni tan avanzados, ni tan poderosos. Más bien las víctimas de todas esas desgracias, cuando quedan desprovistas de todas sus pertenencias, evidencian su total dependencia, quedan a merced de los demás, de la beneficencia, de Dios. Nuestra jactancia y buena dosis de astucia quedan desenmascaradas en un abrir y cerrar de ojos. Una y otra vez resulta patente que los grandes logros de la humanidad no bastan para resistir —se muestran a todas luces impotentes— los poderosos retos con que nos embiste la naturaleza. Diríase que ésta muestra de repente su hartazgo y protesta violentamente contra la conducta que exhibimos los hombres sobre la tierra, sin distinción de razas ni colores, para que de una vez hagamos caso a su advertencia: «*Cualquiera, pues, que me oye estas palabras y las hace, le compararé a un hombre prudente, que edificó su casa sobre la roca. Descendió lluvia, y vinieron ríos, y soplaron vientos, y golpearon contra aquella casa; y no cayó, porque estaba fundada sobre la roca»*, *avisa el Señor Jesucristo* (Mateo 7:24,25).

Y es que la creación gime lastimeramente. «...*aguarda con ansiedad la revelación de los hijos de Dios, porque fue sometida a la frustración. Esto no sucedió por su propia voluntad, sino por la del que así lo dispuso... la creación misma ha de ser liberada de la corrupción que la esclaviza, para alcanzar así la gloriosa libertad de los hijos de Dios. Sabemos que toda la creación todavía gime a una, como si tuviera dolores de parto*» (Romanos 8:19-22, NVI).

Con lo cual, queda claro que el Señor del cielo y de la tierra es quien tiene la última palabra; que Él es soberano y actúa soberanamente en el mundo y no debe explicaciones a nadie. Esto por descontado.

Tal vez aquellos que se atrevan a entrar en su secreto y le busquen, cultiven su amistad y le complazcan en su periplo diario, aquellos que se humillen y obedezcan sus estatutos y mandamientos, podrán, cuando se sientan perplejos, puesto que confían en su bondad y la experimentan cada día, preguntarle por qué permite Él que sucedan estas cosas. Pero los demás, antes de atrevernos a formular esta pregunta, bien haríamos en postrarnos y exclamar ¡quiénes somos nosotros para cuestionar sus sabios e inescrutables designios! Precisamente meros gusanos, cuya carne es lodo y polvo, viles seres corruptos, cargados de rebeldía y obstinación, equivalentes a nada, o menos que nada, en su presencia. A esta inmensa mayoría de personas (y puede que entre ellas nos encontremos nosotros), Él no nos debe, desde luego, ninguna explicación.

En suma, las necesidades humanas reales o figuradas son múltiples, pero todas se pueden resumir en una fundamental: Amar a Dios y cumplir su voluntad. El Gran Mandamiento establece: «*Amarás al Señor tu Dios con todo tu corazón, y con toda tu alma, y con toda tu mente. Este es el primero y grande mandamiento. Y el segundo es semejante: Amarás a tu prójimo como a ti mismo*» (Mateo 22:37-39). Esta es nuestra necesidad esencial, la razón por la que fuimos creados.

Transparencia y honestidad

Es cosa sabida que el hombre tiende a corromperse, especialmente cuando ocupa cargos públicos, financieros, gubernamentales, de responsabilidad, y no se somete ni rinde cuentas a nadie. Tiende a pasar por alto pequeños detalles aparentemente sin importancia y acaba hundiéndose en el infecto fango de corruptelas a gran escala. Tiende a disculparse a sí mismo y a mostrarse severo con los errores ajenos. A ser condescendiente con los propios fallos e intransigente con los que cometen los demás. La célebre frase de Lord Acton: «El poder corrompe y el poder absoluto corrompe absolutamente», alude a la inclinación del corazón humano a la mentira y el engaño, patente en los numerosos casos de corrupción que se dan en diversas instituciones, máxime cuando el poder no se somete a ninguna restricción o control. Por ello, es preciso que los gobiernos, las instituciones y los individuos adopten medidas preventivas para librarse y protegerse de esta plaga que en todo tiempo amenaza a la sociedad.

Referentes y juicios morales

Hay un consenso generalizado en cuanto a que la causa del hundimiento moral de Occidente se debe al desmantelamiento de la ética de los principios cristianos que de forma más o menos explícita predominó en nuestras sociedades hasta el siglo XX. Se alzan hoy muchas voces unánimes que proclaman al unísono que las cosas no van bien, o mejor dicho, que todo va rematadamente mal, debido a la ausencia de valores y principios morales. El vacío moral representa el problema fundamental: causa primera de todos los problemas actuales y de la estrepitosa decadencia de la sociedad occidental. Cuando se afirma que la confianza es necesaria para el buen funcionamiento de todas las cosas y que sólo se puede reconstruir sobre valores y juicios morales, ¿qué se pretende concluir? ¿No es acaso que la deshonestidad, la prevaricación, el cohecho, el soborno, la mentira y la especulación no pueden seguir campando a sus anchas? ¿No equivale a declarar que todas estas cosas no pueden prevalecer si es que se pretende salvar a una sociedad —a cada individuo que la compone— de su autodestrucción? Pero, ¿no es este el gran disparate, el gran pecado, que ha cometido Occidente: desmantelar los principios bíblicos que sentaron las bases de su libertad y su prosperidad? ¿No es precisamente el haber dado la espalda a Dios, haberle expulsado de nuestro medio y relegado al ámbito de la vida privada?

Con eufemismos diversos muchos tratan de disimular los hechos y desvirtuar las palabras, ¡como si la realidad pudiese cambiar con un simple trueque de términos! ¿No se ridiculiza y escarnece a todo el que profesa reverencia a la Divinidad?

El himno que a continuación presentamos es anónimo, de origen español y fecha desconocida. John Wesley (1703-91), predicador y teólogo metodista, lo tradujo al inglés. Aunque con ligera variación, lo rescatamos para nuestra lengua procurando mantener la fidelidad al texto fuente.[2]

Para mí, Dios mío, Tú lo eres todo.
Cuando del nuevo día al alba
Tu luz soberana raya,
Vivificante poder imparte.
De ti mi alma está sedienta,
Y aunque en yermo desierto more,
Y desmayare de sed y de hambre,
Tu amor bastará para confortarme.
En tierra reseca y árida, donde aguas
No hay, he aquí que pongo
En ti, Señor, mi anhelo todo,
Y más me gozo en recibir tu gracia
Que en lo que terrenal tesoro adquirir puede.
Más precioso es tu amor que la vida.
Con corazón y labios dispuestos
Confesaré tus alabanzas. Y dormiré
Seguro. Con gloria y gozo manifiestos,
Con bendiciones y agradecidos cánticos,
Mi vida tranquila fluirá plácida.
Honra a tu majestad debida
Tributaré con manos alzadas.
Tu nombre, oh Dios, sobre mi cama,
Mis labios invocan, mi pensamiento enciende.
Con tembloroso asombro, en la noche oscura
En lo que fabricó tu fuerte mano pienso,
En todo lo que hago tu ayuda presiento.
Por tanto, proclamaré tu grandeza.
Al Dios que de alegría corazones hinche

Bajo la formidable sombra de sus alas,
A ti mi alma se apega y se aferra,
Y aunque tierra e infierno a una me asalten
Tu poderoso brazo ha de librarme,
Pues sé muy bien que no quedaré postrado:
Mi salvación he puesto en el Dios fuerte.
Por tu gracia sustentado,
Con corazón libre y alegre,
Mi vida, el resto de mis días,
Señor, del todo te consagro;
Te restituyo lo que es tuyo.
Y desde este día, vivo o muerto,
A mi Dios serviré por siempre:
Tu siervo rescatado.

«El Espíritu y la Esposa dicen: "¡Ven!" El que oye, diga: "¡Ven!" Y el que tiene sed, venga. El que quiera, tome gratuitamente del agua de la vida» (Apocalipsis 22:17).

BIBLIOGRAFÍA

Capítulo 1

1. Abraham Maslow, «A Theory of Human Motivation», *Psychological Review*, 50, 370-396.
2. Citado por Francisco López Frías en: José Ortega y Gasset, Colección Grandes Pensadores, Planeta DeAgostini, S.A., p. 76., Revista de Occidente en Alianza Editorial. Ortega y Gasset: O. C. VII, p. 410 y ss.
3. C. S. Lewis, *Los cuatro amores*, Rialp, 1996, pp. 12-13.
4. Carlos Díaz, *Contra Prometeo*. Madrid: Encuentro 1980, pp. 36-37.
5. Julián Marías, *La felicidad humana*, Alianza Editorial, Madrid, 1987, p. 34.
6. Darrow L. Miller, *Discipling Nations* (Seattle: YWAM Publishing), 1998, pp. 24-25, 117.
7. Vishal Mangalwadi, *Verdad y Transformación: Un manifiesto para naciones enfermas* (Editorial JUCUM, Tyler, Texas), 2010, p. 29.
8. Franz Alexander, *Fundamentals of Psychoanalysis* (New York: W. W. Norton & Co., 1948), Cap. 3.

Capítulo 2

1. Paul Tournier, *Medicina de la persona*, Editorial Gómez, Pamplona, 1965.
2. Cicerón y otros atribuyeron esta frase a Teodoro, que habría respondido así a Lisímaco, cuando éste amenazó con crucificarle.
3. 1 Timoteo 5:4.
4. Tony Judt, *Noche*, El País, 17 de enero, 2010.

Capítulo 3

1. Brian D. Molitor, *La Transformación del niño en hombre,* Editorial JCUM, Tyler, Texas, 2011, p. 130.

Capítulo 4

1. Julián Marías, *La felicidad humana*, Alianza Editorial, Madrid, 1987, p. 165.
2. José Luis del Barco, Presentación del libro de C. S. Lewis *El problema del dolor*, Ediciones Rialp, Madrid, 2004, p. 14.

3. Mike Riches, Libertad Verdadera, Sycamore Publications, Gig Harbor, WA, p. 154.
4. Ibídem.
5. C. S. Lewis, *El problema del dolor*, Rialp, Madrid, 2004, p. 56.
6. Darrow L. Miller, *Vida, trabajo y vocación: Una teología bíblica del quehacer cotidiano*, Editorial JUCUM, Tyler, Texas, 2009, pp. 139-141.

Capítulo 5
1. «I am a Rock, I am an Island», por Simon & Garfunkel.
2. Nancy Pearcey, *Verdad Total*, Editorial JUCUM, Tyler, Texas, 2014, p. 73.
3. Jean Guitton, Silencio sobre lo esencial, Ed. Edicep, p. 12.
4. José Luis Martín Descalzo, *Silencio sobre lo esencial*, Síganos, Pastoral Jesús María. (http://es.scribd.com/doc/6136117/Silencio-Sobre-Lo-Esencial-Descalzo), Copyright@2011 Scribd Inc.
5. Ibídem.
6. Wenceslao Calvo, *Aborto y defensa de los débiles,* Protestante digital.com 9-4-2010.
7. José Luis Martín Descalzo, *Silencio sobre lo esencial.*
8. José María Barrio Maestre, *La educación moral y cívica en la escuela*, Alfa y Omega, En Portada, 20-1-2005. (http://www.alfayomega.es/estatico/anteriores/alfayomega).
9. José María Barrio Maestre, Alfa y Omega, En Portada, 20-1-2005.
10. Harvard University Gazette, 8 de junio de 1978. Alocución pronunciada por Alexandr Solzhenitsyn, Doctor honorario en Letras en los ejercicios matutinos.

Capítulo 6
1. Amartya K. Sen, *Desarrollo y Libertad*, Planeta (2000), p. 99.
2. Nicolás Berdiaeff, *Dignidad del cristianismo e indignidad de los cristianos*, Espasa-Calpe, Colección Austral, pp. 130-140.
3. Filón de Alejandría. *Todo hombre bueno es libre*, Aguilar Argentina, Buenos Aires, 1973, pp.79-80.
4. Nota: El autor debe a Francis A. Schaeffer y a Dale Rhoton buena parte del pensamiento vertido en este ensayo. Schaeffer fundó la comunidad L'Abri, cerca de Lausana, Suiza.
5. John Russell, *Francis Bacon,* Londres, Methuen, 1964, p. 1.
6. Albert Camus, *El extranjero,* Alianza Emecé, 1993, p. 52.
7. Ibídem, p. 52.
8. Fred Hoyle, *The Nature of the Universe*, Harmondsworth, Middlesex: Penguin Books Ltd, 1960, p. 120.
9. Ibídem, p. 121.
10. Ibídem, p. 125.
11. Ibídem, p. 122.
12. Justino Mártir, *Apología*, i.14.
13. *El Corán*, Sura II, «La vaca», versículo 228.

Capítulo 7

1. Diccionario de María Moliner, Vol. 2, Editorial Gredos, 1990, Madrid, 1990.
2. Julián Marías, *La felicidad humana*, Alianza Editorial, Madrid, 1987, p. 375.
3. Elizabeth L. Youmans, Evie Tindall, and Helen E. Wood, «La fantasía y la imaginación», AMO® *Manual del maestro: Principios de educación cristiana para discipular naciones* , Orlando: Chrysalis Internacional, 2011.
4. Citado por Jill C. Thrift y Elizabeth L. Youmans en: *La familia: base de una nación: Principios y costumbres para edificar familias sanas.* Editorial JUCUM. Tyler, Texas, 2013, p. 129.

Capítulo 8

1. José Ortega y Gasset, *La rebelión de las masas*, Revista de Occidente en Alianza Editorial, Madrid, 2005, pp. 157-58.
2. Ibídem.
3. Giovanni Papini, *Un hombre acabado*, ed. Cálamo, Palencia (España), 2014.
4. Christian Overman, *Supuestos y estilos de vida: Cómo determinan las cosmovisiones los valores que influyen en el comportamiento y conforman la cultura*, Editorial JUCUM, Tyler, Texas, 2014, p. 175.
5. James Kilkenny, *La conciencia es la propiedad más sagrada*, Arithmetic, p. 28.
6. Simon Wiesenthal, *The Sunflower: On the Possibilities and Limits of Forgiveness*. Knopf Doubleday Publishing Group, 1998.
7. Sócrates, Apología 38a.
8. Giovanni Papini, *Un hombre acabado*, ed. Cálamo, Palencia (España), 2014.
9. Nancy Pearcey, en la presentación de su obra *Verdad Total*, Editorial JUCUM, Tyler, Texas, 2014.
10. Ibídem.

Capítulo 9

1. Sören Kierkegaard, *Temor y temblor*, Losada, Buenos Aires, 1958, p. 11.
2. Boecio, *De la consolación de la filosofía*, Aguilar Argentina S.A. de Ediciones (Buenos Aires, 1973) pp. 89-93.
3. Jaime Septién, director de El Observador, entrevista al filósofo español Carlos Díaz. México, D.F., 8 mayo 2002 (ZENIT.org).
4. Mike Bickle (Director de IHOP, International House of Prayer), Fascinado por Dios.
5. Ibídem.
6. José María Barrio Maestre, Valores y escuela pública. El reto fundamental de una educación para la democracia, p. 60 http://revistas.ucm.es/index.php/RCED/article/viewFile/RCED9494120045A/17818

7. Fedor Dostoievski, *Los hermanos Karamazov*, parte 4, libro 11, capítulo 4, Ed. Cátedra, 2004.
8. Landa Cope, *El modelo de transformación del Antiguo Testamento,* Editorial JUCUM, Tyler, Texas, 2010, p. 96.
9. Ibídem, p. 97.
10. Sócrates, Apología 30a y 30b.
11. Charles Spurgeon, *El poder de la oración en la vida del creyente*, Editorial JUCUM, Tyler, Texas, 2013, p. 17.

Capítulo 10

Fuentes consultadas:

1. John Fox, *El libro de los mártires*. Editorial CLIE, 1991.
   Menéndez Pelayo, *Historia de los heterodoxos españoles,* F. Maroto e hijos, Tomo I, Libro III, Cap. II, Madrid, 1880.
   Kenneth Scott Latourette, *Historia del cristianismo,* Casa Bautista de Publicaciones, Vol. 1, 1960.
   Ernesto Comba, *Historia de los Valdenses,* Ed. CLIE, Barcelona, 1987.
   Eusebio, Hist. Eccl., V, 2.
   http://www.primeroscristianos.com/index.php/quien-era/item/749-sabes-quien-era-santa-blandina-una-de-los-martires-de-lyon/749-sabes-quien-era-santa-blandina-una-de-los-martires-de-lyon,
   Alba Llanes. Publicado originalmente en la Revista «Fe y Acción» órgano del Concilio Internacional "Una Cita Con Dios" y Misión Mundial Maranatha. Volumen 1, Número 1, abril - junio, 2004, p. 18. Ministerio Luz y Verdad/EDICI: Rancho Cucamonga, CA.
2. Perpetua y Felicidad, BAC, D. Ruíz Bueno, *Actas de los mártires,* 419-440. John Fox, *Libro de los mártires*, Editorial CLIE, 1991. http://www.primeroscristianos.com/index.php/quien-era/item/1227-santas-felicidad-y-perpetua/1227-santas-felicidad-y-perpetua.
   http://www.divvol.org/santoral/index.php?s=0307

Capítulo 11

1. Henri J. M. Nouwen, Editorial PPC, Madrid, 2003, pág. 47.

Capítulo 12

1. Viktor Frankl, *El hombre en busca de sentido*, Editorial Herder, 1991. Barcelona, 1991, pp. 40-41.
2. Ibídem.
3. Boecio, *De la consolación de la filosofía*, Aguilar Argentina S.A. de Ediciones (Buenos Aires, 1973) p. 89.
4. Enrique Rojas Montes, *Quién eres*, Editorial Planeta, 2001, p. 339.
5. Julián Marías, *La felicidad humana*, Alianza Editorial, Madrid, 1987, p. 113.
6. Ibídem, p. 113.

7. C. S. Lewis, *El problema del dolor*, Rialp, Madrid, 2004, p. 117.
8. Sören Kierkegaard, *La pureza del corazón es querer una sola cosa*, Editorial La Aurora, Buenos Aires, 1979, p. 174.
9. C. S. Lewis, *El problema del dolor*, Rialp, Madrid, 2004, p. 117.
10. Ibídem, pp. 100-101.
11. Sam Storms, *Pleasures Forevermore,* Colorado Springs: NavPress, 2000, p. 54.
12. A. W. Tozer, *The Knowledge of the Holy*, New York: Harper and Row, 1975), p. 107.
13. Peter Fimrite, *San Francisco Chronicle,* 14 diciembre, 2005.

Capítulo 13

1. Charles Spurgeon, *El poder de la oración en la vida del creyente.* Editorial JUCUM, Tyler, Texas, 2013, p. 96.

Capítulo 14

1. Ray Stedman en «Are These the Last Days», http://www.raystedman.org/thematic-studies/prophecy/are-these-the-last-days. Citado por Darrow Miller en *La liberación del mundo: Una respuesta cristiana al islamismo radical y el fundamentalismo ateo.* Editorial JUCUM, Tyler, Texas, 2013, pp. 98, 116.
2. *The Methodist Hymn-Book*, # 471, Hazell Watson and Viney Ltd., Aylesbury and London, diciembre, 1933; revisión abril, 1954.

ACERCA DEL AUTOR

Antonio Pérez Sobrino es traductor. Estudio en las escuelas normales de magisterio de Salamanca y Valladolid. Cursó asignaturas de filosofía y de filología, estudios que interrumpió cuando se convirtió a Cristo en 1978. Fue corresponsal de periódico. Desde 1978 ha servido en JUCUM y la Comunidad Evangélica «Calvario». Es miembro fundador de PROEL (SIL) en España. Hizo un General Course of Linguistics y un curso de discipulado en Inglaterra. Ha traducido numerosos libros, en su mayoría para la Editorial JUCUM. Él y su esposa, Linda Davidson, residen en Torrejón de Ardoz (Madrid, España), tienen dos hijos (Samuel y Tobías) y dos nietos (Lucas y Estela).

Nos gustaría conocer su opinión o comentario. Puede escribirnos por email a una de estas direcciones: alsobrin@hotmail.com o dvelie@aol.com